「わだつみのこえ」に耳を澄ます

――五十嵐顕の思想・詩想と実践

山田正行 著

同時代社

「問われているのは我々自身であり、我々の全てなのだ」
（パスカル）

目次

序章

第一節　目的

戦没学徒兵の遺書・遺稿には、戦争で死に至らしめられた思念・無念が凝縮されているが、それは青春の昇華、生の止揚にもなっている。戦場に身を置くことのない者は軽々に論じるべきではなく、まして戦後生まれの私は厳粛に臨む。

この自覚を以て戦没学徒兵の遺書・遺稿「わだつみのこえ」を実践的に研究した五十嵐先生が「何ら結論的なことを書くことはできませんでした[1]」と記した意味を考察し、それを切口に研究と実践を継承・発展させ、現代においてなお「わだつみのこえ」に耳を澄まし、熟考し、心に刻み、伝えることの意義を提出する。

「先生」の敬称は学術的な論証になじまないが、私が五十嵐先生に教えられたことも事実であり、呼び捨てにはできない。だが、考察が主観的にならぬため、また誤解や曲解を生じさせぬため、これから敬称は略す。

また、戦争を身を以て体験した五十嵐でさえ書ききれなかったことを、私にできるかと言えば、確かに難しいが、戦後生まれだからこそできるところもある。私は五十嵐の研究に基づいて「わだつみのこえ」研究に取り組むが、無論、私は五十嵐ではないため、同じことはできない。それは彼も望まないだろう。私が為すのは五十嵐に学んだことの応用である。

これは五十嵐の思想と実践を検証して発展させることでもある。その中で私は小著『平和教育の思想と実践』（同時代社、二〇〇七年）の修正にも努める。

第二節　志向性――「きけ」ではなく「聴く」、耳を澄ます――

第一項　問い

（一）書名と状況

一九四七（昭和二二）年に東京大学協同組合出版部の編集で東大戦没学徒兵の手記集『はるかなる山河に』が出版された。二年後、日本戦歿学生手記編集委員編『きけ わだつみのこえ―日本戦没学生の手記―』が同出版部から刊行された（一九八二年に岩波文庫として出版）。その間の一九四八年に塩尻公明（京都大学の学徒として出陣しC級戦犯として絞首刑に処された陸軍上等兵の木村久夫の高校時代の恩師）は『或る遺書について』を新潮社から出版した。

書名「きけ わだつみのこえ」について、日本戦歿学生手記編集委員会は全国的に公募し、藤谷多喜雄の応募書名に添えられた短歌の一節「きけ　はてしなきわだつみのこえ」に由ることに決定した。

当時は、敗北、連合国軍進駐、ＧＨＱ統治と進展する状況とともに戦争への批判が高まっていた。戦争に翻弄された戦没学徒兵への関心・同情は、それを押し進めた戦時体制への批判に結びつき、さらに学生運動の高揚と共振した。安保闘争では『きけ わだつみのこえ』が「バイブル」になったという(2)。

(二)「きけ」という命令

「きけ」は動詞の命令形である。エトムント・フッサールを応用し、その志向性を相互主観性（Intersubjektivität）に即して考えると、「きけ」という能動性には「きかれる」という受動性が絡みあっていることが分かる。

戦没学徒兵は、学生でありながら戦争に動員され、若くして死を余儀なくされた。その遺書・遺稿は何としても読まれたいという念が込められているが、それを「わだつみのこえ」として「きけ」と命令したのは彼らではなく、藤谷の詩句を選んだ編集者・出版者である。

無論、彼ら自身も聞かれること＝読まれることを望んだから遺書・遺稿を書いたのであり、編集者や出版者が「きけ」と命令した書名は、その代弁と捉えることはできる。だが、遺稿、特に遺書は不特定多数に向けて書かれたのか？ また「きけ」と命令するまで思っていたか？ そもそも、学徒兵がみな「きけ」と命令するだろうか？「ききいてほしい」と「きけ」の間には明確な差がある。

他方、書名は本を読む者だけでなく、商業出版の宣伝の影響を受ける者にも及び、その範囲は極めて広くなる。それ程の不特定多数に「きけ」と命令する編集・出版者に、自分たちの意図や目的（編集方針や販売戦略など）はなかったか？ そこに戦没学徒兵の悲運を書きたて、掻き立てる〝お涙ちょうだい〟のレベルで読者を増やそうとする企図が潜んでいるとすれば、それは遺書・遺稿を書いた当人の本意であろうか？ さらに、政治的イデオロギー的な狙いが込められていないだろうか？

日本戦没学生記念会（略称「わだつみ会」）をめぐる対立、論争、分裂は、これを考えさせる。戦没学徒兵のため、平和のため、或いは客観的な議論のように見せて、多かれ少なかれ、自分の立場で「わだつみのこえ」を利用しようという企図がないだろうか？ 仮にそうであるとすれば、限界状況（極限状況、Grenzsituation）[3]における生と死が凝縮されている遺書・遺稿を、己が目的や政略のための手段とするに行為であり、問われねばならない。

編集委員の真下信一や小田切秀雄は言論で体制批判を明示しており、渡辺一夫はそれ程ではないが批判的である。彼らの文献に基づけば、学術書から啓蒙書まで、内容の如何に関わらず、その志向性は上から下に教え諭すものであると見なせる。だが、彼らに戦没学徒兵を代弁して「きけ」と不特定多数に命令する資格はあるだろうか？ 彼らはどれほど軍隊や戦争を知っているのだろうか？

また、東京大学や岩波書店は日本の最大級の文化資本である。遺書・遺稿の執筆者＝学徒兵もそれに準じている。従って「きけ」と命令形を使うことに躊躇しない可能性は大きい。心理的に言えば、高い立場にいるエリートの傲慢があり得る。

勿論、戦争責任に関わる権力者や指導者、その後継者たちは、それ以上に高く強い立場におり、それに向けられたメッセージは体制批判になる。だが書名は広く民衆にも向けられており、それは命令となる。敗戦直後の激動期、読者は「きけ」と命令されると同時に、権力者たちに対して「きけ」と命令する。受動と能動、服従と命令が複合している。

これに対して、五十嵐は「聴く」であり、このような複合とは無縁である。

第二項　限界状況、態度価値、パンセ

「わだつみのこえ」は限界状況において発せられた。これを五十嵐は「切迫してくるもの、生死[4]」と正対し、「切迫してきた死……死をいいつつ切迫した生を希求」したと捉えた。元より、五十嵐の論考はいずれも緊張感が張っており、「わだつみのこえ」研究はその到達点と言える。このような意味で「わだつみのこえ」研究は限界状況論の応用

であると言える。

また、ジャンセニストの立場で「教皇の精鋭部隊」と称されるイエズス会（ジェズイット）と論争したブレーズ・パスカルの「考える葦」に喩えた悲惨（*misérable*）と偉大・高貴（grand）の弁証法[5]やヴィクトル・フランクルがアウシュヴィッツの体験を以て提出した「意味への意志（Der Wille zum Sinn）」や「態度価値（Einstellungswerte）」[6]も適用できる。謂わば「限界状況」における「意味への意志」や「態度価値」、悲惨な運命を偉大へと止揚した弁証法を「わだつみのこえ」において認識できることを五十嵐は示したと考える。彼の研究と実践はこのレベルに達しており、これにより、限界状況において激動の歴史と格闘した先人の生と死の意味を把握することができるからである。

なお、ユダヤ人は被害者で日本兵は加害者という区別は浅薄である。安易な一般化に注意すべきだが、フランクルの分析やパスカルの思索は奥深く、普遍性がある。しかも、戦没学徒兵は全体主義の下で「学徒」でありながら動員され死に至らしめられた点で被害者であるが、戦場では「兵」として民間人（非戦闘員）に対し加害側に立っていたように単純ではない。両面を統合的に捉える根底的な視座や思想が求められる。

これは「戦没学徒兵」と「戦没学徒」という表記にも関わる。学徒・被害と兵・加害の両面を検討しなければならないからである。そして、五十嵐が「結論的なこと」を書けないと述べた要因の一つにはこれがある。

第三項　五十嵐は「聴く」―軍人であった学者・詩人として―

五十嵐は「聴く」を『「わだつみのこえ」を聴く』に収録された諸論文で用いており、彼の一貫した志向性を表している。学者は用語の意味を慎重に厳密に考えて使い、詩人は言葉に心魂を賭ける。五十嵐は反省的に熟考する学者であり、かつ「生涯苦吟」した詩人であった[7]。その五十嵐が「聴く」を選び、繰り返し用いたのである。軽視してはならない。

「聴く」には「わだつみのこえ」だけでなく、五十嵐自身の内心から響く声をも聴き取ろうとする意味が込められていると言える。彼は痛切に反省し、自己分析するからである。さらに、その内なる声は自分自身だけでなく、自分が関わり内面化した様々な人々の声もある。

そして、五十嵐の志向性は実戦・実践において励ましあい、学びあうものであった。だが、これは東大教授どころか、「国軍」将校であった経歴に反するのではないかと問われることが想定される（「国軍」は五十嵐の「壮行の辞」に準拠、これは後で詳論）。確かに軍隊は階級序列や指揮命令系統が最も厳しいが、しかし敵との戦闘で生きるか死ぬかという限界状況では同じどころか、むしろ最前線の指揮官は最も危険に曝され、戦死・戦傷の危険性は高い。それくらいでなければ、部下を死地に突撃させられない。五十嵐はそのような指揮官・将校であり、この志向性は生涯を貫いていた（この点も後述）。

第四項　声なき声を聴く――不可視の可視化――

声なき声を聴こうと耳を澄ませることは、沈黙を理解することであり、視覚的には「眼光紙背に徹す」、「行間を読む」と表現できる。これには論理的な思考に加えて詩的な感性や想像／創造力が求められる。それにより、文字で表しきれない戦没学徒兵の生と死に迫ることができる。ルイ・アルチュセールやミシェル・フーコーを援用すれば「不可視」の可視化である[8]。

そのためには、遺書・遺稿の文意や文脈（text と context）の解釈だけでなく、歴史、戦争、戦場、軍人、人格（Person）、その言説や実践（praxis と practice）などの多角的で批判的な検討による総合的な考察が必要である。文献研究や解釈学の意義を認めるが、それに偏してはならない。

同時に、対象を客観的に論理的に研究しなければならない。それは研究として当然であるが、ここでわざわざ述べるのは、戦没学徒兵の悲運な運命を顧慮する余り、分析や批判が控えられることに注意するためである。

第五項　国や民族を越えて聴く

五十嵐は「反省　自国の『わだつみのこえ』のみを聴いているだけではダメ。『敵国』の青年の『わだつみのこえ』をも聴いてこそ」と記した。(9) これに関する研究は不詳だが、五十嵐の遺稿の中に『ドイツ戦没学生の手紙』のコピーがあった。(10) ドイツは同盟国で「敵国」ではないが、研究の範囲は日本を超えていた。日本統治下で、やはり「敵国」ではないが、他民族で日本人に統治されていた朝鮮人青年学生についても五十嵐は意識していた（後述）。

さらに、一九九五年五月二四日、名古屋四高例会報告原稿では「私たちが木村の戦没、すなわち殺されることから安らかな死への転換を重視すればするほど〈重要点〉、カーニコバル島において日本軍によって殺された島民はどうであったのかという問題」があると指摘し、「いまこの事について述べることができるまでに勉強していないことを告白すると同時に、戦争において殺された日本兵の問題は、同じく戦争において日本兵が殺した相手の問題を考えることなしには、完全な問題提起にはなっていない」と述べていた。(11) これもまた重要な問題提起である。

第三節　対立・論争・分裂を超えた次元

第一項　対立・論争・分裂への沈黙

日本戦没学生記念会は対立により分裂や再建を繰り返した。そこには平和・反戦をめぐる政治やイデオロギーが絡んでいたと言わざるを得ない。

遺書・遺稿を書いた当人たちは、これをどう考えるかと問わねばならない。「死人に口なし」で彼らは何も言えないが、自分たちをめぐり対立が起きることなど望まないだろう。勿論、これは実証できないが、厳粛に考えるべきである。

対立の要因に編者たちの「きけ」という命令形がある。何故なら、その高圧的な姿勢では議論はできず、そのため合意も形成できないからである。

他方、五十嵐は対立などについて何も記していない。彼は日本戦没学生記念会をめぐる対立や論争を十分に知り得た。しかし、沈黙を守った。その対立に関わらない態度がメッセージとなっている。

このことを私は直接聞くことはなかったが、川上は「あそこ（日本戦没学生記念会）はどうもね……」と発言したことがあった。[12] 彼は最後まで言わず、沈黙したが、その口調や表情は「困ったことだ」と示唆していた。少なくとも私はそう受けとめた。学生時代に葛飾で筋金入りの共産党員から同じことを聞いていたので違和感はなかった（表情や口調も相似）。

それは五十嵐も同様であったと推論する。そして、彼の沈黙は遺書・遺稿を書いた学徒兵たちの思念に合うと考える。

第二項　遺書・遺稿をめぐる論争

一九九八年、中村克郎、中村猛夫、西原若菜が発起人となり、日本戦没学生記念会とは別に「わだつみ遺族の会」を結成した。さらに中村と西原が遺族代表として日本戦没学生記念会と岩波書店に原文の改変や著作権の侵害を理由に新版の出版差し止めと精神的苦痛に対する慰謝料を求め提訴した[13]。翌年、岩波書店は修正した第八刷を出版し、原告は要求のほとんどが認められたとして訴えを取り下げた。

さらに、木村の遺書・遺稿（中谷は「手記」と表記）に関しても、原文の改変が追及された。問うたのは東京新聞とその関係者であり、問われたのは遺族や恩師であったという関係性は異なるが、原文と編集をめぐる論争として類似の構図がある。

まず「東京新聞」二〇一四年四月二九日に「『わだつみ』に別の遺書」や「『わだつみ』悲劇の学徒兵　木村久夫無実訴え『戦犯』処刑」が掲載された。同年八月に東京新聞から出版された加古陽治編著『真実の「わだつみ」―学徒兵木村久夫の二通の遺書―』では、父親宛ての遺書（原稿用紙）が新たに発見され、『きけ わだつみのこえ』に収録された遺書は、これと木村が『哲学通論』（田辺元、岩波書店、昭和八［一九三三］年版）の余白に書き込んだ遺稿を編集したものであり、厳しく激しい表現・内容は削除されていると指摘された。

これに対して中谷彪は、前述の「『わだつみ』に別の遺書」は「誤報」であり、木村の恩師・塩尻は木村の「手記」や「遺書」に関して「多くの削除・加筆等を行っ」ていないと反論した[14]。

この議論の比較検討や評価は、五十嵐に習いここでは行わず、次の点を述べるに止める。まず、木村の書籍への書き込みは未定稿であり、プライバシーにも関わり、当然、遺族や編者が削除など判断できる余地はある。激しく厳しい表現は、処刑を前にした限界状況において感情や思考が不安定になり、後で落ち着いた時には取り消すという可能性は十分にあるためである。木村が敬愛した恩師の塩尻は彼の思索や感情を考慮して判断し、また、そのことを遺族も信頼したと考えることもできる。

以上を踏まえた上で、七〇年以上もの時間が経過した二一世紀においては、原文を文献として扱うことも重要かつ必要であることを認識しなければならない。ただし、それが没後間もない時点における木村への配慮を批判することにはならない。それぞれの時点における諸条件を考えることは研究の基本である。

第三項　「こえ」を略した者同士の論争

東京新聞の記事や加古の著書では「わだつみのこえ」ではなく「わだつみ」と略されている。「こえ」が削除されたことの重大さを考えるべきである。「こえ」を略すことは「こえ」をないがしろにすることである。そのような自分が他者に「こえ」を聞けと命令することを省みるべきである。

しかも議論の双方で削除している。誰のための議論かが問われる。これは「わだつみ会」という略称にも当てはまる。

第四項　木村の遺書・遺稿に関する注意点

木村の遺稿、特に遺書についても、不特定多数の読者を想定して書かれたか否かに注意しなければならない。それは研究者のノートや作家の未定稿とも性格が異なる。遺族や編集者は原文を尊重しつつ、不特定多数が読むように編集することはあり得る。これを改変として一概に追及すべきではない。

前述したように死が迫る限界状況において研ぎ澄まされた思考や感性により書かれたことの意義を認識しつつ、書きすぎた、或いは書き足らなかった点なども考慮しなければならない。活字になるのであれば、そこまで書かなかった、もっと書くべきだったという可能性は否定できない。

木村は『哲学通論』九七頁の余白に「日本の軍人には偉い人もいたであろう。然し、私の見た軍人には誰も偉い人は居なかった」と書く一方で、一二三頁で「アンダマン海軍部隊の主計長をしている主計少佐内田実氏は実に立派な人である」と述べている[15]。また一三九〜一四一頁では、上田光治海軍大佐も高く評価している。

ところが『哲学通論』を貸した小池和彌海軍大尉[16]も高く評価されて然るべきだが、言及されていない。限界状況において、しかも若気の至りで配慮が行き届いていなかったか、或いは謝辞を考慮する必要はない程の親密な関係であったか、それとも他の理由か等々が考えられる（この点は後で考察）。

無論、逆に、広く読まれることが木村の本望であったという解釈も可能である。戦犯容疑の召喚の時から最悪の結果を想定することは、木村の知力ではできた。召喚を知った時（一九四五年十月末、或いは十一月初）から、拘束され、カーニコバル島とロス島の監禁所を移動し、シンガポールのチャンギー刑務所に護送され、翌年五月二三日の処刑の直前まで十分に考え抜いていた可能性も大いにある[17]。

それ故、遺書・遺稿を多角的に考察し、その意義を導き出すことが求められる。

第五項　論争の次元を超えて

加古や中谷たちによる新たな情報の意義は認めるが、五十嵐の「わだつみのこえ」研究に決定的な影響を及ぼすことはないと私は考える。

五十嵐は論争など超えた次元にいただけでなく、単なる文献研究に取り組んだのでもなかった。五十嵐は東京帝大の学徒~卒業~出征という自分自身の生（life＝生涯、生活、生存、生き方等々の複合）を省みつつ戦没学徒兵の「わだつみのこえ」に耳を澄まし、己の生と死を彼らの生と死に重ね合わせた。さらにプライバシーについても十分に配慮した上で追究を控えることはしなかった。この見極めは微妙で繊細な精神が求められるが、五十嵐は詩人でもあり、それができた。彼は「愛を知るのは悲しみを知るのである」に続けて、以下のように記した[18]。

私らは木村の最期のこころの内をせんさくする権利をもっていない。これこそ真のプライバシーである。しかし、かかる木村を失ったというのは、私たちの、問題である。私たちは彼の死をおしみ悲しむ権利をもっていること。彼の悲しみと私らの悲しみとははっきり区別すること。

ここに五十嵐の「わだつみのこえ」研究の真髄が表されている。彼が新たに公開された遺稿を読んだとしても、これは変わらなかったであろう。

その上で、『哲学通論』一九六頁に書き込まれた「Marx の下部構造と上部構造[19]」（以下「Marx」と略）と二〇七頁の「絶対否定的自己同一、弁証法的世界」に注目し、これから詳しく考察する。この二つを五十嵐は知らなかったはずだが、ただし、戦友会などを通して遺稿の全文を読み、知っていたが、公開されていないため、遺族などの意向を尊重し、取りあげなかった可能性は排除できない。知っていたか否かに関わらず、五十嵐は言葉だけでなく、実戦・実践に即しても考え、知行合一[20]で判断・評価したであろう。いずれにせよ、五十嵐の木村の「わだつみのこえ」研究は大きく変わるものではないと私は捉える。

実戦・実践を通して到達した知行合一は木村においても認められる。だからこそ彼は『哲学通論』一~二三頁に

「此の書に向かっていると何処からともなく湧き出ずる楽しさがある。……充分理解することが出来る。……難解を以て著名な本書をさしたる困難なしに読み得る。……笑って死んで行ける」と書き記せた。これは強がりではない。遺書では「唯新しい青年が私達に代わって、自由な社会に於いて、自由な進歩を遂げられん事を地下より祈るを楽しみにしよう」と、彼は若くして「世代のサイクル」の認識を得ていた。彼は限界状況における苦悩を経て不当な刑死をも超越したのである。況んや論争などにおいておや！

木村は一九四二年四月に京大に入学したが、一〇月に召集され、十分に学業に励めなかった。それにも関わらず「充分理解」できたのは、彼が軍隊内でも学習でき、そして刑死が必至という限界状況において精神が研ぎ澄まされ、超越と叡智の境地（発達段階）に飛躍的に到達していたからと考えることは可能である。

そこには小池大尉、内田少佐、上田大佐たちの人格、教養、学徳も影響していたと言えよう。即ち、軍隊でも哲学を研究できたのである。しかも空論ではなく、まさに実戦・実践的にできた。上田大佐たちは身を以て如何に生き、如何に死ぬかを示し、それは実践哲学の核心に迫る事例となったと考えられる。

そして五十嵐もまた実戦・実践で哲学を錬成した。この点は次節で述べる。

第四節　真（まこと）の知行合一

知行合一では、物知りのレベルではなく、知ったことを活用する実力が求められる。

第一項　「決死」の「生涯苦吟」

「わだつみのこえ」に関して議論する者は多いが、文学青年から、軍人、マルクス主義教育学者となり、さらにキリスト者の矢内原忠雄を研究したというライフヒストリーにおいて五十嵐は独特である。五十嵐は単なる方向転換を行ったのではなく、前者に後者を重ねてアイデンティティを重層的に構成した。五十嵐はそれぞれを止揚したのであり、捨て去ろうとはしなかった。そもそも過去を消し去ることなどできない。

しかも、それぞれにおいて五十嵐は極めて真摯で深く鋭く、「決死」でさえあった。川上は絶筆で「生涯苦吟した陸軍少尉」五十嵐においては「継続」も「飛躍」も「かなり込み入っていて、文字通り決死」なのであったと総括した(21)。

五十嵐は己の過去と向きあい、未来を創出すべく現在（同時代）と格闘した。「決死」の覚悟で真っ直ぐに突き進むが、誤りに気づいた時は改め、新たな方向を探り、定めるとまた突き進んだ。自分を誤魔化そうとはしなかった。その最後は次のとおりであった。

第二項　白鳥の歌──「五十年かかって、実はおさまりがついていないんだ」──

対話集会「高校生と映画『きけ、わだつみの声』を観よう」が一九九五年九月十七日に開かれた。この日、大型台風の余波で気圧が変化し、狭心症などの持病がある五十嵐にとって「絶対外出しない条件」となっていた(22)。それにも関わらず五十嵐は「無理して」開会前の一三時に着くために家を出たが、「多分何度か休息をと」ったため、一六時二〇分頃に会場に着いた。「座ったままの発言で良かったのに、立っての発言を続け」る途中、絶句して倒れ、一時間半後に不帰の客となった。堀田悦博は「心情を吐露」していた時に倒れたと表現した(23)。

具体的に述べると、「朝日新聞」一九九五年九月一八日の記事では、高校生の「戦争に対する疑問を感じていたか」という問いかけに、五十嵐は「当時、日本のためになろうという気持ちはあったが、戦争のため、天皇ために死ねるか、突き詰めて考えたことはなかった。怠慢だった」、「五十年かかって、自分がどういうふうに怠慢だったのか考えて、いまだに結論が出ない」と「言葉をしぼり出すように」答えたところで倒れた。司会を務めていた安川に拠れば、五十嵐がどのように「怠慢」であったか「考えるために、五十年かかって、実はおさまりがついていないんだ」と発言した後、敵が攻撃し「僕が手榴弾投げる時、投げないと、僕の連隊は全滅するわけです。隣の戦友が死ぬわけですネ。その、そういうその、小さい仲間の中の、……」と「万感胸にせまった様子で、絶句してマイクを握ったまま崩れ落ち」た。[24]この最後のメッセージはまさに白鳥の歌と言える。[25]

このような死は「怠慢」ではなく勤勉であったことを証明している。勤勉で実直な者が自分を「怠慢」と反省する。五十嵐は自分自身に甘くならず、むしろ厳しく問い続けていたのである。それは極めて困難な知行合一であったが、五十嵐は全うした。

第三項　同一化と対象化—「木村の運命が私のであったとしてもおかしくない」—

五十嵐は己の戦争責任を隠そうとはしなかった。その真摯で真正直な生き方と真理や真実の追究とを貫いているのは「真（まこと）」である。ひらがなで「まこと」と表記するのは、それに誠や信も内包させるためである。ギリシャ語のアレテイア（Aretaia）が真理、真実、まことを意味することに通じる。

このような「わだつみのこえ」研究において木村の位置は大きく、しかも自分自身と重ね合わせている。彼は「木村の運命が私のであったとしてもおかしくないとおもった」と記した。[26]黒崎勲も五十嵐が「しばしば『木村の運命が私のそれであったとしても何の不思議もなかった。そういえる戦争の環境の中に私は居た』と述べていた」と書いている。[27]これは同一化（identify）だが、これから考察するように、五十嵐は同一化とともに対象化し、批判・自己批判する。即ち、五十嵐は自分自身と深く関連づけているが主観的ではなく、己の対象化、客観化に努めている。従って、木村を特別視してもいない。

それは主観と客観を統合したアクション・リサーチであり、知行合一である。例えば、研究は「木村個人の生死問題」から「天皇制と天皇問題」へと進んだが、[28]それは天皇崇敬であった自分自身の青年期の反省を伴っていた。これに習えば、五十嵐の「わだつみのこえ」研究に取り組むことは私自身の反省を求める。そのため私は真摯に自己分析しつつ「わだつみのこえ」に耳を澄ます。

注

（1）五十嵐『「わだつみのこえ」を聴く─戦争責任と人間の罪との間─』青木書店、一九九六年、一四四頁。
（2）保阪正康『「きけわだつみのこえ」の戦後史』文春文庫、二〇〇二年、第二章。
（3）カール・ヤスパースの鍵概念。小倉志祥、林田新二、渡辺二郎訳『哲学』中央公論新社、二〇一一年。
（4）前掲『「わだつみのこえ」を聴く』Ⅰの二の（二）の表題、三六〜四二頁。
（5）遺稿集『パンセ（*Pensées*（考えられること）』断章三四七、三九七。版も訳も多数である故、ブランシュヴィック版の断章番号で当該箇所を示す。
（6）フランクルは「環境からの影響は圧倒的なように見えますが、そう見えるだけであって、それに対する内面的な自由が人間にはあるのです。人間は最後の息を引き取るまで、その自由を保持しているのです。たとえ収容所の囚人からすべてを奪うことができたとしても、その自由だけは奪うことができないのです」と述べる（山田邦男監訳『意味への意志』春秋社、二〇〇二年、一三七頁）。

（7）川上徹「最後の手紙（大窪一志宛メール）」『川上徹《終末》日記』三〇八頁。これは川上の「白鳥の歌」であると言える。川上は五十嵐の指導を受け、共に闘い、『五十嵐顕追悼集』（同時代社、一九九六年）刊行で中心的役割を果たし、遺稿を私に託すなど、五十嵐の継承・発展に努めた。私の大先輩であり「川上さん」と呼びたいが、「五十嵐先生」と同様に敬称は略す。

（8）Louis Althusser, *Lire le capital*, 1965, 1968（改訂圧縮版）。権寧、神戸仁彦訳『資本論を読む』合同出版、一九七四年、三〇頁以降。また文学では「一番大切なのは見えないことだよ（l'essentiel est invisible pour les yeux）」との箴言がある（アントワーヌ・ド・サン＝テグジュペリ『星の王子さま（*Le Petit Prince*）』版は複数）。

（9）前掲『「わだつみのこえ」を聴く』一四五頁。

（10）W・ベール、H・ベール編、高橋健二訳、新潮社、一時間文庫、一九五三年。

（11）前掲『「わだつみのこえ」を聴く』一四八頁。

（12）前掲『平和教育の思想と実践』出版の打ち合わせのとき。

（13）前掲『「きけわだつみのこえ」の戦後史』。特に第七章。

（14）『「きけ　わだつみのこえ」―木村久夫遺稿の真実―』桜美林大学北東アジア総合研究所、二〇一五年。引用は二頁。中谷は『塩尻公明と戦没学徒木村久夫―「或る遺書について」の考察―』（大学教育出版、二〇一四年）、『木村久夫遺稿の研究―「きけ　わだつみのこえ」遺稿の編集者は、恩師か父か』（桜美林大学北東アジア総合研究所、二〇一五年）や『戦没学徒　木村久夫の遺書―父よ嘆くな、母よ許せよ、私も泣かぬ―』（同研究所、二〇一六年）も出版。

（15）書き込みの頁数は前掲『戦没学徒　木村久夫の遺書』付録「木村久夫の遺稿と資料」に拠る。

（16）小池『軍艦旗を降ろせ！！―海軍大尉戦わざるの記―』二六一～二六四頁、及び中谷『「きけ　わだつみのこえ」―木村久夫遺稿の真実―』五四～五五頁。なお、中谷は木村が『哲学通論』の扉で「死の数日前偶然に此の書を手に入れた」と記したが、小池は約半年前の召喚前日に木村に貸した（この時点では召喚さえ知らなかった）と述べているという違いを指摘。この点は後で考察。

(17) 前掲『戦没学徒　木村久夫の遺書』の略年譜(四八五~四八六頁)。
(18) 前掲『「わだつみのこえ」を聴く』一四七頁。
(19) 有田芳生「木村久夫遺書全文を公開する」(BLOGOS、2014年04月30日07:01)二〇一七年十月二八日~一八年六月三〇日、繰り返えしアクセス。
(20) 陽明学に加えて西田幾多郎の「行為的直観」、三木清の「行為の哲学」、宮原誠一のアクション・リサーチを組み入れて活用。
(21) 前掲「最後の手紙(大窪一志宛メール)」三〇八頁。
(22) 安川寿之輔「五十嵐顕さんが残したもの―「わだつみ世代」の戦争責任論―〈誌上シンポジウム〉―その二」日本戦没学生記念会『わだつみのこえ』一〇一号、一九九五年一一月二〇日、一一九頁。以下同様。
(23) 堀田(不戦兵士の会東海支部)「弔辞」前掲『五十嵐顕追悼集』四九九頁。
(24) 前掲「五十嵐顕さんが残したもの―「わだつみ世代」の戦争責任論―〈誌上シンポジウム〉―その二」一一九~一二二頁。安川「教育の戦争責任―五十嵐顕さんが残したもの―」前掲『五十嵐顕追悼集』四四六~四五二頁)、及び安川の二〇一七年一一月二六日「討論塾」第三三四回討論会でのレジュメ「問題提起『戦後日本の社会科学における戦争責任問題』―丸山眞男批判を軸に―」のⅢ「日本人は戦争責任にどう向き合ったかb―五十嵐顕の戦争責任への覚醒―」。また「討論塾　塾報」三四六号、二〇一八年一月二〇日、同日付の「討論塾塾報第三四六号の送付」(塾報作成者鈴木一郎)も参照。
(25) 「パイドーン」84E~85A参照。訳文は池田美恵、田中美知太郎訳『ソークラテースの弁明・クリトーン・パイドーン』新潮文庫、一九六八年。
(26) 「『わだつみのこえ』をいかに聴くか―国民・国家の責任と人間の罪との間―」の「あとがき」『雲山万里―南方軍幹部候補生隊の活動と戦後五十年の回顧―』スマラン会、一九九五年、三九三頁(前掲『「わだつみのこえ」を聴く』には未収録だが重要なので本書では再録)。

(27) 同前『「わだつみのこえ」を聴く』二四二頁。
(28) 同前『「わだつみのこえ」を聴く』一四八頁。

第一章　我がこととして「わだつみのこえ」に耳を澄ます

第一節　生と死をめぐる思想と実践―「決死」で闘う生き方―

木村に即した「わだつみのこえ」研究には他にも増して哲学が求められる。何故なら、木村が遺稿を『哲学通論』に書き記したからである。

また、それは他の無数の「わだつみのこえ」の研究に資する。哲学は具体と抽象、特殊と普遍の統合を目指すからである。

哲学と思想は密接不可分である。思想なき哲学は思索のゲームに堕し、哲学なき思想はイデオロギーと化す。それは人間が如何に生き、如何に死ぬかの探究であり、三度従軍したソクラテスは「真の哲学者が死ぬことを心がけているものであり、彼らが何びとよりも死を恐れないものであるということは本当なのだ」、「真に哲学すること」は「死ぬことを練習することにほかならない」と述べた(1)。学徒兵の書き遺した文言には各自の思想、そして実践哲学が込められている。それが鮮明に表れているのが木村の遺書・遺稿である。

ただし、これは木村と他の優劣を比較することではない。どの生も死も等しく、どの遺書・遺稿に対しても厳粛に臨み、安直に評価すべきではない。私はこれを絶えず自覚して遺書・遺稿を読み、さらに遺されなかった無数の「わだつみのこえ」に耳を澄ます。

五十嵐はマルクス主義教育学者となる前は天皇崇敬の軍人であった。ただし、彼は天皇主義者ではなく、家族、故郷、国を守るために軍と国民を強力に統合する象徴として天皇を位置づけていた。これを一概に批判するのは浅薄である。命を懸ける軍人にとって、懸けるべき崇高な価値は必要である。五十嵐にとって天皇は至高で超越的抽象的な価値であった。

思考が超越的次元を志向していたからこそ、彼は抑留期のアイデンティティ・クライシスを乗り越え、マルクス主義へと進むことができた。超越的抽象的な次元において至高の価値の形態が変わったが、「決死」で闘うという生き方は一貫していた。西洋の帝国主義との戦い／闘いという点でも戦中から戦後まで一貫性がある。天皇を抽象的に捉えることは五十嵐に特別なことではない。天皇機関説があり、それに天皇自身も賛意を示し、美濃部達吉の排撃や学問の自由の侵害には憂いていたという[2]。皇道派の重鎮と見なされる柳川平助陸軍中将も相似する考え方を有していた[3]。

また、英国、スウェーデン、デンマーク、オランダ、スペインなど君主を戴きながら議会制民主主義を発展させた国はいくつもある。従って、天皇機関説は現実的であった。

第二節　諸思想の複雑な交錯におけるアイデンティティ形成

天皇制と民主主義の関連は当時の諸思想の一部だが、それでも複雑である。これに楽観主義や悲観主義の心性、神道、儒学・儒教、仏教などの東洋思想、唯物論、無神論、観念論、ヒューマニズム（人文主義・人間主義等）、資本主義、帝国主義、保守主義、尚古主義、復古主義、国家主義、国粋主義、超国家主義、民族主義、排外主義（ショービニズム）、テロリズム、平和主義、国際主義（インターナショナリズム）、個人主義、全体主義、集団主義、自由主義、民主主義、社会主義、国民／国家社会主義（ナチズムのNationalsozialismusは双方を併せ持つ）、ファシズム、共産主義、マルクス主義、レーニン主義、スターリニズム、トロツキズム、アナキズム、懐疑主義（スケプティシズム）、ニヒリズム、シニシズム（犬儒主義、冷笑主義）、実存主義、現象学派、フロイト学派、功利主義、プラグマティズム、実証主義、合理主義、非合理主義、超越主義、浪漫主義、理想主義、リアリズム、芸術至上主義、象徴主義、印象派、シュルレアリスム（超現実主義）、ダダイズム、フォーヴィスム（野獣派）、キュビスム（立体派）等々（順不同）、さらにその中間や複合が加わり、無数の思想、学派、イデオロギーが交錯していた。

　このように複雑な状況において五十嵐や木村たち学徒も思想を模索し、アイデンティティを形成した。これは誇張ではない、例えば授業の後に教室で五人が語りあう時、各自に直接間接に五つの思想が影響していれば、二五になる。十人では五十になる。無論、共通するところもあるが、多感で繊細な青年はそれぞれ微妙に相違する。そして、教室だけでなく寮や下宿でも、別な組み合わせで雑談する。雑談では雑多な意見が飛び交い、勉強したての中途半端だが既成概念に囚われない斬新な考えも出される。ベートーベンを聴きながら「デカンショ、デカンショ」と冗談まじりでデカルト、カント、ショーペンハウエルについて語りあい、学びあう。

　それ故、五十嵐を通して「わだつみのこえ」を研究することは近代日本の思想と実践の考察に通じる。またそれは京都学派の再考にもなる。京大生の木村の思想を考察するためには必要かつ重要だからである。

第三節　運命─偶然と必然（一）

第一項「運命」の意味

五十嵐が「木村の運命が私のであったとしてもおかしくないとおもった」と述べたことは単なる所感や比喩ではない。レンバン島抑留生活において、一九四六年六月一二日の日誌に、彼は「死ヨリマヌガレタ身、死ヌベキヲ生キシ身。一切ヲ絶シ、精進セネバナラヌ」と記した。この決意に立ち、学者・詩人として熟考・反省・苦吟を重ねる中で五十嵐は幾度も「運命」を用いた。その意味は極めて重く深い。

木村の学徒動員、カーニコバルの部隊への配属、戦犯裁判、処刑は一個人の運命であるが、それは世界大戦という避けがたい歴史の趨勢に位置づけられる。必然は無数の偶然の合成であり、その過程で逃れようがなければ、個々人の運命でも必然であったことになる。

この点に関して、戦後、五十嵐が己の思想として選びとったマルクス主義に即して考察していく。マルクス主義の鍵概念に「必然」があり、これは逃れ得ないという点で「運命」と同じであるからである。

また、カール・マルクス（Marx）は木村の遺稿、それが書かれた思想的かつ実戦・実践的環境を理解する鍵にもなる。そのためにもマルクス主義における偶然と必然について考察しておかねばならない。

第二項　マルクス主義に即して

(一) マルクスに即して

史的唯物論では共産主義社会への発展は歴史的な必然であるとされる。マルクスとエンゲルスが執筆し、一八四八年二月にロンドンで公刊された『共産党宣言（*Manifesto of the Communist Party*）』[4]の一「ブルジョアとプロレタリア」の結びでは「ブルジョアジーはなによりもまず自分自身の墓堀人をつくりだす。ブルジョアジーの没落とプロレタリアートの勝利とは、等しく避けられない（equally inevitable）」と表明された。五十嵐はこれを精読しており、それを通して形成した思想に基づき「運命」を用いたと言える。

これは政治的宣言であり、続いて哲学思想について考察する。若きマルクスは一八四四年の『経済学・哲学草稿』の第三草稿（未定稿）で「共産主義は否定の否定としての肯定であり、それゆえに人間的な解放と回復との、つぎの歴史的発展にとって必然的な、現実的契機である。共産主義はもっとも近い将来の必然的形態であり、エネルギッシュな原理〔das energische Prinzip〕である。しかし、共産主義は、そのようなものとして、人間的発展の到達目標――人間的な社会の形姿――ではない」と記した[5]。

成人マルクスは『経済学批判』（一八五九年）序言で「人間は、その生活の社会的生産において、一定の、必然的な、かれらの意思から独立した諸関係を、つまりかれらの物質的生産諸力の一定の発生段階に対応する生産諸関係を、とりむすぶ」と述べた[6]。「必然」であるのは意識は存在に規定され、上部構造は土台を基礎づけられるという唯物論による。これをマルクスは「生産諸関係の総体は社会の経済的機構を形づくっており、これが現実の土台となって、そのうえに、法律的、政治的上部構造がそびえたち、また、一定の社会的意識諸形態は、この現実の土台に対応している。物質的生活の生産様式は、社会的、政治的、精神的生活諸過程一般を制約する。人間の意識がその存在を規定するのではなくて、逆に、人間の社会的存在がその意識を規定するのである」と説明する。そして彼は、物質的生産諸力の発展に伴い土台と上部構造、生産力と生産諸関係・所有諸関係の間に矛盾が生成し、さらに激化し、臨界点を超えると革命が起きると論じた上で、次のように「意識」の意義を打ち出す。

これらの諸関係は、生産諸力の発展諸形態からその桎梏へと一変する。このとき社会革命の時期がはじまるのである。経済的基礎の変化につれて、巨大な上部構造全体が、徐々にせよ急激にせよ、くつがえる。このような諸変革を考察するさいには、経済的な生産諸条件におこった物質的な、自然科学的な正確さで確認できる変革と、人間がこの衝突を意識し、それと決戦する場となる法律、政治、宗教、芸術、または哲学の諸形態、つづめていえばイデオロギーの諸形態とを常に区別しなければならない。

経済的な物質的な変革は「自然科学的な正確さで確認」しつつ、それを「意識」して「決戦」に臨まねばならないという論理であり、客観的な必然性に対する主体／主観的で意識的な実践の提起となっている。客観的に必然だから主体／主観（subject）は考えなくてもよいのではない。マルクスは「フォイエルバッハに関するテーゼ」と呼ばれるノート（版も訳も多数）で、客体／客観（object）と主体／主観（subject）の弁証法を述べ、その十一では「哲学者たちは世界を単に様々に解釈しただけである。しかし問題なのは世界を変えること」だと実践（praxis）を提起した。

主体／主観的な実践は個々人がそれぞれ行うだけなら偶然的である。だが無数の偶然を必然性が貫き、この必然性を科学的に理解し、個々人がそれに沿って実践すれば、必然的な発展は早まる。そのために組織＝共産党が必要となり、またこの必要は必然でもある。社会の発展の必然性が、共産党がプロレタリアートを組織し、指導しなければならないという必要／必然性になり、この共産党により支配服従の階級的敵対の歴史は必然的に終わるとなる。このような歴史観をマルクスは一八五九年の『経済学批判』（版も訳も複数）序言で次のように論じた。

大ざっぱにいって経済的社会構成が進歩してゆく段階として、アジア的、古代的、封建的、および近代ブルジョア的生活様式をあげることができる。ブルジョア的生産諸関係は、社会的生産過程の敵対的な、といっても個人的な敵対の意味ではなく、諸個人の社会的生活諸条件から生じてくる敵対という意味での敵対的な、形態の最後のものである。しかし、ブルジョア社会の胎内で発展しつつある生産諸力は、同時にこの敵対関係の解決のための物質的諸条件をもつくりだす。だからこの社会構成をもって、人間社会の前史はおわりをつげるのである。

かくして必然の後に理想が描き出される。ブルジョワ的資本制からプロレタリア的共産制への発展は必然であり、これにより敵対的な階級闘争はなくなり、生産物を公平に分かちあう平等な社会となるというのである。そして、この理想への必然的な発展のために実践するということは、それを理解し意識した者の使命となり、必然性と使命の複合は運命的な感覚を惹起する。

彼はまた『資本論』の一八六七年七月二五日付第一版序文で「経済的社会構成の発展を自然史的過程と考える私の立場は、ほかのどの立場にもなして、個人を諸関係に責任あるものとすることはできない。というのは、彼が主観的にはどんなに諸関係を超越していようとも、社会的にはやはり諸関係の所産なのだからである」と述べる。(7)『経済学批判』の「必然」は『資本論』では「自然史的過程」と表現される。「経済」や「社会」を「自然」と捉えるのは、その法則性、即ち必然性を導き出すためであり、やはり「自然」科学の方法を経済に応用しようとしたからである。

このような「方法的態度」[8]は早くも一八四一年にイエナ大学に提出した学位論文「デモクリトスの自然哲学とエピクロスの自然哲学の差異」でも認められ、その観点は原子に向けられていた。彼は『数学手稿』（菅原仰訳、大月書店、一九七三年）も遺している。

このようにしてマルクスは経済においては原子が通貨に相当すると見なし、無数の通貨の偶然的な運動を貫く必然的な法則性を研究する中で商品の使用価値と交換価値を分別し、人間までも労働力の商品となり、しかも搾取されるという資本の問題に到り、その解決をプロレタリア革命による共産主義社会の建設として提出した。

ただし、マルクスの前に社会や人間を自然科学的観点で捉えようとした哲学者にイマヌエル・カントがいた。彼に関しては、田辺の哲学、京都学派、そして木村の遺稿にも関わるため後述する。

(二) アルチュセールに即して

アルチュセールはマルクス主義哲学者だが、必然と闘った。そこに彼の独創性がある。

彼は必然ではなく「偶然の唯物論」について論じる。[9]これはマルクス主義への批判となっているが、彼は自分をマルクス主義者と考える。彼は「『真実の』唯物論、マルクス主義にもっともふさわしい唯物論」は「エピクロスとデモクリトスの血筋をひく偶然の唯物論であ」り、また「唯物論の起源」はこの二人にまで「遡らせることができ」ると述べ、原子にも言及している。これは若きマルクスの学位論文の主題であり、謂わばマルクス主義の起点と言える。ここからアルチュセールは「偶然の唯物論」を以て否定し止揚する弁証法をマルクスに適用していることが分かる。

また、彼は観念論哲学者はあたかも初め（出発）から終わり（到着）まで「とっくに知っている人」であるが、唯物論哲学者は「走っている列車」に「飛び乗る」ような人であると喩える。[10]アルチュセールにとって、哲学は「ミネルヴァの梟」に象徴される「祭の後（post festum）」の後知恵ではなく、[11] 不確かな偶然に満ちた未来を目指す能動的で主体的な実践である。

しかも闘争的である。アルチュセールはマキャベリを「政治的歴史、現在形の政治的実践の理論を考えた唯一の人」と評価する。[12] 実際、彼は「一日に一〇時間も闘士として活動し」た時期さえあったという。[13] しかも、資本主義体制と闘うだけでなく、共産党の内でスターリニズムに対抗して「政治的に介入する」ために「純粋理論」すなわち「哲学」を用いた。これは民主集中制の問題として間接的に五十嵐にも関わってくる。[14] 違いは五十嵐は沈黙し、アルチュセールは公然と「共産党のなかでこれ以上続いてはならない」と批判したことである。[15] そして、私はアルチュセールがマルクスの「沈黙（silence）」を理解したい」と述べたことに習い、[16] 五十嵐の沈黙を理解する。

さらに、アルチュセールが「偶然の唯物論」と「唯名論」との関連において「互いにまったく異なる特異な個物しか実在しない」と述べた意味の深長について述べる。[17] 唯名論は、中世スコラ哲学の個物・普遍をめぐる論争において、実在するのは個物であり、普遍的な類は名辞として存在するにすぎないと主張した。これが唯物論＝無神論に関わるのは、聖書において存在と命名は密接不可分だからである。「創世記」第二章では、主なる神は野のすべての獣と空のすべての鳥を土で造り、人のところへ連れてきて、どのような名をつけるかを見られ、人が全ての生き物に与える名は、その名となったと記されている。また信仰を通してアブラムはアブラハムに、サウロはパウロにと名前が変わった（「創世記」一七章、「使徒行伝」一三章）。

名前が変わることは、自分は何者かというアイデンティティ、ひいては生きる世界に関わる。だからこそ、パウロ・フレイレは教育の根幹に「世界」の「命名」による抑圧からの解放を据えた。[18] ここでフレイレを挙げるのは、彼が識字の基礎教育と高度な世界の認識論を見事に統合して実践し、その中でアルチュセールに論及したからである。

二人は高次元で思想的実践的に共振しており、注目に値する。

無論、以上は五十嵐の「わだつみのこえ」研究に直接関連しない。だが、彼の矢内原研究はマルクス主義とキリスト教という主題に位置づけられるのであり、思想の深遠な次元において通底している。言い換えれば、戦没学徒兵の生と死を考えるためには、この次元に立たねばならない。これによってこそ、戦没学徒兵とは何者かが分かるように「命名」＝定義し、彼らの生と死の意味を析出することができる。

第四節　反省的で創造的な知行合一

五十嵐はマルクス主義を研究の基幹に位置づけたが、引用や評釈に止まってはおらず、知行合一で発展させた。

第一項　内なる主観と外なる客観の止揚

五十嵐は木村の運命を我がことと捉えているが、木村について自分の主観で解釈する主観主義に陥ってはいなく、同時に客観主義という主観的思考にも陥ってない。他者たる木村を対象にすると同時に自分自身を反省的に考究しており、主観と客観、内と外の止揚に努めている。

これはマルクス主義からの逸脱でもない。フォイエルバッハに関するテーゼ第一などで提示された主体／主観的(subjective)実践の唯物論＝弁証法的唯物論に適合しており、それを「わだつみのこえ」研究に応用している。単なる評釈ではなく、発展であり、創造である。

マルクスは『資本論』で「名まえが違うだけで、ひとごとではないのだ！〔Mutato nomine de te fabula narratur!)」というホラティウスの箴言を提示していた[19]。同様に、五十嵐にとって木村の運命はまことに「ひとごとではな」かった。

第二項　下と上の弁証法―土台と上部構造―

五十嵐はマルクス主義経済学（特に『資本論』）に拠り教育行財政を研究したが、それは教条（ドグマ）を当てはめた講釈ではなかった[20]。五十嵐は研究して応用したのである。

これは五十嵐だけではない。三木に関してはこれから京都学派と関連させて論じることにして、まず宮原誠一について述べると、彼は「上から」と「下から」の要求の合流・混在と簡潔に示した[21]。「下から」要求するのは民衆であり、労働する人間が生産力を担い、土台を構成していると同時に意識的に要求することの意義が明らかにされている（特に「再分肢」教育論）。土台が上部構造を一方的に決定するのではなく、規定的だが逆の作用もあり、その矛盾を契機（モメント）にして「各人の自由な発達」と「万人の自由な発展[22]」の統合を目指すという意味でマルクス主義の発展であった。

宮本憲一はマルクス主義における「必然性の解釈学」の傾向を批判し[23]、丸山真男は「基底体制還元主義」、「本質顕現的思考」、「歴史的単線主義」と批判した[24]。

それらはアルチュセールが『マルクスのために（Pour Marx）』[25]で提起した「上からの決定／重層的決定（surdetermination）」に比しており、しかも先行していた。

研究するが無批判に再生産しないことは、マルクス主義に対してだけでなく、日本の学問的伝統の中でいくつもある。輸入、紹介、評釈も多いが、学問の自由や独創性の基盤たる独立不羈の精神による展開もあった。

第三項　学問における独立不羈の伝統

山鹿素行は、御用学問の儒学で「中国」が周辺諸国より強く、文化的にも優れているという中華思想の華夷秩序が説かれていたことに対して、皇統の歴史を有する日本こそ「中国」であると論じた[26]。これは中心と周辺に関する観点の転換である。また自民族中心主義（エスノセントリズム）や国家主義というより日本的アイデンティティの先駆と言える。民族は近代国家と密接に関連しており、当時の「国」は藩や生国であった。

山鹿について、マルクス主義唯物論哲学者の戸坂潤は『世界の一環としての日本』（一九三七年）第二部「日本の文化現象」一二「神聖文化論」一「神聖科学」において、三枝博音を端緒に「科学とイデオロギー」を論じる中で、次のように言及した[27]。

科学を肯定的な意味におけるイデオロギーとして理解しないと、科学の真理の客観性が他ならぬ「科学の運動性」の内にこそ存する、という一つの根本的な真理が判らなくなる、というのがその結論である。科学の有つべき真理性の出処が、形而上学故に固定して考えられた所謂「客観的妥当性」などにあるのではなくて、現実の認識を前進させる処の、もっと実際的な機能の内にあるべきだというのである。

処で氏がここで或る一つの主張をねらっているということを見落としてはならぬ。学者が学問に泥（なず）み、「学の蔽」（山鹿素行『聖教要録』）を覚らず、学が「知の戦」（西周『知論』）であることを忘れるという欠陥が、科学のイデオロギー的性格を忘れたことから来る一つの重大な結果だというのである。氏は科学の本質をイデオロギーだとすることによって、神職的な学者同業組合によって神聖化された科学をば、世俗的な坊間のものにまで引きおろす。天上からこうして地上にまで引きおろされたものが、科学の本当の面目だということになる。

また、教科書裁判闘争を粘り強く続けてほぼ勝利した家永三郎は『日本道徳思想史』第六、七章において「武士の道徳思想」を論じ、「武士道」の項で山鹿素行や『葉隠』に即して太平の世における「武士の習」から「武士道」、「士道」への変化を述べ、そして「武士の生活」の「頽廃」、武士道の道徳性の「下落」を指摘した。その基調は近世から近代への発展における武士階級の衰退であり、このような歴史発展観において山鹿が評価されている。[28]

次に山崎闇斎について述べる。彼は「群弟子（大勢の弟子たち）」に「今まさに中国が、孔子を大将とし、孟子を副将として、数万騎を率いて、わが国に攻めてきたら、わが『党（一門）』で孔孟の道を学者として、如何にするか」と問うた。[29]弟子はみな答えることができず、「分かりません。どうかお考えをお聞かせください」と言うと、山崎は「不幸にも、このような『厄』に遭遇したら、わが一門は甲冑を身につけ、手に剣をとり、戦い、孔孟を捕虜にし、わが国への恩を報じるのだ。つまり、これこそ孔孟の道だ」と説いた。

中国の聖人を無批判に拝跪しないだけでなく、近代的な概念が用いられていないが、論理は弁証法的かつ実践的である。「眼鏡ノ掛ケ所ガ違フテハ、盲者ニハヲトリタルモノ」[30]が応用されている。他にもあるが、先の戸坂や家永の山鹿論に準じるので繰り返さない。

武士道については、特に西郷南洲が「敬天愛人」の自覚を以て罪人としての死に向かい生者の心魂を戦慄せしめ、新時代を劃した実践が重要である。西郷は身を以て武士道を止揚し、それを新渡戸稲造は英語で総括し、それを矢内原は翻訳した。それは復古主義や民族主義ではなく、新渡戸が「太平洋の架け橋」たらんと志し、矢内原も国際的な視野を有し、二人とも日本人としてのアイデンティティに立脚して世界的な課題に取り組んだ。生国や民族のアイデンティティが薄弱で世界を考えても、根無し草（déraciné）となるため思想も実践も浮薄になるが、これは新渡戸や矢内原にはない。

久野収は、大正デモクラシーとワイマール文化を対比し「中井正一の思想は、フランクフルト学派と同じ問題意識を持ちながら、一歩だけ超えているように思われます」と評した（『現代思想』一九七五年五月号（特集・フランクフルト学派）六七～七八頁）。

近代教育の「最も実践的な末端」[31]に注目すると、北方教育と生活綴り方教育について北日本国語教育連盟は一九三五年、「生活台」に「姿勢する」と宣言した[32]。これは生の世界（Lebenswelt）に立脚した志向性の独創的な表現である。日本語として「生活台」や「姿勢する」は日常生活では使われない。秋田の北方教育、生活綴り方は一九二一年二月に土崎港町（現秋田市）で創刊された文芸誌『種蒔く人』に遡ることができ、「生活台」や「姿勢する」は文学的に吟味された表現と言える。それ故、北日本の限られた範囲だが、フッサールを学ばなくとも、それと比肩する独創的な実践思想が学校教育の現場で生成していたのである（『種蒔く人』にはプロレタリア文学のみならず反戦平和やヒューマニズムも内包）。

このような学問や教育の伝統において、宮原たちのようにマルクスを研究しても拝跪せずに独創的な概念や論理がいくつも提出されたのである。

第五節　長年の熟考・反省・苦吟

黒崎に拠れば、五十嵐は「遅くとも一九五〇年代半ばには木村久夫の遺書を深く読み始め」、「わだつみのこえ」研究は「戦後の人生を貫く内面のモチーフであったよう」である[33]。ただし、遺されたノートの表題は「きけ　わだつみのこえ」ではなく、「はるかなる山河」である。また『「わだつみのこえ」を聴く』巻頭の詩も「山のむこう」と詠み始められ、結びの節でもまず「山のむこう」が出されている。『きけ　わだつみのこえ』より『はるかなる山河に』の位置づけが大きい。だが『はるかなる山河に』は東大学徒兵の遺書・遺稿の編集で、木村は含まれていない。これらから起点は同窓の遺稿が編集された『はるかなる山河に』で、そこから京大の木村へと視野が広がり、さらに重視するようになったと言える。

その契機は木下順二の戯曲『神と人とのあいだ』の観劇であり、その時期について、五十嵐は「一九七〇年以後であるのは確かであるが、一九七二年あるいは七四年以前の間であったであろうか」と述べている[34]。即ち、二十年の反省的な熟考を経て「内面のモチーフ」が意識化されたのである。

その研究成果が公表されるのは一九九〇年代であり、さらに二十年近く五十嵐は熟考していた。その間の八〇年代に、戦争と平和に関して、五十嵐はいくつも論考を発表していた。注目すべきは、それが『文化評論』や『科学と思想』に掲載されたことである。二誌は『前衛』や『経済』とともに日本共産党の理論闘争、思想闘争において重要な役割を果たしていた。日本共産党中央委員会や新日本出版社と出版元は異なるが、位置づけの差異で、日本共産党の路線から外れることは極めて稀である[35]。そして『前衛』が政治闘争、『経済』が経済分析、『文化評論』が文芸批評、『科学と思想』が学術・思想批判（「科学」とは言え科学論、科学哲学が主）と役割を分担していた。従って、五十嵐の戦争と平和の研究は、この時期では、共産党中央から認められていたことが分かる。無論、五十嵐がそれを求めていたということではない。彼は戦前の天皇崇敬と同様に高次元で搾取の廃絶と人類の解放という至高の目標に向けて論文を執筆したと言える。

五十嵐は『文化評論』一九八一年九月号で「戦争体験と教育改革―教科書攻撃のなかで考える―」で、一九八〇年二月七日に日向方斉関西経済連合会会長が第一八回財界セミナー（国立京都国際会館）において提唱した「徴兵制の研究」や「第九条の修正を中心とした日本国憲法改正」、「自民党の『偏向教科書』にたいする攻撃」、「強制的な教科書検定」などの問題を取り上げ、それに対して戦争体験に注目すべきであると述べ、富永正三の『あるB・C級戦犯の戦後史―ほんとうの戦争責任とは何か―』（水曜社、一九七七年）の意義を提起した。[36] その中の「戦争行為が個人のうえに当然にあらわれてくる行為の体験であったといえる。個人のうえにのりうつった軍隊といってもよい」という文章は、富永に即して書かれているが、同時に自分自身に引き付けた反省的な論考である。そして、この「B・C級戦犯」への視点は、木村に即した「わだつみのこえ」研究に向けられていく。

さらに、五十嵐は富永を引いて「戦前教育への批判がほんとうに実行されたかどうかへたちもどって、教育改革の努力を新たにしなければならない。戦後も、教育改革もおわっていないのである」とも指摘した。[37] これは、戦争責任の歴史研究を進めるとともに、同時代の現実にも正対し、問題に取り組もうという提起である。

また、五十嵐は『科学と思想』第四〇号掲載「教育の課題―その覚書―」のⅠで社会の「改憲の動向と教育」を取り上げ、Ⅱで「人間的成長の糧」を提起した。[38] そして、同誌第四三号掲載「歴史の岐路と教育の課題」（特集と同じ表題）では、まず「歴史の岐路をどう考えるか―国家主義・軍国主義的方向と民主主義的方向―」と問題を提起し、次に「戦争体験の反省と人間の問題」で問題意識を人間に向け、反省を考究し、その上で「国家主義と教育文化の統制」として、平和憲法の改定や再軍備は教育や文化への国家主義的統制強化になると論じた。[39]

以上は八〇年代の五十嵐の戦争と平和に関する研究の要点であるが、その根底には「わだつみのこえ」研究が伏在していた。これが現象するのが一九九〇年代であり、五十嵐はまことに長期にわたり熟考し、反省し、苦吟していた。

第六節　「遠い責任」！の重み

五十嵐は一九七〇年代の富永を介した「個人のうえにのりうつった軍隊」等の問題意識を沈思の中で「わだつみのこえ」へと集中し、それを次第に顕在化させていった。そして木村の遺稿において注目したのが「遠い責任」である。[40]彼はこれは「一億総懺悔」に類似しているが、還元しきれないと捉えた。木村が『哲学通論』三五頁に書き入れた「私一個人の犠牲の如きは涙を飲んで忍ばねばならない。苦情を言うなら、敗戦を判ってい乍ら此の戦を起した軍部に持って行くより為方はない。然し又更に考えを致せば、満州事変以後の軍部の行動を許して来た全日本国民に其の遠い責任がある事を知らなければならない」を取り上げ、その上で「『遠い責任』！」と括弧と感嘆符を付けて「遠い責任」を繰り返し、「木村はこれを書きつつ、一人の人間の責任を示そうとした」と記した。[41]

だが、五十嵐は木村が一九頁に書き記した「私は何等死に値する悪はした事はない」も取りあげ、法廷での供述と照らし合わせ、「何ら結論的なことを書くことはできませんでした」（先述）と述べた。できなかったのは、五十嵐の力量不足というより、極めて複雑で微妙で困難な問題に迫ったからである。しかも、それは彼自身の青年期の痛切な悔恨にも関わる。ただし、この点は後に詳論することにして、ここでは「遠い責任」に括弧と感嘆符を付けたことの意味について考える。

「遠い責任」は、木村が「軍部」に止まらず、さらに「軍部の行動を許して来た全日本国民」にまで広げることで提出した責任の外延であった。これは、五十嵐にとって、それまでの思考の枠組みを根底から揺り動かす程の衝撃を多面で与えた。

第一に、彼の『国家と教育』(明治図書、一九七三年)では「国民教育」が重要な位置を占めているように、「国民」は肯定的な意味で使われていた。そして「国民教育研究所」は教育科学運動や教育労働運動の重要な拠点となっていた。その思想的実践的な背景にはマルクス主義的な統一戦線やリベラルな連帯共同があった。そして五十嵐の立場では、労働者を中核として広範な人民大衆を結集し革命を達成するという路線となる。それは日本革命は日本共産党に指導された日本国民によるという多数者の平和革命の路線にも連動していた。

第二に、自分自身がより強く問わされた。国民が肯定され、その国民のために闘うことで自分がかつて軍人であったことをあまり省みなかったが、その前提が崩れたのである。国民に「遠い責任」があれば、自分を含む軍人の責任はより近い。即ち重い。

ところが、同様の運命をたどったとしても「不思議」でなかったと見なす木村が国民にも「遠い責任」があると書いていたのである。これはエリッヒ・フロムのドイツ国民批判「自由からの逃走(*Escape from freedom*)」[42]よりはるかに直接的で強烈であった。だからこそ括弧と感嘆符を付して「遠い責任」!と表したのである。かくして「全日本国民」への問題提起を受けとめて五十嵐は「国家の暴力国民の同調」と両者の関連に迫った。

第三に、五十嵐は「朝鮮人の民族自決権や人権じゅうりんを土台とし」ていたことを問いつつ、矢内原が朝鮮半島の植民地支配を問い、「朝鮮統治の方針」(一九二六年)で「仮に自主朝鮮が全然日本から分離独立を欲するとしても、その事は日本にとりて甚だしく悲しむべき事であるか。……朝鮮が、我国統治の下に於て活力を得、独立国家として立つの実力を涵養することを得ば、これわが植民政策の成功であり、日本国民の名誉ではないか」と提起したことを取りあげた(43)。しかも、五十嵐は「朝鮮語」の少人数の自主的な勉強会を実践した。そこには「日本人の多くは英語を勉強はしても隣の国の言葉を知ろうとはしない、これは本当に良くない」という問題意識があり、川上はこれが晩年の戦争責任研究と「ひとつながりのもの」であったと述べている(44)。

当然、この研究と実践は、矢内原のような抵抗がありながら、自分が軍人となっていった反省に結びつく。だが軍隊生活はアイデンティティ形成において極めて重要な位置を占めており全否定はできない。また矢内原の植民／殖民政策論も日本の統治の全否定ではない（これらは後で詳論、特に第三章）。

第四に、「遠い責任」に対する近い責任としては軍部とともに天皇制を考えざるを得ない。そして五十嵐は「天皇制と天皇問題」を見据えていた（先述）。だが、これも天皇崇敬であった自分自身を問うことになる。ただし、この問題は極めて重大で複雑であるため、ここでは東京裁判で天皇は不起訴となったという史実を挙げるだけで、考察は別の機会に行う。

第五に、木村から啓発されても、五十嵐は批判精神を失わず、彼の被害だけでなく加害も考察している（これも後で詳論）。

このように五十嵐は諸問題が複雑に絡み合った複合的問題に多角的に取り組んだ（複合と表現するのは構造にまで到っていないため）。しかも、これは外に現象したものであり、内心ではより多くのことが熟考・反省・吟味されていた。その一端が「はるかなる山河」ノートであり、これは第四章で全文を掲載し、考察する。

第七節　「予想外」の「結び」

第一項　既成概念による「予想外」

安川が五十嵐の「わだつみのこえ」研究の「最後の論文」について「論考の結びは予想外の展開となっている」と指摘したことを黒崎は引用している。[45] 学術的形式に拘泥する者は「重引（孫引き）」と見なすだろうが、私は安川と黒崎の二人を踏まえて、何が「予想外」なのかについて考えるために、このようにした。念のため引用は安川の前掲「五十嵐顕さんが残したもの──「わだつみ世代」の戦争責任論──〈誌上シンポジウム〉──その二」の一三〇頁である。安川は「五十嵐顕の生涯になにを学ぶか──『「わだつみのこえ」を聴く』を読む──」（民主教育研究所『人間と教育』第一三号、旬報社、一九九七年三月）や前掲「教育の戦争責任」でも五十嵐の思想と実践の意義を繰り返し論じている。

「予想外」とは、まず、それまで木村についていくつも見解を提出してきたにも拘わらず「何ら結論的なことを書くことはできませんでした」と述べたこと、及び「わだつみのこえ」をめぐる──特に「きけ」との命令に関わる──既成概念に対してであると考えられる。五十嵐の自己批判と表裏一体の木村への批判は、議論の余地なく「きけ」と命令する立場からは「予想外」となる。

そして、これに注目する安川もまた多角的に「わだつみのこえ」を考察し、「わだつみ学徒兵にも加害責任」があると認識している。[46] また、安川は五十嵐の「島民の生活伝統にもとづく要求がどのように取りあげられたのか知っていないことに気がつきました」の指摘を引用し、それは「敬愛する木村久夫と一九三〇年代の日本の教養の限界を示唆したものと推測する」と捉えている。[47]

第二項　教育学界の戦争責任

「限界」は教養だけでなく、教育学界にもある。「予想外」は、五十嵐のレベルが理解できなかったためである。安川は「補足レジュメ」で一九九七年に日本教育学会のシンポジウムで「五十嵐顕教育学の『間違い』と、克服の道のりと到達点」を報告する中で日本教育学会も「侵略戦争の遂行に全面協力した事実を告白・謝罪し自己批判することを要求したが、相手にしてもらえなかった事実に憤怒し、以来、教育関係の学会に一切出席しなくなった」と書いている。五十嵐は自己批判できたが、日本教育学会としてはできていないという批判であり、しかも、この批判に答えることもできないレベルである。「憤怒」だけでなく、失望もうかがえる。

私も教育関係の学会などで「相手に」されない無表情の無反応を幾度か経験した。相互主体性で、私から見れば「相手に」ならず、無関心になってもいいが、それでも求められたら出るように努めている。

第三項　卑怯になるよりは―矢内原やガンディーとの関連で―

五十嵐が木村を「世界最強の集団であった日本陸軍」の「最下級の兵の一人」と述べた点は注目すべきである。[48] マルクス主義者なら日本軍の戦争犯罪を徹底的に追求せねばならないという既成概念があるが、「世界最強」は高い評価であり、これも「予想外」と言える。しかも「何ら結論的なことを書くことはできませんでした」とは対照的で明確である。

この理由は五十嵐の生き方を貫く真（まこと）にあると私は分析する。原爆という非人道的な兵器を使わず、同レベルの兵力ならば絶対に負けなかったとの自負が読み取れる。武士道では「尋常に勝負しろ！」という精神である。ここで鍵になる存在が、宮原と矢内原である。二人と武士道の関連性は『平和教育の思想と実践』第三章第四節で論じており、それを踏まえて、五十嵐が学生時代から矢内原を深く意識していたことを取りあげる。五十嵐は第四高校時代の一九三七年十二月上旬の経験を次のように書いている[49]。

朝食――同宿の五十嵐三郎、佐々木（司）、私の三人は毎日朝と夕の食事をいっしょにした――のとき朝日新聞をみていた佐々木はいきなり矢内原忠雄東大教授の辞職をつげ、まるで責任が私にあるかのように憤懣を投げつづけた。辞職といったって弾圧の首切りだと彼は怒った。佐々木は日本ファシズムの進行に鋭く関心をはらっていた。社会科学派の佐々木にたいして、文学派の両五十嵐は議論をしてもいつもやりこめられた。……当時私は金沢にいたのだから矢内原の講演をじかに聞くことはなかった。しかし国家以上のものがあるということは私の心深く沈殿していった。

矢内原を契機に「国家以上のものがある」ことを沈思し、「沈殿」させたことは超国家主義への志向性ではない。国家を超越した普遍性への希求・考究である。それ故、五十嵐は軍人になったが、軍国主義者にはなっていなく、精神の深層に武士道の心髄を秘めていたと言える。武士道には不殺生の禅を組み入れた活人剣があり、また新渡戸は武士は刀を濫用せず、むしろ抜かずして勝つことの意義を説いた（『武士道』一三章「The Sword The Soul of the Samurai（刀　武士の魂）」）。それ故、矢内原を心に秘めて軍人となった五十嵐にとって、天皇は「国家以上のもの」に通じる抽象的象徴であり、イデオロギー的偶像ではなかった。

他方、敵は天使の軍団ではなく、完全に善の聖戦で襲ってくるのではない。アメリカの帝国主義の側面を看過してはならない。そして、家族はもとより戦友も人間であり、悪魔ではなく、その生命は守らねばならない。

この天使でも悪魔でもない中間的な人間が戦う限界状況において「人間の条件《conditions》」[50]が問われる。五十嵐が絶句する直前の「僕が手榴弾投げる時、投げないと、僕の連隊は全滅するわけです。隣の戦友が死ぬわけですネ。その、そういうその、小さい仲間の中の、……」は極めて重い。隣の生命を守れなくて、平和を語れるだろうか？

これを深めるためには、ガンディーが参考になる。彼は「剣の教義」に対して「卑怯か暴力かのどちらかを選ぶ以外に道がないならば、わたしは暴力をすすめるだろうと信じている。（中略）けれどもわたしは、非暴力ははるかに暴力にまさることを、敵を赦《ゆる》すことは敵を罰するより雄々しいことを信じている。宥恕は武人を飾る」と述べた。[51]これは思想的根底では活人剣の武士道に通じる。或いは、活人剣は戦闘的非暴力の前段階に位置づけることができる。

アイデンティティの核心に闘志を秘めた五十嵐は卑怯を選ばなかったはずである。このような彼が「決死」の覚悟で戦場に臨んだことを、平和を享受する者が安直に批判するのは余りにも軽薄である。

なお、引用文中の「社会科学」について、当時は社会の諸事象の科学的研究だけでなく、科学的社会主義＝マルクス主義を示唆する用法もあった。思想弾圧を躱すために「社会科学研究会（社研）」の名称でマルクス主義の文献を輪読し、議論し、実践する場合もあった。一九二四年九月一四日に成立した学生社会科学連合会は一九二九年一一月七日に日本共産青年同盟となった。そして、木村の遺稿にも「社会科学」が記されており、その考察は後で行う。

第四項　「おさまりがついていないんだ」（再論）

安川は良心的な敵前抗命、徴兵忌避、兵役拒否を論じるが、[52]それが極めて困難であったことは米軍や中国軍（国民党、共産党、軍閥）でも同様である。特に家父長制的血縁関係が重視される東洋的専制の兵営国家（garrison state）では家族への有形無形の圧力は極めて大きく（中国・台湾では戦後も連座が存続）、抗命などできなかった。[53]民主的なアメリカは比較的寛容であったが、その資本主義的搾取や帝国主義的侵略の性質も見過ごしてはならない。相対化に注意した上で、多角的に考えなければならない。

さらに、抗命、忌避、拒否してもそれで終わりではない。黙認すれば士気に関わるため―指揮官にもよるが―残酷な虐待の果ては、往々にしておとりとして何も知らされず死地に回される。敵を欺くにはまず味方からと使いようのない者でも利用するというわけである。無論、おとりは重要な作戦の一つであるが、その実戦は指揮官の人間性で左右される。一人も戦死させぬと包囲されても血路を切り開ける勇敢で優秀な兵士も加えるか、そのような兵士は精鋭部隊に配置し、最初からおとりは使い捨てと考えるか。後者の方が最終的な損耗が少なく、徴兵忌避などするやつは非国民であるから罪悪感もそれ程でなくなる。

また、残された者への迫害を顧みず海外に逃れれば、それですむだろうか？　中国共産党の革命根拠地で反戦活動を行っても、その後の政治闘争、粛清、虐殺（大躍進、文革、天安門事件等々）を考えれば、別の全体主義の、しかもより巨大な暴力に荷担したことになる。自由で民主的な米国とは言え、二度も原爆ジェノサイドを行使しながら反省もなく核軍拡に邁進し、核軍縮に転じても未だ終結していない。まさに逃れようがない世界の内に存在しているのが人間である。

五十嵐が五十年かけても「おさまりがついていないんだ」と発言せざるを得なかった所以である（矢内原を意識したのは一九三七年で、これを始点とすれば六十年）。それでもなお彼は「わだつみのこえ」研究に取り組むが、若い世代に発言する途中で絶句し倒れたとおり終わっていない。私は『平和教育の思想と実践』三七二頁では「ライフサイクルの完結」と書いたが、ここで修正する。「わだつみのこえ」研究では「完結」していなく、それは後進の課題として遺された。

私自身を振り返れば「戦争を知らない子どもたち」を歌い、ベトナム反戦や家永教科書裁判支援などに関わった青年期から数えれば、四〇年以上かけても、やはり「おさまりがついていな」い。だからこそ五十嵐の継承と発展に努めなければならない。彼が導き出そうとした「結論」は、私にとっても意義がある。

第八節　「和辻倫理学や田辺哲学」に学んだ「当時の教養」―「軟弱頭脳」―

五十嵐の注目した「全日本国民に其の遠い責任がある」に続けて木村は「日本人は凡ての面に於て、社会的、歴史的、政治的、思想的、人道的、試練と発達が足らなかったのである。凡て吾が他より勝れりと考へ、又考へせしめた我々の指導者及びそれらの指導者の存在を許して来た日本国民の頭脳に凡ての責任がある」と書き込んだ。また『哲学通論』一〇五～一〇六頁には、次のように記されている。

然し国民は之等軍人を非難する前に、斯かる軍人の存在を許容し又養って来た事を知り、結局の責任は日本国民全般の知能程度の低かったことにあるのである。知能程度の低い事は結極（局）歴史の浅い事だ。歴史二千六百有余年の何かは知らないが内容の貧弱にして長い事ばかりが自慢なのではない。近世社会としての訓練と経験が少なかったのだと言っても今ではもう非国民として軍部からお叱りを受けないであろう。私の高校時代の一見叛逆として見えた生活は全く此の軍閥的傾向への追従への反撥に外ならなかったのである。

文中の「頭脳」や「知能」は「叛逆」も「反撥」もせずに天皇崇敬の国軍将校となった「文学派」の五十嵐にとっ

て痛烈であったと言える。彼は「私は大学まで出て子どもでもないのに戦争の侵略性をなに一つ認識できず、知的になっていなかった。いったい私の教養とは、日本の文化とはどういうものであったのか」と反省している[54]。また前掲「四高回想―三人のこと―」では「軟弱頭脳」と「頭脳」が用いられていた。これは詩人で研究者の表現であり、単なる偶然とは言えない。

ここで学徒・五十嵐の勉学について見ると、彼は「私らの当時の教養にたいして、河合栄治郎、田中耕太郎、天野貞祐らの教養、文化、人生にわたる諸論、和辻哲郎、西田幾多郎、田辺元らの学問は深大な影響を与えた」と述べている。そのような時代の内で五十嵐は特に「和辻倫理学や田辺哲学における国家観に影響されてい」た[55]。それ故、彼は「遠い責任」に関連して「田辺元の哲学―国家哲学。天皇制―自分で説くところの種明かしをしている。誤謬の原因を分析し、明確にすること」を「詳説すること」と注記している[56]。

さらに五十嵐は、木村の「手記は『哲学通論』や「種の論理」の大系の国家哲学から由来してい」ないが、田辺の「著書に書き込まれたことは、偶然の事情を含みつつも、何か象徴的なこと」であるとも指摘する[57]。しかも五十嵐は著書の構想で「田辺元論」を位置づけていた[58]。まことに慧／炯眼である。私はこれに学び、偶然と必然の弁証法を以て田辺の哲学を考察することを本書の課題の一つに据え、それを次章で行う。

注

（1）「パイドーン」80E〜81A等。前掲『ソークラテースの弁明・クリトーン・パイドーン』一二六頁、一五六頁等。

（2）伊藤隆他編『本庄繁日記』山川出版社、一九八二〜八三年。原田熊雄述、近衛泰子筆記、里見弴等補訂『西園寺公と政局』岩波書店、一九六七年。天皇自身が「天皇は国家の最高機関であるから、機関説でいいと思う」、「美濃部は不忠の者ではないと思う」、「ああいう学者を葬ることはすこぶる惜しい」等と発言したと伝えられている（小林吉哉『天皇のことば—発言集にみる激動の昭和史—』徳間書店、一九七八年、二一七頁)。

(3)『増田甲子七回想録—吉田時代と私—』毎日新聞社、一九八四年、三二九〜三三一頁。

(4)版も訳も多数。共産主義者同盟の本部はロンドンにあり、印刷・公刊もロンドンであったことから主として英語版に拠る。

(5)『経済学・哲学草稿』は版も訳も複数あるが、ここでは城塚登、田中吉六訳、岩波文庫、一九六四年、一四七〜一四八頁。

(6)『経済学批判』は版も訳も複数あるが、ここでは武田隆夫・遠藤湘吉・大内力・加藤俊彦訳、岩波文庫、一九五六年、一三〜一五頁。以下同様。

(7)マルクス著、エンゲルス編、大内兵衛、細川嘉六監訳『資本論』大月書店、一九六八年、第一巻第一分冊、一〇〜一一頁。

(8)山下徳治『明日の学校』(海老原治善編、明治図書、一九七三年、世界教育学選集第七六巻。初出は厚生閣、一九三九年)の第一章「研究者の態度論」第三節「方法的態度」参照。

(9)Louis Althusser, *Sur la philosophie*, Gallimard, Paris, 1994, p.35, pp.42-48. 今村仁司訳『哲学について』筑摩書房、一九九五年、三四頁、四五〜五四頁。以下同様。

(10)ibid., *Sur la philosophie*, pp.64-65. 同前『哲学について』七六〜七七頁。

(11)ヘーゲルの『法の哲学』序(版も訳も複数)、及びエンゲルスとマルクスの『聖家族』(Engels, Friedrich und Karl Marx, *Die heilige Familie, oder Kritik der kritischen Kritik: Gegen Bruno Bauer und Consorten*, 1845 in *Marx/Engels Gesamtausgabe*, I.Abt., Bd.3, 1932, von Adoratskij, Marx-Engels-Verlag G.M.B.H., Berlin, pp.257-258. 石堂清倫訳『聖家族—批判的批判の批判　ブルーノ・バウアーとその伴侶を駁す—』(マルクス＝エンゲルス全集第二巻、大月書店、一九六〇年、八七頁。

(12)op. cit., *Sur la philosophie*, p.48. 前掲『哲学について』五四頁。

（13）ibid., *Sur la philosophie*, pp.29-30. 同前『哲学について』二七〜二八頁。以下同様。
（14）川上徹『査問』（筑摩書房、一九九七年、ちくま文庫、二〇〇一年）、山田『アイデンティティと時代―一九七〇年代の東大・セツルの体験から―』（同時代社、二〇一〇年）、「『非転向』の神話化の問題―宮本顕治に関連させて―」（「記憶の風化と歴史認識に関する心理歴史的研究―抵抗と転向の転倒―」の３（３）『社会教育学研究』第一二号、二〇〇七年四月）参照。
（15）*Ce qui ne peut plus durer dans le parti communiste*, Maspero, 1978. 加藤晴久訳『共産党のなかでこれ以上続いてはならないこと』新評論、一九七九年。
（16）op. cit., *Sur la philosophie*, p.172. 前掲『哲学について』二二六頁。
（17）ibid., *Sur la philosophie*, p.47. 同前『哲学について』五二頁。
（18）伊藤周他訳『被抑圧者の教育学』亜紀書房、一九七九年、八七、二二八頁の「人間は、世界のなかに、世界とともにあり」、諸主体は「世界を変革するために出合い、世界を命名する」、二一五〜二一六頁のアルチュセールの「重層的決定論」。以下同様。
（19）前掲『資本論』第一巻第二分冊、三四九頁、註解一五頁。これはソクラテス〜プラトンの「汝自身を知れ」やパスカルの「問われているのは我々自身であり、我々の全てなのだ（il s'agit de nous-mêmes, et de notre tout）」（『パンセ』断章一九四）など哲学史的な主題である。
（20）前掲『平和教育の思想と実践』では特に草稿と定稿の「教育費と社会」に即して考察。
（21）前掲『平和教育の思想と実践』の主題の一つ。
（22）『共産党宣言』の二「プロレタリアと共産主義者」の結びを参照。
（23）宮本憲一「さいきんの地方財政調査についての反省」『思想』一九五四年十一月号。宮本・藤岡貞彦対談「環境・人間・教育」『教育』一九七八年六月号も参照。
（24）丸山真男『現代政治の思想と行動』増補版、未来社、一九六四年、三二三〜三二九頁。

(25) マスペロ（Maspero）社から一九六五年に出版。版も訳も複数。
(26) 山鹿「中朝事実」の「中国」章。書き下し文を含め版は複数。
(27) 引用は『戸坂潤全集』第五巻、筑摩書房、一九六七年、六七～六八頁。
(28) 家永三郎『日本道徳思想史』岩波書店、改版、一九七七年、一四九～一五三頁。以下同様。
(29) 『先哲叢談』巻之三「山崎闇斎」第九条の当該部分を『東洋文庫』に基づき現代的に改めた。以下同様。「中国辨」や「中国論集」も参照（西順蔵、阿部隆一、丸山真男校注『山崎闇斎学派』日本思想体系三一、岩波書店、一九八〇年、四一六～四二五頁）。
(30) 同前『山崎闇斎学派』四五七頁。
(31) 宮原の戦前戦後を一貫する鍵概念。『平和教育の思想と実践』参照。
(32) 戸田金一『真実の先生』教育史料出版会、一九九四年、一三一～一三三頁。
(33) 黒崎「あとがき」前掲『「わだつみのこえ」を聴く』二四一頁。
(34) 「審判」同前『「わだつみのこえ」を聴く』二二六頁。五十嵐は『神と人とのあいだ』を岩波文庫版『木下順二戯曲集』Ⅲ（一九八二年）に拠っている。
(35) 路線と異なる具体例は前掲「『非転向』の神話化の問題―宮本顕治に関連させて―」で挙げた。
(36) 五十嵐「戦争体験と教育改革―教科書攻撃のなかで考える―」『文化評論』一九八一年九月号、一三三～一三四頁。
(37) 同前「戦争体験と教育改革―教科書攻撃のなかで考える―」一四〇～一四一頁。
(38) 五十嵐「教育の課題―その覚書―」『科学と思想』第四〇号（総特集「現代における学問の課題」）一九八一年四月、六六三～六六九頁。
(39) 五十嵐顕「歴史の岐路と教育の課題」『科学と思想』第四三号（特集「歴史の岐路と教育の課題」）一九八二年一月、三八六～三九一頁。
(40) 前掲『「わだつみのこえ」を聴く』一一四～一一五頁。以下同様。

(41) 同前『「わだつみのこえ」を聴く』七五～七六頁、一四四頁。五十嵐の引用と木村の遺稿は若干差異があるが文意は同じである。
(42) 日高六郎訳『自由からの逃走』創元社、一九五一年。
(43) 同前『「わだつみのこえ」を聴く』二一二頁。この引用箇所は『矢内原忠雄全集』第一巻では七二四～七四三頁。この点は『平和教育の思想と実践』第五章第四節でも論じた。
(44) 川上徹「その精神の姿勢」前掲『五十嵐顕追悼集』九八～九九頁。
(45) 前掲黒崎「あとがき」『「わだつみのこえ」を聴く』二四三頁。なお私は「最後の論文」は「審判」と考えるが、この考察は後で行う。
(46) 「中日新聞」一九九五年六月九日夕刊の記事（前掲レジュメ「問題提起『戦後日本の社会科学における戦争責任問題』―丸山眞男批判を軸に―」より）。
(47) 同前「問題提起『戦後日本の社会科学における戦争責任問題』―丸山眞男批判を軸に―」。特にⅢ「日本人は戦争責任にどう向き合ったかｂ―五十嵐顕の戦争責任への覚醒―」。同ａでは丸山が教員として学徒兵を送り出す立場にいたが戦争責任の自覚は不十分であると指摘されている。丸山と五十嵐の差異は東大闘争でも現れており、この点は別の機会に考察。五十嵐からの引用は『「わだつみのこえ」を聴く』一四四～一四五頁を参照。
(48) 前掲『「わだつみのこえ」を聴く』一四四頁。
(49) 一九八八年の同窓会誌に掲載された五十嵐の「四高回想―三人のこと―」同前『「わだつみのこえ」を聴く』二〇八～二一四頁。「四高回想」からの引用は以下同様。
(50) これはパスカルの『パンセ』の鍵概念の一つで、三木は「光彩ある言葉」と評し、「世界における我々の『存在の仕方』、あるいは我々が世界に『出逢う仕方』に外ならない」と論じた（『パスカルにおける人間の研究』第一「人間の分析」。岩波文庫版では一七頁）。
(51) ガンディー著、森本達雄訳『わたしの非暴力』みすず書房、一九七〇年、第一巻、五頁。及びエリック・エリクソン著、星野美賀子訳『ガンディーの真理―戦闘的非暴力の起源―』みすず書房、一九七四年。

(52) 前掲「五十嵐顕さんが残したもの―「わだつみ世代」の戦争責任論―〈誌上シンポジウム〉―その二」一二六〜一三〇頁。

(53) ナチス・ドイツ大使館南京分室事務長のシャウフェンベルクでさえ「アジアの人間の戦争のやり方は、我々西洋人とは根本的に違っている……もし、日本と中国の立場が逆だったとしても、おそらく大した違いはなかっただろう。とくに扇動する人間がいる場合には」と述べた。「ラーベの日記」の日本語版『南京の真実』平野卿子訳、講談社、一九九七年、一八六〜一八七頁。

(54) 「むりに死んではあかん、むりに殺してはあかん―出征にさいして私にくれた母のことば―」『学習の友』一九九一年七月号の「今月のことば」。五十嵐はこの段階で考えた「愛＝母の笑顔」について最晩年の一九九五年七月に反省しているが、全否定するには及ばない。また「むりに死んではあかん、むりに殺してはあかん」は限界状況における人間の条件を考えせしめる。「愛の力を知れば、知れば知ったで、どんなに別れがたい思いを木村は強めたことかと考えるのです。解決などありえないのです」は極めて重い。

(55) 同前『「わだつみのこえ」を聴く』一〇五〜一〇六頁。一九四六年六月九日のレンバン島日誌ではニーチェやシェーラーのメモがあり、これは五十嵐が和辻倫理学からさらに進もうとした現れと言える。

(56) 同前『「わだつみのこえ」を聴く』一二四頁。

(57) 同前『「わだつみのこえ」を聴く』九〇頁、一三九頁。

(58) 同前『「わだつみのこえ」を聴く』二四五頁。

第二章　歴史の思潮と青年の思想形成

第一節　京都帝国大学の学徒と京都学派

木村は学問に志し、如何に生きるべきかという人生観、人間論、思想を探究しようとしていた。また、五十嵐は学者であり、マルクス主義者となっても、イデオロギーを教条的に信じ込み礼賛する崇拝者はならず、他の思想（詩想を含む）を学びつつ、己の生き方を探究した。木村や五十嵐を深く理解するためには思想が鍵となる。特に、木村は田辺の『哲学通論』に遺稿を書き遺したのであり、その意義を明らかにするためには当時の思潮、殊に京都学派について考察しなければならない（京都学派の範囲は思想哲学より広いが、本書では思想哲学を中心に考察）。

木村は京大経済学部に入学したが、薫陶を受けた塩尻は哲学者である。彼のジョン・スチュアート・ミル研究も社会思想的である。また、京都帝大経済学部に属した河上肇、近衛文麿、柴田敬は西田たちと交流していた。それ故、木村の専攻は経済学だが、思想哲学の角度から学ぼうとしていたと言える。この点でも「社会科学」が鍵となる。

遺稿では「私が未だ若き学徒の一人として社会科学の基本原理への欲求盛なりしとき、其の一助として、此の田辺氏の名著を手にした事があった」（『哲学通論』七一頁余白）、「私の一生の中最も記念さる可きは昭和十四年八月だ。それは私が四国の面河の渓で始めて社会科学の書をひもどいた時であり又同時に真に学問と云ふものの厳粛さを感得し、一つの自覚した人間として、出発した時であって、私の感激ある人生は唯其の時から始まったのである」（一三三～一三七頁）と書かれている。従って、彼が経済学を専攻したのは「社会科学」を学ぶためであったと言える。「社会科学の基本原理」には弁証的唯物論や史的唯物論も含まれ、それが中心とされることさえあった。

これは木村のアイデンティティ形成にも照応する。彼自身「叛逆」を自覚し、さらに彼の高校時代のクラス担任で英語教師の八波直則が以下のように振り返っている。[1]

> 潔癖すぎるほど好き嫌いがはっきりしていた。好きなものは真一文字に打ち込むが、きらいな学科や先生は徹底的に毛ぎらいする。権威主義が大嫌いで、威張る先生、ヒューマニスティックでない教師をきらいぬいた。授業にもでない、白紙答案を出す。

「権威主義」に反対し、ヒューマニズムを尊重した者がマルクス主義を志向することは多かった（当時のみならず戦後も）。それはまた、木村が幹部候補生学校（幹校）を「拒否」し、[2]兵卒となったことにも符合する。「潔癖すぎる」者がマルクス主義を「真一文字」に学べば知行合一でプロレタリアの立場の兵卒を選んで当然である。

以上の考察に基づき、次に木村の思想をさらに深く理解するために、次に思潮の動勢について述べていく。

第二節　思潮の動勢

第一項　宗教改革、科学革命、産業革命

第一次科学革命がニコラウス・コペルニクス（ミコワイ・コペルニク）、ガリレオ・ガリレイ、ヨハネス・ケプラー、ブレーズ・パスカル、アイザック・ニュートンたちにより推し進められ、その成果が現実に活用され、産業革命が起きた。それは科学研究の実証かつ成果であり、民衆は社会生活の改善で実感した。

イギリスではベーコンが学問の大革新（Instauratio Magna, Great Renewal）を提唱し、一六四〇年代に非公式の「見えざる大学」（Invisible College）」と呼ばれる集まりが現れ、一六六〇年に「ローヤル・ソサエティ」として組織化され、六二年に国王チャールズ二世から「勅許状（Royal Charter）」を得た。同時期、フランスではポール・ロワイヤルの修道院を拠点に教権体制への抵抗が起き、パスカルは『プロヴァンシアル』や『パンセ』を執筆した。

一九世紀半ば、チャールズ・ダーウィンは進化論を発表した。それは聖書「創世記」に記された神の創造を根底から問いかけ、教権体制にとって重大な脅威となった。

こうして宗教改革は科学革命、市民革命へと展開した。第一身分の聖職者、第二身分の貴族という特権階級に対して第三身分（都市の商人・職人や農民など平民）が蜂起したフランス革命が典型的である。

信仰・神学に対しては思想・哲学が勃興し、ジャン＝ジャック・ルソーはロマン（小説）も用いてロマンティックに啓蒙し、それをカントがドイツ哲学的に表現し、マルクスがラディカルに展開した。カントはルソーからマルクスへ、啓蒙から闘争へという思潮の動勢の中間に位置づけられる。

第二項　カントにおける科学と浪漫と革命の複合―ルソーの後進、マルクスの先駆として―

（一）中間と不明瞭

中間的な位置にふさわしくカントは明確ではない。彼自身、自分が書いたものが「難解」で「不明瞭」[3]だと述べている。その理由として、ジョルダーノ・ブルーノの火刑、ガリレオ・ガリレイの有罪判決、ルソーのパリ退去[4]などを教訓としたためと考えられる。明言していないが、彼ほどの知性があれば、慎重に注意して当然である。即ち、マージナルなケーニヒスベルク（現ロシア領カリーニングラード）に身を置き、「不明瞭」な表現で教権体制の検閲を躱したのである。それは、いくつもの読み方、解釈を可能にするため、弁明しやすい。

弾圧の回避としては確かに賢明だが、フリードリッヒ・ニーチェが「ケーニヒスベルクのシナ（中国）人」と揶揄した[5]側面もある。このような揶揄は、それを実践する当人の品格を下げ、それを引用する者[6]も同様と自戒し、また民族差別に注意しつつ、その含意を汲み取る。カントの難解さは深淵なだけではない。この点に注意して、カントにおける科学、浪漫主義、革命について述べていく。

（二）科学と浪漫

彼は一七八七年四月付『純粋理性批判』第二版序文において、コペルニクス的転回に関連し、「二つの異なる側から考察」する「二通りの観点」について、次のように説明した[7]。

純粋理性のこの実験は、化学者の実験に酷似している。化学者の実験は、しばしば還元の実験と呼ばれ、また一般には合成法と名づけられている。形而上学者の分析は、ア・プリオリな純粋意識を、非常に異なった種類の二つの要素――即ち現象としての物の認識と、物自体の認識とに区別する。弁証論は、この両つのものを再び結びつけて、無条件者という必然的理念と一致させるが、彼はこの一致が上記の区別によるのでなければ決して生じないことを知っている。それだからこの区別は真正な区別であると言ってよい。

篠田は「弁証論」と訳すが、原語は「Die Dialektik」であり、芝田進午は「弁証法」と捉える。(8)ヘーゲル、マルクス、エンゲルスとカントという哲学的関連性を考えると「弁証法」と訳すべきである。

次に「実験」について言えば、カントは実際に「実験」を実践してはいない。「酷似」していると述べただけである。彼はパスカルのように数学や自然科学の研究に取り組むことはなく、言葉で論じただけである。思弁の観念論と評される所以である。

彼の思弁には浪漫主義的な側面もある。カント哲学の核心たる定言命法（kategorischer Imperativ）(9)は『実践理性批判』の「結び」で「我が上に輝ける星空と我が内なる道徳律（Der bestirnte Himmel über mir, und das moralische Gesetz in mir）」と個人の内心と宇宙の統合が美的でロマンティックに表現されている。(10)これは彼の墓碑銘にも記され、カント哲学の表象となった。また、カントとフリードリヒ・シラーの間で議論があるが、それはまた両者が共振しあったことを示している。(11)三木はカントの自然観や発展史観は「ロマンティクの詩人、思想家の考へたものと全く類似してゐることは疑はれ得ない」と述べている。(12)

（三）内心と宇宙の統合

カントは信仰に対して理性や批判を打ち出したが、内心と宇宙の統合は「常に既に」(13)聖書に示されていた。「コリントの信徒への手紙」十二章十二節以降（新共同訳）では「体は一つでも多くの部分から成り、体のすべての部分の数は多くても、体は一つであるように、キリストの場合も同様である。……一つの部分が苦しめば、すべての部分が共に苦しみ、一つの部分が尊ばれれば、すべての部分が共に喜ぶのです」と書かれている。キリストは受肉した人の子であるが、神と精霊とで三位一体の存在であり、それは常に既に後も遍在するとされる。まさに神は全一の宇宙でもあるからである。パスカルは「パンセ。全ては一つであり、全ては多様である（Pensées. Tout est un, tout est divers）」と記した（『パンセ』断章一一六）。

それらは主観的な個人の欲求と客観的普遍的格率（Maxime）の統合という定言命法の先駆であり、その心理歴史的なレディネス（準備性）となったと言える。逆に見れば、カントは「不明瞭」に信仰を批判しながら、その人間観宇宙観に乗っている。ニーチェはそれを見抜いて揶揄したと言える。

確かに、ルソーの「社会契約（contrat social）」から定言命法への発展が主たる思潮だが、言い換えればルソーもキリスト教的人間観宇宙観をレディネスとしていた。その代表例が「サヴォアの司祭の信仰告白」であり、この点は自由と臣従、偶然と必然に関して後述する。

（四）永遠平和のための暴力革命と民主主義独裁

カントは定言命法を平和に即して展開した。それは内心と宇宙の統合を世界平和として具体化した議論であり、実践的である。

彼はフランス革命の六年後の一七九五年に『永遠平和のために』を出版し、その中で暴力革命や民主主義独裁を論じた。これもマルクスに先駆けていたが、それは同時に「敵を愛せ」との信仰との断絶であった。

闘争論は既に『純粋理性批判』の「不明瞭」な文章に中に挿入されていた。だが、カントは慎重であった。一七八一年、フランス革命の八年前、彼は『純粋理性批判』第一版で、まずプロイセン王国国務大臣フォン・ツェードリン男爵閣下に捧呈することを打ち出し、次に序文で「不明瞭」な文章を冗長に続ける。しかし、これにオッカムの剃刀を適用させると、鋭く激しい Der Kampfplatz dieser endlosen Streitigkeiten heißt nun Metaphysik という一文が現象する。それを篠田は「果てしない争いを展開する競技場が即ち形而上学と名づけられているところのものである」と訳している。[14] この中の Kampfplatz を、アルチュセールは champ de bataille とフランス語に訳し、これを今村仁司は「戦場」と訳した。[15]「競技場」より「戦場」の方がカントの企図に合っている。何故なら、フランス革命の六年後、一七九五年に出版された『永遠平和のために』では「不明瞭」な修辞が緩和され、論旨が比較的明瞭になり、暴力革命や民主主義独裁が出されているからである。カントは、君主制、貴族制、民主制を比較考察し、「民主政治は、すべての人が一人について、場合によってはその一人に反して（それゆえ彼はそのことに同意していない）、したがって実はすべての人ではないのにすべての人と称して決議するような執行権を基礎づけて」おり、それ故、「言葉の本来の意味における民主政治（デモクラティー）という形式は必然的に専制政体である」と指摘し、「唯一の完全に法的な体制に到達することは、君主政治におけるよりも貴族政治においてはすでに困難であるが、民主政治においては暴力革命による外は不可能である」と論じた。[16]

一七九五年はフランスとプロイセンがバーゼル和約を締結した年でもあり、『永遠平和のために』はこの和約が戦争の勝敗を調整する一時的な講和条約に過ぎないため、永遠平和＝人類の最高善を提唱したものと評価されるが、「暴力革命」との関連でフランス革命に即しても検討する必要がある。

カントは決して「観念論」者だけに還元できず（確かに観念や思弁の操作が多大だが）、自分が生きる時代の現実を見ていた。一七九五年は、議会制民主主義による自由、平等、博愛を目指したフランス革命がロベスピエールの独裁体制と恐怖政治（一七九三年六月〜九四年七月）へと変転した翌年であり、これを踏まえれば、先の引用文がこの現実を追認・擁護したと言うことができる。一七九三年には一月二一日に国王ルイ十六世が、十月十六日に王妃マリー・アントワネットがギロチンで処刑されるなど、流血が繰り返されていた。ケーニヒスベルクの書斎で思索・執筆し、散歩する生活を規則正しく送っていたとは言え、これらがカントに伝わらないはずはない。知らずに「永遠平和」を論じ、暴力革命・民主独裁を提起したのであれば、机上の空論の極みである。

それ以前から情勢は暴力的になっていた。革命が勃発するや教会の略奪・破壊や聖職者の追放が始まった（スペインでは、既に二二年前、一七六七年にイエズス会が国外追放）。暴力はさらに強まり、一七九二年九月二一日、国民公会による王政廃止と共和政の宣言（第一共和制）を通して激化した。翌九三年十一月には全国的な範囲でミサの禁止と教会の閉鎖・破壊が強行され、祭具、聖画、蔵書等は没収された。破壊を免れた教会や修道院も牢獄や倉庫、工場などに転用された。内心に関わる信仰にさえ暴力を奮えるようになることは道徳が根底から覆されることであり、甚大な流血をもたらした。軍歌から国歌となった「ラ・マルセイエーズ」で外敵の脅威、暴君の売国奴に続き「あの虎狼どもには慈悲は無用だ、その母の胸を引き裂け！（Tous ces tigres qui, sans pitié, Déchirent le sein de leur mère !」と歌われていることは、その現実を表現している。

しかし、カントは、ロベスピエールの逮捕・処刑の後でも、暴力革命や民主独裁について修正しなかった。これは、処刑をテルミドールの「反動」と規定し、共和制を擁護する論陣において大きな役割を果したと言わざるを得ない。社会契約、そして定言命法が暴力革命により樹立された共和制でフランスにおいて実現できたのであり、それを守らねばならず、そのためには独裁体制もやむを得ないという論理である（これは社会主義革命の後、大粛清が起きたが、それでも共産党を守らねばならないという形態で再生産される）。

一方で道徳を論じ、一方で暴力革命や民主独裁を擁護することは「絶対矛盾的自己同一[17]」か？　或いは強弁、詭弁か？　確かに教会と政権が複合した教権体制において聖職者は特権階級になっていたが、それを理由に大規模で無差別な迫害・虐殺が認められてはならない。パスカルは「統一に帰さぬ多数は混乱であり、多数によらぬ統一は暴政である（La multitude qui ne se réduit pas à l'unité est confusion. L'unité qui ne dépend pas de la multitude est tyrannie）」と記していたのであり（『パンセ』断章八七一）、カントはこれに習い、革命と独裁の暴力性を論ずべきであった。

さらに、社会契約や定言命法を暴力革命と民主独裁により実現させ、それを一国内だけでなく国家間にまで広げてこそ永遠平和が実現できるという論理はナポレオンの帝政と戦争に帰結した。これらの流血は、人類の「未成年状態」からの「脱却[18]」には必要であるというには、あまりにも甚だしい。

中井正一は、ハイネが「フランス革命とドイツ哲学を比べた際に、私はかつて、真面目にではなくむしろ冗談から、フィヒテをナポレオンと比べたことがある。しかし、実際のところ、これには著しい相似が見られる。カントがそのテロリスト的破壊事業を完成した後、フィヒテが現れたのは、恰も、憲法議会が純粋の理性批判をもって同様に全過去を引倒した後に、ナポレオンが現れたに等しい」を引用し、「この比喩はハイネが意味せんとしたよりも、もっと深刻な意味で当たっている」と論じた[19]。ハイネが文学的に鋭敏な直観で剔抉したカントの「テロリスト的破壊事業」を、中井が哲学的に深めたと言える。「もっと深刻な意味で」暴力革命と民主独裁からナポレオンの帝政と戦争への歴史に即してカント哲学を再考すべきである。

無論、全ての流血をカントに還元し、その責任を負わせるべきではない。しかし、カント哲学を高く評価するのであれば、そこにおける暴力や独裁の問題も認識しなければならない。

第三項　カントからマルクスへ

カントからマルクスへの展開は、レーニンが、一九一三年、マルクス没後三十周年に際して発表した「マルクス主義の三つの源泉と三つの構成部分」が参考になる。三つの源泉はドイツ哲学、イギリス経済学、フランス社会主義で、三つの構成部分は弁証法的唯物論、経済学、社会主義思想である。ただし、これまでの考察のとおりフランス社会主義にもカントは影響を及ぼしている。カントとの関連が弱いのは経済学であり、これは『資本論』で代表され、また革命家でありながらイギリスで工場を経営し、退職後は「証券投資家」、「金利生活者」＝資本家となり「絶対矛盾的自己同一」を体現したエンゲルスの役割も軽視できない[20]。そしてイギリスでも哲学や社会主義に注目すべきものがある。

従って「マルクス主義の三つの源泉と三つの構成部分」は、一個人のまとめた入門書として読まれるべきである。だが、マルクス・レーニン主義の隆盛においてプロレタリア独裁と民主集中制の詰め込み教育の「教科書」となり、それで学んだ教条的マルクス・レーニン主義が世界的に広がった。これは教育（社会教育）史の重要な問題である。

その上で、フランス革命とマルクス主義の関係について考察する。フランス革命の勃発した一七八九年に公刊されたエマニュエル＝ジョゼフ・シェイエス（アベ・シェイエス）の『第三身分とは何か（Qu'est-ce que le tiers état）』の冒頭では「第三身分とは何か？―全てだ（TOUT）」、「それは政治的秩序において今まで何であったか？―無だ（RIEN）」と表明された。そして『共産党宣言』の結びは「プロレタリアはこの革命によって鉄鎖の他に失うものは何もない。彼らの得るものは全世界である。／万国のプロレタリア団結せよ！」という檄である。「第三身分」と「プロレタリア」の違いはあるが、論旨は相同である。さらにマルクスは「ヘーゲル法哲学批判序説」で「敵に向かって、我は無なり、されば我は一切たるべし、と不敵に言葉を投げつける」という「革命的勇敢さ」を説いた[21]。

『第三身分とは何か』を読んでいた者はマルクスにより再確認でき、さらには励まされた。言い換えるならば、前者は後者の心理歴史的レディネスを形成していた（ただしマルクスやエンゲルスはプロレタリア＝無産者ではなく知識人で、しかもエンゲルスは資本家でもあった）。

次に目標と結果について比較すると、シェイエスは先の二項に続いて控え目に「何か（QUELQUE CHOSE）」になることを求めただけであったが、革命は恐怖政治、帝政、戦争という流血をもたらした。マルクスやエンゲルスは共産主義社会を提示し、その結果、一党独裁、スターリンの大粛清、毛沢東の大躍進や文化大革命、鄧小平の天安門事件などが起き、その犠牲ははるかに広範で甚大である。

それ故、レーニンが出していない「構成部分」も重要である。これは階級闘争、暴力革命、プロレタリア独裁（国家）、民主集中制（党）であり、彼は実際に共産党一党独裁を押し進めたにも関わらず、これは提示しなかった。これに関して、ローザ・ルクセンブルクの「政府の支持者、或る政党のメンバーのみの自由というのは——支持者やメンバーがいかに多かろうと——決して自由ではない。自由とは、常に、思想を異にする者のための自由である（Freiheit ist immer die Freiheit des Andersdenkenden）……『自由』が私有財産になれば、その働きは失われるのだ」という批判は重要である[22]。それは民主主義の発展として社会主義を位置づけることにもなる。だが彼女は虐殺され、その真相は究明されていない。

ところが、スターリンや毛沢東はマルクスやレーニンを偶像化し、また、ロシアからモンゴル、東欧、中国、キューバ、ベトナムと暴力革命が続発し、マルクス・レーニン主義を国是とする一党独裁国家が増え続け、その趨勢においてマルクス・レーニン主義は科学的社会主義であり、科学は真理であると異論を許さぬイデオロギーが膨張し、その中で大規模な暴力が繰り返された。この歴史の認識に立ちルクセンブルクを評価することが求められる。

第四項　自由と必然・運命―歴史の発展と浪漫―

自由に関して、エンゲルスはヘーゲルを承けて「自由とは必然性の洞察である」と規定した。[23] これを、レーニンは『唯物論と経験批判論』第三章六「自由と必然性」で引き継いだ。

また、エンゲルスは偶然性と必然性の弁証法についても論じている。[24] だが、自由と偶然性の関係は考察されてはいない。それは、マルクス主義が社会発展を目指し（科学的社会主義の史的唯物論）、そのためには偶然に左右されない必然的な法則が求められるからである。この史観で「必然の国から自由の国への人類の飛躍」[25] がマルクス主義のスローガンとなった。

さらに、マルクスは必然や科学を論じるだけでなく、雄弁で修辞に長け、科学を浪漫に結びつけて必然・運命を説くことができた。「福音伝道者マルクス」[26] という形容まである。『共産党宣言』の書き出しは「一つの妖怪がヨーロッパに現れている―共産主義という妖怪が（A spectre is haunting Europe ― the spectre of communism）」であり、デモーニッシュで挑発的である。また彼は、共和制における政治闘争とナポレオン三世のクーデタを論じる中で「人間は、自分で自分の歴史をつくる。しかし、人間は、自由自在に、自分でかってに選んだ事情のもとで歴史をつくるのではなくて、あるがままの、与えられた、過去からうけついだ事情のもとでつくるのである。あらゆる死んだ世代の伝統が、生きている人間の頭のうえに悪魔のようにのしかかっている」と説く。[27] 『資本論』第一巻第七篇「資本の蓄積過程」第二四章「いわゆる本源的蓄積」第一節「本源的蓄積の秘密」では、自分の労働（力）の売り手になる「自由」な労働者は同時に生産手段から「自由」にされた無産者でもあるという自由の二重性の議論とともに「収奪の歴史」が「血に染まり火と燃える文字で人類の年代記に書きこまれ」たと表現する。[28] このデモーニッシュな表現は、それと闘うヒロイックな浪漫主義を刺激する。

また、これらはマルクス主義を学ぼうとする者には基本文献である。従って、五十嵐の書き記した「運命」にはその内容が多かれ少なかれ内包されていると言える。

第五項　自由と臣従—偶然と必然（二）—

必然を普遍に、自由を欲求に置き換えるとカントとマルクス主義の相似性が導き出せる。さらに歴史を遡り、必然や普遍を真理と言い換えると、聖書の「あなたたちは真理を知り、真理はあなたがたを自由にする」（「ヨハネ福音書」八章三二節）に到る。これは使徒パウロの「私は、誰に対しても自由な者ですが、全ての人の奴隷になりました」（聖書「第一コリント」九章一九節）とともに熟考すべきである。即ち、ローマ帝国の迫害の下でもイエス・キリストの信仰に従うが、それは自由になるためである。神は普遍で全人類を包摂し、その信仰に従うことは全人類の奴隷となるが、それはまた魂の救済、即ち解放でもあり、そこに真理がある。

だが、キリスト教がローマ帝国の国教になり、帝国衰亡後もバチカンを頂点とした教権体制は続き、自由になるために信仰に従うことは世俗の権力に従うことと軌を一にするようになった。これをエティエンヌ・ド・ラ・ボエシは支配と「自発的隷従」の構造であると剔抉した(29)。

さらにルソーは『エミール』第四巻において「サヴォアの司祭の信仰告白」として次のように述べた(30)。

　人間は、能動的で自由であるなら、自分から行動する。人間が自由に行うことはすべて摂理によってきめられた体系のなかにははいらないし、摂理のせいにすることはできない。神は、人間にあたえられている自由を濫用して悪いことをするのを欲してはいない。しかし神は、人間が悪いことをするのを妨げないのだ。（中略）神は、人間が自分で選択して、悪いことではなくよいことをするように、人間を自由な者にしたのだ。

バチカン欽定の解釈への大胆な挑戦となっている。より重大な点はこれを聖職者に表明させたことである。「神は、人間が悪いことをするのを妨げない」という記述は、国家の戦争から個人の犯罪・腐敗まで無数の暴力で実証される。この現実に対して神はどう考えるのか？

そもそも全知全能の神が、イブが蛇の教唆で禁断の実を食べ、さらにアダムを誘惑して共犯者にしたことを事前に知らないことはあり得ない。だが神はアダムとイブが背くことを妨げなかった。これはキリスト教では原罪と規定され、問題は神ではなく人間にあり、それからの救済が説かれるが、ルソーの文意は〝だから悪いことをしてもしかたがない〟という居直り的な反論としても読める。さらに敷衍すれば支配権力の暴力に対する暴力革命、民主独裁へと議論を進ませられる。ルソーが追われる所以である。

だが、カントは極めて慎重である。一方で、彼は「人間の歴史の憶測的起源」の「補説」において以下のように論じた[31]。

> 理性が人間に指示したのは無憂の楽園である、それにも拘わらず人間がこの楽園から出ていったのは、動物的な被造物の未開状態から人間性へ、本能といういわばあんよ車から理性の指導へ、換言すれば——自然の後見から自由の状態への移行にほかならない、ということである。（中略）理性が一旦はたらき始めて、いかに微力にもせよ、動物性とその全勢力とを相手に力争するとなると、様々な害悪が発生し、また——もっと悪いことには、——開化された理性の場合だと、いろいろな悪徳が紛起せざるを得なかった。かかる悪徳は、以前の無知な或い

は無邪な状態のまったく知らざるところのものであった。それだから未開の状態から脱する第一歩は、道徳的な面から言うと、一種の堕落であった。また人間の生活のいまだ曾て知らなかった夥しい害悪は、自然な面では、かかる堕落から生じた結果であり、従ってまた刑罰でもあった。このように自然の歴史は、善をもって始まる。この歴史は神の業だからである。しかし自由の歴史は悪をもって始まる、この歴史け人間の業だからである。（中略）高名なJ・J・ルソーの主張する諸説は、互いに矛盾するかに見え、また実際にもしばしば誤解されているが、しかし上に述べたような諸説の説明の仕方をもってすれば、よく理性と一致させることができるのである。

神の業にたる自然の創生＝創世は善で始まるが、人間は堕落し、これに対して刑罰が下されたということはまさに原罪を意味する。人間の業の歴史は悪で始まることも、それに沿っている。だが、この人間の歴史の中に教権体制は含まれ、そこから脱却しなければならないとなる。これにルソーの「神は、人間が悪いことをするのを妨げない」を組み合わせれば、支配という暴力に対する暴力革命、民主独裁の提起となる。

さらにカントは「理論と実践」において「およそいかなる公共体においても、国家組織という機構のなかにあっては、強制法（これは国民の全体に及ぶ）への服従がなければならない。しかしそれと同時に自由の精神もまた存在しなければならない。（中略）自由の精神を欠く服従は、およそ秘密結社を発生せしめる原因である」とまで述べている[32]。即ち自由と服従の強制とを論じる中で「自由の精神を欠く服従は、およそ秘密結社を発生せしめる」と説くことは、自由を勝ち取るためには鉄の規律への絶対服従で成り立つ「秘密結社」も必要だという主張と裏腹である。これも共産党の広がりの心理歴史的レディネスとなったと言える。

これらから、共産主義への歴史的発展は必然で、それを指導するのは共産党であり、その下でこそ自由が実現され、それ故、共産党一党独裁体制は正当であるという論法は、真理は聖書に書かれており、それを伝える聖職者に従ってこそ自由になれるという説法と類似していることが分かる。異端審問で信仰が、人民裁判で思想が追及されたというアナロジーは偶然ではない。語義や概念の厳密な、或いは瑣末な検討を行えば様々な差異が出るだろうが、教養、伝統、慣習を通して、キリスト教もまた「宗教は民衆の阿片」と決めつけるマルクス・レーニン主義者にとって[33]、無意識的に心理歴史的レディネスになったと言うことができる。その中間にカントが存在した。

同様に『共産党宣言』二「プロレタリアと共産主義者」の結びで提起された「階級と階級対立を伴う古いブルジョワ社会に代わり、各人の自由な発展が万人の自由な発展の条件となる一つのアソシエーション（association）が現れる」とのヴィジョンは「千年王国」に類似している。いずれも支配抑圧の歴史の後に到来する理想の社会である。エドワード・H・カーは「予言においてマルクス以上に見通しがよかった人は少な」く、彼は「二十世紀の思想革命全体の主唱者であり先駆者」として「千年王国」を説いたと評した[34]。

マルクス主義が批判する自由主義古典派経済学の象徴的な言説である「神の見えざる手」はまさにキリスト教が反映している。アダム・スミスが一七七六年に出版した『国富論』第四編第二章では「見えざる手（invisible hand）」だけで「神」はないが、社会に流布する過程で「神」が加わった。各人の自由な経済活動による利益追求が総体的には社会全体の利益となる最適な状況が生成する自由主義的功利主義的経済思想に「神」が加えられたことは、カントの定言命法とキリスト教の関係に相似している。キリスト教的救済待望をレディネスとしてスミスの経済学を歴史観に取り入れて導き出したヴィジョンがアソシエーションであると言える。

以上は、見方を変えればキリスト教的ハビトゥス（複合的習性・慣習）の強靱さを示している。即ち、カント、スミス、マルクスもキリスト教的な世界の内の存在であり、それ故に読み継がれた。

第六項　運命と希望―偶然と必然（三）―

論点を日本へと転じる。偶然と必然について、三木は『人生論ノート』（創元社、一九四一年）の「希望」の項で鮮明にまとめた[35]。

人生においては何事も偶然である。しかしまた人生においては何事も必然である。このやうな人生を我々は運命と稱してゐる。もし一切が必然であるなら運命といふものは考へられないであらう。だがもし一切が偶然であるなら運命といふものはまた考へられないであらう。偶然のものが必然の、必然のものが偶然の意味をもつてゐる故に、人生は運命なのである。

希望は運命の如きものである。それはいはば運命といふものの符號を逆にしたものである。もし一切が必然であるなら希望といふものはあり得ないであらう。しかし一切が偶然であるなら希望といふものはまたあり得ないであらう。

人生は運命であるやうに、人生は希望である。運命的な存在である人間にとつて生きてゐることは希望を持つてゐることである。

偶然と必然の弁証法を通して運命から希望を導き出す論理は見事である。同様の論理は「噂」の項などでも展開されている。

また、中国的な世界をモチーフにして珠玉の名作（ロマン）を遺した中島敦は「偶然――何から何まで偶然だということが結局、ただ一つの必然ではないか」と記していた[36]。ペシミスティクだが深く考えさせる。このペシミズムをオプティミズムとの矛盾を契機に止揚する鍵は運命と希望であり、中島の文学の意義は三木の哲学により明らかになる。二人は戦前日本の教養や思想の水準を評価する上で欠くべからざる存在である。

第七項　理想を求める運命と浪漫主義―ロマン（小説）を切口に―

(一) ロマンティクな熱情（パトス）と必然の論理（ロゴス）の複合

必然的な運命に理想が絡むと浪漫主義に結びつきやすい。特に熱きロマンに想いを馳せる純情な青年にその傾向は大きい。

ライフサイクルを通して聖職者から超越主義思想家へと進んだ詩人のラルフ・ウォルドー・エマーソンに惹かれた五十嵐が浪漫主義に影響されないことはない。彼がマルクス主義者となった心的要因には浪漫主義もあると分析する。五十嵐は「知的」に反省を繰り返したが、人間は知性だけで生きてはいない。また反省は必要だが、まちがえることと無反省にごまかすことは違う。まちがえて失敗しても、ごまかさずに乗り越えていくところの生の意義がある。このように生きる力の源泉の一つに理性を超えたロマンへの志向性がある。

また、木村は自伝的小説（ロマン）「物部川」（未完）を著し、いくつもの短歌を遺した。彼の思想・詩想にも浪漫主義が内包されていると言える

これらを踏まえてマルクス主義と浪漫主義を対比的に論じていく。まず、マルクス主義に先行して、音楽ではベートーベンが古典派からロマン派へと楽想を展開した。彼が交響曲第三番「英雄」をナポレオンに献呈することを取り止めたことは象徴的である。しかも彼はシラー（特に第九交響曲の合唱「歓喜の歌」）を介してカントに繋がる。

次にマルクス主義に視点を向けると、先述の「各人の自由な発展が万人の自由な発展の条件となる一つのアソシ

エーション」には理想と浪漫があり、この実現のため最後に「万国のプロレタリア、団結せよ！」と檄が飛ばされる。

そして、各人が自由意志で主体的に服従するとき組織は最強になる。人は論理だけではなかなか動かない。内から沸き上がる情熱こそ行動のエネルギー源となる。自分だけでなく万人の自由のためだという理想はロマンティクな情熱を燃えあがらせる。

「団結せよ！」の前では「共産主義者は、自分の見解や意図を隠すことを恥とする。共産主義者は、その目的の達成は既存の全社会組織を力づくで転覆する（forcible overthrow）しかないことを、公然と宣言する。支配階級をして共産主義革命の前に戦慄せしめよ！」と命令する。命令形の繰り返しでロマンティクな英雄主義が鼓舞される。

必然を説きながら、団結し勇敢に闘えと檄を飛ばすことは矛盾だが、それが弁証法的発展をもたらすと説明されると、聖書、定言命法、『第三身分とは何か』などがレディネスとなり、純朴な青年は納得する。マルクスも、マルクス主義の教化に奮闘する弁が立ち、筆が走る党員も、プロレタリアではなくプチブルの知識人だが、プロレタリアの立場を選び取っていると説明されると素直に信じる。

かくしてロマンティクな熱情（パトス）と必然の論理（ロゴス）が複合し、マルクス主義と浪漫主義が共振する。マルクス主義は、啓蒙思想にロマンティクな文学・詩想、美学、楽想などが合流して壮大な思潮となる中で生成・展開したと言うこともできる。これについて二つの文学作品に即して考察していく。

(二)『三銃士』―「一人はみんなのために、みんなは一人のために」―

『共産党宣言』の四年前、一八四四年からアレクサンドル・デュマ・ペールは『三銃士』を発表し始め「一人はみんなのために、みんなは一人のために（un pour tous, tous pour un）」を合言葉に用いた。その先駆には自由を求めて教権体制に抵抗したフス戦争＝宗教改革の契機となった一四一五年の第一次プラハ窓外投擲事件で掲げられたラテン語の Unus pro omnibus, omnes pro uno がある。そして、カント的な自由と公共の統合（定言命法）も挙げることができる。

この「一人はみんなのために、みんなは一人のために」は『三銃士』の読者に留まらず、社会主義や労働運動などの思潮・実践で使われた。『共産党宣言』の「各人の自由な発展」と「万人の自由な発展」を統合する「アソシエーション」はその中に位置づけられる。

『三銃士』など「わだつみのこえ」研究に関係ないと考えるのは浅薄である。これは学徒の教養に関わる。次に取りあげる『レ・ミゼラブル』も同様である。斜め読みにせよ、拾い読みにせよ、これらを読んだ学徒を基層とする階梯の上層に京都学派が位置づけられる。そして西田や三木は第一級の教養人であった。

木村や五十嵐も学徒として教養を修めることに励んだ。これを短絡的に教養主義と見なすべきではない。五十嵐の「教養」への反省は教養主義の限界の故であり、教養を全否定してはならない。無教養は愚である。

無教養にも教養主義にも陥らないためには、自分の自由を実践でき、かつ他者の自由も尊重できるリベラル・アーツとしての教養の修得が求められる。これは自由と必然・偶然の認識にも重要である。

(三)『レ・ミゼラブル』―「フランスは血に染まるが、自由はほほえむ」―

一八六二年、ユゴーが亡命中に執筆した『レ・ミゼラブル』が出版され[37]、大きな反響を呼び起こした。彼はキリスト教的なヒューマニズム、博愛精神、回心、親子の情愛、青春のロマンティクな恋愛とともに革命を鮮明に活写し、ダイナミックな叙事詩を詠いあげた（特に第四部第十章「一八三二年六月五日」）。革命に関連しては「反乱が尊い義務に高まる場合が全くないだろうか？……もはや真正な領土が問題なのではなく、聖なる思想が問題なのだ。祖国が嘆くのなら、嘆けばよい。だが人類は喝采するだろう。それにしても祖国は、嘆くだろうか？　フランスは血に染まるが、自由はほほえむ。自由のほほえみの前では、フランスは傷を忘れる」と叙述されている。(38)「反乱」の推奨とともに「祖国」を乗り越える革命的国際主義が打ち出されており、「万国のプロレタリア、団結せよ！」と共振する。第四部第七章四の「社会哲学は、本質的には、平和の学問である」(39)は、ルソーやカントの永遠平和に繋がり、やはり国際主義的である。

さらに第四部第十章二では「暴動というものと、反乱というものがある。それは二種の怒りである。（略）暴力的な後退はすべて暴動である。後退は人類にたいする暴力行為である。反乱は真理の発作的な怒りである。（略）ときには反乱は復活である。（略）反乱も暴動である。一般に、それは革命という大洋に達する。（略）市街戦であろうと、国境戦であろうと、戦争の消滅、それが必然の進歩である」、「僕（革命派の若者―引用者）は必然に従った。しかし必然とは、古い世界の怪物である。必然は宿命と呼ばれる」と書かれている。(40)まさに闘争と革命は必然であるという唯物史観と相似している。

第五部第一章五では「人類全体を照らす」「真実の革命」とは「政治的観点」では「ただ一つの原則があるだけだ」、「人間の人間にたいする主権である。この自己にたいする自己の主権が〈自由〉と呼ばれる」、その「主権」が複数あると「結合（association）」ができ、それが集まり「国家」となり、それぞれは権利を放棄せず「いくらか譲る」と述べられており、(41)これは「アソシエーション」に呼応する。加えて第四部第十章一では「ブルジョワジー」が「偽の民衆」と批判されている。(42)

さらに社会教育については、第一部第五章五で「神は人間を反省させる（略）神はそれに知性を与え、つまり教育できるものとした。社会教育（L'éducation sociale）が立派に行われるならば、どんな魂からでも、そこに含まれる有用性を引き出すことができる」と論じられている。[43] ルソー的な教育観が読み取れる。また、ユゴーは革命家の青年に「平等は機関を持つ。つまり、無料の義務教育である。アルファベットを知る権利、そこからはじめなくてはならない。小学校を万人の義務とし、中学校は万人に門戸をひらく、それが法律だ。同等の学校から平等の社会が生まれる。そうだ、教育だ！　光だ！　光だ！　すべては光から出て、光に帰る」と演説させている。[44] 光は啓蒙（enlighten-ment）に、万人に平等な教育はマルクス主義に通じる。

『共産党宣言』でも「社会教育（die gesellschaftliche Erziehung）」や「社会的教育（Erziehung durch die Gesellschaft）」が提起されており、これに即して五十嵐は宮原の社会教育学の意義を示した。[45]

だが、『レ・ミゼラブル』にはマルクス主義と異なる点もある。かっぱらいに長けるが弱きを助ける義侠心もある浮浪少年のガヴローシュ[46]はマルクス主義では階級闘争の妨げになるルンペン・プロレタリアートに分類されるが、ユゴーは革命に殉じるヒーローとして描いた。無論、ユゴーはマルクス主義者ではない。

以上から総じて『レ・ミゼラブル』は、文学作品としてだけでなく、フランスの社会主義を知る上で重要な文献と言える。言い換えれば、フランス社会主義を構成要素とする卓越した文学が『レ・ミゼラブル』であると評価できる。

なお、ユゴーは青年革命家を通して「十九世紀は偉大だが、二十世紀は幸福になるだろう。（略）飢えも、搾取も、貧苦のための売春も、失業による悲惨も、絞首台も、剣も、戦争も、事変の森で偶発する略奪も、恐れる必要はなくなるだろう（略）地球がその法則に従うように、人類も自分の法則に従うだろう。（略）革命は通行税である。ああ！　人類は解放され、高められ、慰められるだろう」と期待したが、[47] これに反して二十世紀は「戦争と暴力の世紀」（国連の総括）となった。国連はまた二一世紀を「平和と非暴力の世紀」と提唱したが、テロや紛争・戦争は絶えず、この課題は重いと自覚する。

第八項　主体／主観的実践の弁証法的唯物論と相互主観／主体性

（一）ヘーゲル～マルクス～フッサール―否定の否定の弁証法―

マルクス主義がダイナミック広がる一方で、フッサールにより現象学が現象した。それはヘーゲルの『精神現象学』と言葉は同じだが、ヘーゲルを批判したマルクスの批判という思想史においては内包も外延も異なる。特に「ミネルヴァの梟」の後知恵ではなく、徴候として現象した問題を察知する先見の明が目指されている。フッサールの提出した「現象（Phänomen）」や「相互主観／主体性（Intersubjektivität）」は、物質ではないが、現実的な機能や作用や効果の意義を明らかにした。なお、主観性と主体性について、欧米の言語（ドイツ語ではSubjekt）よりそれぞれを区別できる日本語の方が分かりやすい。

マルクスは客観的な必然性を論じ、また主観性よりも主体性を志向した（「フォイエルバッハに関するテーゼ」など）。マルクス主義の存在が意識を規定するという観念が影響力を増大した思潮において『デカルト的省察―現象学序説―（*Cartesianische Meditationen : eine Einleitung in die Phänomenologie*）』第五省察で提出された「相互主観／主体性」は存在は相互に主観／主体的であるという存在論を対置した（前掲『イデーン』I―I、一三二頁では「諸主観共存」）。マルクス主義の主体／主観的実践が党派的な教条主義により主体的に党中央に従うという「自発的隷従」と化す状況（純朴な善男善女が教会から党に移行）に対して、相互主観／主体性は重要な異議・批判となり、さらに現実に生きることの意味の重要性を気づかせた。

また、アインシュタインが相対性理論を提出した時代、フッサールは、唯物史観の説く外的で単線的な歴史観に対して『内的時間意識の現象学（*Zur Phänomenologie des inneren Zeitbewusstseins*）』により、歴史は時間の現象形態であり、しかも内的であることから多種多様であることを気づかせた。これにより精神を持って生きる人間が他者と交流・協力し、自分の主観と相手の主観の相互に主体的な関係性を通して各自の内的な発達（やはり時間の現象形態）を遂げつつ社会を発展させるダイナミクスがより深く豊かに理解できるようになった。それは物質的な豊かさだけではなく、生きる意味や価値という精神的に豊かな社会の発展をもたらす思想的な力を擁していた。

これにより壮大で外的な観念論的歴史発展論から唯物論的歴史発展論への展開が一挙に内的時間意識へと転換させられた。外から内へ、歴史から時間への観点の転移は根源的である。内的時間は外的時間（歴史）に比肩し、それ故、人間の生（life）は世界として認識されねばならない。これをフッサールは生の世界（Lebenswelt）の概念で表した。

これらからヘーゲル～マルクス～フッサールを否定の否定の弁証法で捉えることができる。

また、現象学は、可視の客観性を重視する実証主義や効果を鍵概念とするプラグマティズムとも対抗的であり、不可視の本質や真理、人間の内奥への探究が根幹に据えられている。それは、現象となって捉えられる事物に内包された意味、価値、本質を、現象に即して認識しつつ、その認識をも現象としてさらに認識を深め……と、無限に続く認識の過程を考究することを通して認識論を発展させた。その先駆にはパスカルの「人間が無限に人間を超えることを学べ」を挙げることができる（『パンセ』断章四三四）。

認識が無限に続くということは、生きて変化し続ける人間は、他の人間との関係において相互に認識しあいながら自分も他者も認識を変化させ、その変化がさらなる変化を導くというように相互主観／主体性はアソシエーションの「内」を充実させる。

これにより、自分の主観を相手の主観に押しつけ（思想工作・改造）、また自己中心的に相手の内心を解釈・判定・

処分する（人民裁判・査問）のではなく、相異なる固有の存在たる相手の主観を理解し、認めあうことの意義が明らかにされた。これは教育や学習にとって極めて重要である[48]。

なお、フッサールと同時代のマックス・ウェーバーが「価値自由」[49]を鍵概念として客観的認識を提起したことも注目すべきである。一九一一年創刊の『ロゴス』誌ではフッサールとウェーバーは編集委員となっている（他にR・オイケン、H・リッケルト、W・ヴィンデルバント）。独善的教条的マルクス主義への異議・批判を、フッサールは哲学で、ウェーバーは社会学で行ったと言える。

ただし「価値自由」は目指すべき理念であり、有限で不十分な人間は完全に価値から自由に名なり客観的立場を得ることができず、中間的で矛盾した状態にあることを認識する必要がある。「価値自由」を多用しつつアカハラを行った教員もいたとおり[50]、その知行合一が問われる（「論語読みの論語知らず」の事例）。

(二) マルクスの時間論

時間論は、既にマルクスも取り組んでいた。草稿だが、彼は「労働は、生き生きした、創造的な火である」と文学的でロマンティクな比喩に続けて、事物は生きた時間によって創られ、常ではなく、時間性があると論じていた[51]。

この引用文は、ジャン＝リュク・プチが『生き生きとした労働から行為のシステムへ―マルクス論―』において、マルクスの教条的な解釈を避けるべく、生き生きとした人間の存在を考究した現象学の成果を摂取し、マルクスとフッサールの統合・発展を目指す中で取りあげている[52]。その意義を認めるが、引用文が記されていた草稿が『経済学批判要綱』と呼ばれるとおり、マルクス自身は研究を経済に方向づけた。彼は、次のように書いた[53]。

共同的生産が前提されたばあい、時間規定は当然のことながら依然として本質的な意義をもつ。……個々の個人のばあいと同じく、社会の発展、社会の享楽、社会の活動の全面性は、時間の節約にかかっている。時間の経済、すべての経済はそこに帰着する。社会が、自己の全欲望に即応した生産を達成するために、その時間を合目的的に分割しなければならないのは、個人が、適当な比例で知識を得たり、あるいは彼の活動にたいするさまざまの要求に満足をあたえたりするために、彼の時間を正しく分割しなければならないのと同様である。だから時間の経済は、生産のさまざまの部門への労働時間の計画的配分と同様に、依然として共同的生産の基礎のうえでの第一の経済法則である。それはさらに高度な趣旨ですら法則となる。しかし、この法則は、労働時間により交換価値（労働または労働生産物）を測定することとは本質的にちがっている。同一労働部門での個人の労働と、異なる種類の労働とは、たんに量的ばかりでなく、質的にもちがっている。物のたんに量的な区別はなにを前提にしているか？　その質の同一性（Dieselbigkeit）である。したがって労働の量を測定することは、その質の同格性（Ebenbuertigkeit）、同一性を前提している。

同一性があれば価値が測定でき、これが合意されれば等価で交換できる。そのためにマルクスは労働と時間の関連性に着目したのである。そして彼は議論を価値から貨幣へと展開し、所有や支配の問題を指摘する。(54)

すでに見てきたように、単純流通そのもの（運動しつつある交換価値）においては、個人の相互的活動は、その内容からすれば、たんに彼らの欲望を相互に利益のあるように充足することであり、その形態からすれば、交換すること、ひとしいもの（等価物）として措定することであるとすれば、ここでは所有もまたますます、労働による労働の生産物の領有として、また自己の生産物が他人の労働によって買われるかぎりでは、自己の労働による他人の労働の生産物の領有として措定されている。他人の労働の所有は自己の労働という等価物によって媒介されている。所有のこの形態は――自由および平等とまったく同様に――、この単純な関係のうちに措定されている。交換価値がさらに発展すれば、このことは転化され、そして結局、自己の労働の生産物の私的所有は、労働と所有との分離に同じであること、その結果、労働は他人の所有をつくりだすにひとしく、所有は他人の労働を支配するにひとしくなることがわかるであろう。

商品の価値の源泉は労働力であるが、資本制ではそれまで商品となり、交換過程に投げ出され流通せしめられる。労働者は根無し草のように流動する。かくして私有を前提にした資本制では、労働者は労働力を商品として扱う者＝資本家に所有され、支配される。これにより労働の産み出す価値は搾取され、その生き牛きとした創造性は失われる。労働者は主体的に自由に働くのではなく、働かされる。それは労働時間のみならず生きる時間からの疎外となる。

それ故、人間らしく生き生きと生きるためには私有を廃して共有にしなければならない。これをマルクスは共産制として描く。そのために彼は自由の二重性を時間に適用し、「資本の傾向はつねに、一方では自由に処分できる時間（ディスポーザブル・タイム）を創造することであり、他方ではそれを剰余労働に転化することである」と論じる。[55]この「自由に処分できる時間」は『剰余価値学説史』では「自分たちの発展のため」になる「真の富」であると説明されている。[56]

これを敷衍すれば、発展／発達（development）の過程も時間であることから、それを進める学習や教育においても自由は重要となる。自由であれば自分が過去に獲得した力量を基に努力して望み求める自分自身になることが可能となる。自由が奪われれば、他者の求める人間となり、不本意な人生を送らねばならなくなる。生涯（life）も時間の過程であり、自由がなければ、生きる時間から疎外されることになる。

（三）外と内の弁証法

マルクスは生きる時間にアプローチしたが、それは唯物論的であり、しかも階級闘争と暴力革命の歴史観へと展開した。パスカルのいう「繊細な精神（l'esprit de finesse）」（『パンセ』断章一）は希薄で、異論に対して論争し、論敵は徹底的に論難した。しかも、それは科学的に証明された必然性（真理に通じる）を知らしめることとされた。従ってマルクスやエンゲルスは「誰もがそれぞれ真理を追求すればするほど危険に迷い込む。その誤りは一つの誤りを追求することではなく、むしろ、他の真理を追求しないことである（Tous errent d'autant plus dangereusement qu'ils suivent chacun une vérité; leur faute n'est pas de suivre une fausseté, mais de ne pas suivre une autre vérité）」（『パンセ』断章八六三）の実例と言える。

それ故、彼らを否定し止揚することで暴力性を取り除かねばならない。そのためにフッサールが重要となる。これにより、存在が意識を規定するという外的な立場（特に階級）を問うマルクス主義と内的な志向性（Intentionalität）を提起する現象学の止揚を導出することができる。外的にどの立場にいるかと内的にどこを向いているかのいずれよりも高い次元において外と内の弁証法で止揚すれば、より深い認識や思想が得られる。それはマルクスからフッサールへ、さらにその次へという思想哲学的発展の一つとなる。

それではフッサールの後進のマルチン・ハイデガーはさらなる発展に寄与したであろうか？　この点を次項で検討する。

第九項　ネクロフィリクなシニシズム（冷笑主義）とナチズム

（一）「ホモ・ウニウス・リブリ」―自己解釈の再生産―

『存在と時間（*Sein unt Zeit*）』はハイデガーの代表作だが、カール・ヤスパースは「現代における彼の企投の唯一性―ホモ・ウニウス・リブリ、つまり一冊の書物の人―それ以後は、自分自身についての注釈」と総括した。(57)これはヤスパースのハイデガーとの四十年以上に及ぶ関係性に基づいている。それはピエール・ブルデュに習えば「自分自身」の再生産と言える。(58)「注釈」に止まり、発展はなかったということである。それでも彼が哲学において権威を獲得できたのはナチに協力したためであり、さらに戦後も権威を保ち続けられたのはドイツの戦争責任の追究が不徹底であったからである。

彼は確かに頭がいい。博学を示唆するが先行研究や論拠は明示的に取りあげず、独特の表現で持論を書き綴る文体（基本的にモノローグ）は、カントとは異なるものの、やはり「不明瞭」で、難解のように思わせる。この点を、ヤスパースは「詩と哲学の混合。／現代の魔術」と剔抉した。(59)

（二）ナチとハイデガー

ヤスパースは「ハイデガーは、孤独者として時代に逆らって立つようなジェスチュアをしているが、じつは、時代の気分、権力、動静とともに、時代の反響、あるいは代表者として歩」み、「彼は自分の権力意志からその政治権力に参加しようと切望した。即ち、一九三三年に、ナチズムに、である」と指摘した。(60)この年にハイデガーはナチの支援を得てフライブルク大学総長となり、彼自身もナチに入党した。「自由都市」を意味するフライブルクの名を冠した大学にこのような歴史が刻まれたことはアイロニーである。

「権力意志」は学恩など顧みない。ハイデガーは『存在と時間』にフッサールへの献辞を明記したが、権威がより強固になった一九四二年刊行の第五版ではそれを削除した。フッサールはユダヤ系であり、ハイデガーはナチが強くなるとともに都合が悪くなり使い捨てたと言える。

次に、ハイデガーの諸概念に即して「ホモ・ウニウス・リブリ」を考察する。ハイデガーは既存の概念を類似した彼独特の用語で言い換えるが、独創性があるか、再生産で同じ意味の繰り返しかが問われる。

ハイデガーはフッサールの相互主観／主体性や生の世界ではなく「共同現存在（Mitdasein）」や「共同世界（Mitwelt）」を用いる（『存在と時間』第四章等）。これらから主観／主体や生が排除され、事物は現象するとのフッサール的認識に〝だから受け入れるべき〟との受動性が加味された。生への志向性がなくなることは、死に志向することと裏腹であり、だからこそ彼はホロコーストを押し進めたナチに入党したのである。

また、ハイデガーが主題（Subjekt）に存在を据えたことにより主体（Subjekt）は主題の外に出されることになった。確かに、これにより影響力を強めていたマルクス主義のイデオロギーに染まった主体の使用を回避できる。またマルクス主義を直接批判しないため、反批判も回避できる。まことに頭がいい。しかし、それは正々堂々と乗り越える超越ではなく、卑怯である。

さらに、思考の枠組みから主体性が外されたため、能動性が弱まり受動性が強まった。このような諸概念は権力に追従し、ナチに投企する心性に合致していた。

(三)「現存在」と「世界―内―存在」

「現存在（Dasein）」は、アインシュタインが物理学で時間と空間は密接不可分であると明らかにしたことを〝現に今そこにある〝という意味で哲学的に活用できるようにした点で意義がある。しかし、フッサール的な〝現に生きている〟ことが〝現にある〟ことになってしまい、生が矮小化された。

実存主義（existentialism）の脈絡では「現存在」は自分が現にそこ（da）に存在するものとして自覚する存在と捉えられる。だが、この自覚の志向性が問われる。この点について「現存在」を「世界―内―存在（Das In-der-welt-sein）」に関連させて検討していく。

確かに、人間は如何に努力しても世界の「外」には存在できず、たとえ「外」に出られたとしても、その瞬間にそこが世界となり、やはり世界の「内」に存在することになる。それは世界には限界がないからである。即ち、無限の世界において有限な人間はあくまでその「内」に存在せざるを得ない。たとえ限界を突破しても、世界は無限である故、突破して出た瞬間にそこも「世界」の「内」となる。この拡張した新たな「世界」において、人間はやはり「内」に存在することになる。従って、人間は常に既に後も[61]「世界」の「内」に存在せざるを得ない。

だが「世界―内―存在」では「内」のみ表現され、「外」へ出ようとすることが表現されないため全体主義と同調・共振する。実存（Existenz）は外に（Ex）に在る（istenz）と説明されるが、普通名詞の語義的な解説であり、「現存在」や「世界―内―存在」という独特の新語と比して語調は弱い。それに反比例して「内」が強いため、マジョリティの外側に排斥されたマイノリティを考えなくさせる。それ故、この概念はフッサールの継承、発展というよりも、歪曲である。

フッサールは「常に既に」と「超越」の絶対的矛盾の超越、つまり超越の超越を目指していたが、ハイデガーは実存は「外」に在るとアリバイ的にいう程度で、保守的に「内」に留まる。彼が如何に詩論でカモフラージュし、修辞で飾ろうとも、ナチ党員としての言論と実践で実証される。彼の思考や視角は血と土（民族と国土、血縁と地縁）に限定されており、そこに本源性や普遍性があるように思うのは彼の「詩と哲学」の「魔術」に魅せられるためである。「世界―内―存在」に関する先行研究としては、フッサールの前にマルクスの主張した存在が意識を規定するという存在論を挙げることができる。歴史的必然において階級的な立場に規定されているということを抽象化すれば、階級的な世界の「内」に存在するとなる。それ故、マルクス主義はハイデガーにとってレディネスになり、かつ彼は利用できたと言える。

そして、マルクスもハイデガーも学んだアルチュセールは、ルートヴィヒ・ウィトゲンシュタインの『論理哲学論考（Tractatus Logico-philosophicus）』から「Die Welt ist alles was der Fall ist」を引いて「世界は到来するもののすべてである」、「世界は上からわれわれに落ちてくるすべてのものである」と説明した。[62]これはマルクスの表現より哲学的であり、また「世界―内―存在」の意味を明確にしている。

しかし、それを認識した上で変革のために主体的実践し、既存の世界の「外」に出ようとすることと、シニックに冷笑することを分別しなければならない。「あらゆる死んだ世代の伝統が、生きている人間の頭のうえに悪魔のようにのしかかっている」現状をはねのけてアソシエーションを創ろうと闘うことと、世界など「死んだ世代の伝統」の所産だと嘲ることは違う。後者は存在や世界への本源的な批判のように装えるが、実際はシニックな人間蔑視であり、だからこそハイデガーは非人間的なナチに入党したのである。

これに注意した上で「世界―内―存在」の「内」に弁証法を適用すれば、人間は世界の「内」に存在するのみならず、世界を「内」にしても存在していることが認識できる。言い換えれば「世界―内―存在」の「世界」は人間を「内」に含む世界であるだけでなく、人間もまた世界となり自分を「内」に包摂する世界を「内」に包摂し返す。このような認識は既に聖書では「ヨハネ福音書」一四章一一節で「我は父（主なる神）の内におり、父は我の内におられる」と記されていた。またパスカルは「考える葦……空間により宇宙は私を一点のように包み、呑む込む：パンセ（考えられること）により私は宇宙を包む／理解する（Roseau pensant……Par l'espace l'univers me comprend et m'engloutit comme un point : par la pensée je le comprends）」と書いていた（『パンセ』断章三四八）。「内」は変転して「外」になり、また逆転するという「内」と「外」の両者の弁証法が簡明に表されている。このようにして「世界─内─存在」だけでなく「世界─外─存在」も常に既に認識されていたのである。これを三木はパスカルを引き、「我々の欲望はデモーニッシュである」と指摘した上で、次のように明解に概括した。(63)

人間は謂わば単純に世界のうちに在るのでなく、却って出て来て在るのである。ラテン語の existit（現実的に存在する）は語源的には「出て来てしまった」ということを意味するが、人間の現実存在には元来かかるところがある。

この世界の「内」と「外」の存在論を発達・学習論へと展開すると、世界の「内」にいて「外」にもいる人間は「無限に人間を超えることを学」ぶべきことが導き出される。これを三木は前掲『パスカルに於ける人間の研究』第一「人間の分析」の「問に充ちた答」、「問の運動」として提起した。(64) これは西洋思想哲学の祖述＝再生産ではなく、独創的である。さらに三木は、これを「懐疑論」ではなく生の運動として論じる。

答はみずから消え失せてゆくことによってつねに存在に対する新しき道を開きつつ、みずからはどこまでも問にとどまる。問は問に砕かれ、疑わしさは無限に自己を展開する。そこに問は本来の動性を発揮することが出来る。この動性に於て問は生き、この問に於て我々は生きる。

パスカルやハイデガーの名前は出されていないが、その思想哲学のエッセンス（精髄）が見事に活用されている。自家薬籠中の物としていなければできない表現である。まことに生きることは問いながら動き、絶えず「外」に出て行くことである。これはさらに「問の構造」（一九二六～二七年）[65]論へと展開される。中井は「『哲学研究』を編輯させられていた私は、彼の『問の構造』の論文を外地から受取った。ハイデッガーの「存在と時間」が未だ発表されていない当時では、その構想の斬新さには、私達はアッと云ったのであった」と述べている[66]。

無論、動きはいつかは止まる。死が訪れる。だが、生きている限りはどのように死ぬかを問い続けることができる。また、生理的に生きていても心理的に動かなければ、その存在は生き生きとしていない。如何に生きるかは如何に死ぬかであり、死生一如である。

それではハイデガーはこのレベルに達していたであろうか？　この点について次に検討する。

(四) 死への気づかいへの呼びかけ―ネクロフィリクな投企／被投企―

ハイデガーは志向性ではなく「関心（Sorge）」を用いるが、その異同について彼は明瞭に説明しない。類似のようにも、異論のようにも読める。それは本源的なためか、多義的な故か、難解だからか、曖昧なほのめかしだからか。「関心」は「気づかい」とも訳されるように、繊細な印象を与えるが、その対象が問われる。何を気づかうのか？

時流が「内」では独裁、「外」には戦争と、複合的な暴力へと進む中で、ハイデガーのいう存在の「気づかい」は死に向けられる。ただし、それは既にセーレン・キェルケゴール、アルトゥル・ショーペンハウアー、フリードリヒ・

ニーチェたちが鋭敏に察知し、警鐘を鳴らした。彼らの実存主義は鬱勃とした死の不安や絶望、それに魅せられる心性を見据えていた（詩人・思想家のフリードリヒ・ヘルダーリンへの高い評価でもニーチェが先）。ハイデガーは彼らの成果に立つが警鐘を鳴らさず、むしろネクロフィリクに死への志向性に同調し、さらには助長した。その鍵概念が「呼び声」である。

彼は人間は世界の「内」に投げ出された存在であり、そこから出ることは死で示唆される。確かに死は現世を出る最も確実な方法である。だが生きている限り、死は先にある。それ故、この死に先駆けて覚悟しなければならない。このメッセージが『存在と時間』の「死への本来的な存在の実存論的投企」（第二編第一章第五三節）から「先駆的覚悟性としての、現存在の実存的に本来的な全体存在可能」（第三章第六二節）に込められ、その間に「良心の呼び声」や「関心の呼び声としての良心」、「呼びかけという了解の働きと責め」（第二章第五六〜五八節）が挿入される（訳語は桑木務の岩波文庫版、一九六〇〜六三年）。

それでは「良心の呼び声」は誰がどこから発するのか？　ハイデガーは長々と書き綴るがほのめかすだけである。何しろ大著だからとよく分からずに不安を抱えたまま「現存在」と「世界—内—存在」を参考に考えると「外」から「内」から「呼び声」が聞こえてくるように読める。それを聞くことは「了解」したことになり、その「責め」を負わねばならない。この心的機制は不安に付けいられて誘導され、納得させられるマインド・コントロールに類似している。

不明瞭な示唆のためマルクス主義者も惹かれる。マルクスにおける主体と実践の関連性は、ハイデガーでの存在と投企／被投企（企投／被企投、Entwurf/Geworfenheit）の関連性と対比できる。ナチのハイデガーにおける存在と投企／被投企の組み合わせは主体と実践のそれに対する異論になっているが、彼はこれを明瞭に論じないため、反論し難い。むしろマルクス主義に引きつけて読み、摂取さえする者もいる。アルチュセールはその一人だが、それに止まらず、独創的に発展させた。

呼びかけにおける支配服従の本質的な機能を、アルチュセールはイデオロギー論として展開した。彼は大文字の「主体」と小文字を「主体」を用いて「呼びかけ」による支配と服従の関係を明瞭に論じた。(67) また「自由な同意(libre consentement)」により「暴力的な権力」が「同意された権力」に「転換」するとも指摘した。(68) アルチュセールはハイデガーの「良心の呼び声」論を換骨奪胎したと評価できる。

ここで認識の歴史に沿って整理すると

歴史→時間

社会→空間

と、より抽象的本源的になる。

そして、**主体と実践**は(**被**)**投企**という存在論的(ontologisch)概念で説明される。世界(時空間)に投げ出されるべく投げ出すという**被投企的投企**(geworfener Entwurf)は**自発的隷従**の抽象化と言えるが、それを問うことと、そもそも人間は本源的に隷従を求める存在なのだという説明は根本的に異なる。ハイデガーは後者であり、この点を彼の実践に即して検証していく。

(五) 戦争の道義的責任―ナチの「世界―内―存在」としてのハイデガーの言行不一致―

ナチズムとマルクス主義は現象では激しく敵対したが、本質的な次元では呼応していたという状況において、国民／国家社会主義ドイツ労働者党(Nationalsozialistische Deutsche Arbeiterpartei)が急速に支持を拡大した。米英仏の帝国主義の法外で冷酷な賠償金への憤激は反帝国主義という点で民族主義にもマルクス主義にも繋がった。そして、帝制から民主制に変わったが非力で、やはり力を強くすることが必要だと「力への意志（Wille zur Macht）」が強まり[69]、民族主義的独裁とプロレタリア独裁が激しく対立する動勢の内で、ハイデガーはいずれにも受け入れられるオントロギッシュな表現で評価を高めた。それはまた独裁への聴従と共振した。これは国民が国家に投企することは同時に投企させられる被投企でもあるという主体的な服従であった。

投企／被投企は、Subjekt（subject、sujet）には積極的能動的な主体性だけでなく受動的服従的な臣下・臣民という意味もあることから、確かに主体的実践の意味を深める概念装置となっている。マルクス主義的な支配と闘う主体性に対して、それは服従と裏腹であることを気づかせる。それは、個人は普遍的原理に合致する意志を以て行為せよという命令＝定言命法のハイデガー的な展開であるが、投企（Entwurf）と被投企（Geworfenheit）を組み合わせた被投企的投企（geworfener Entwurf）では「被」＝受動性が前面に出されており、この点で、自由よりも服従の意味が強い。従って近代市民社会からの後退であり、これは彼がナチの保守革命で出世できたことと合致している。

また存在論では、相互主観／主体性よりも主体的服従（自発的隷従）が本源的であるという認識論は、フッサールからの後退である。フッサールの相互主観／主体性では被投企的投企だけでなく、投企的被投企も考えられた。

さらに、被投企的投企の実践たる良心の呼びかけの了解と聴従は、聖書「出エジプト記」で主が自分の呼称は「私はある（存在する）」だとモーセに告げたこと、「イザヤ書」四〇章三節の「呼びかける声がある。主のために、荒れ野に道を備え、私たちの神のために、荒れ野に広い道を通せ」、「マルコ福音書」一章三節の「荒れ野で叫ぶ者の声がする。『主の道を整え、その道筋をまっすぐにせよ』」を想起させる。これらはキリスト教文化圏でよく知られている。

さらに存在の研究に関しても、主が「私は在る」と自称したこと（「出エジプト記」三章一四節）を挙げることができる。だが、この点でもハイデガーは専ら古代ギリシャ哲学に言及し、キリスト教には触れないので議論は起きない。つまり、反論や批判を回避しつつ、そのレディネスだけ巧みに利用する。このレディネスはまたキリストを十字架にはりつけにしたユダヤ人のイメージも伴い、ナチズムにとって都合がよい。

かくして、存在の「内」の世界から発する呼びかけと世界の「内」なる存在の「気づかい」とが組み合わされると、能動的な投企よりも受動的な被投企に重心が置かれ、呼びかけに積極的に応じて聴従するという「自発的隷従」の性質が強くなる。[70] 存在は世界の「内」に投げ出されていると同時に自己を世界に向けて投げ出すという被投企的投企は基本的に「内」を志向し、受動的である。ハイデガー自身「ヒューマニズム」についての書簡体の論文で「企投は、本質的に、被投的な企投なのである」と述べている。[71] しかも、その前に「近代的人間は故郷喪失の運命にある」と宣明している。

『「ヒューマニズム」について』は戦後の公刊だが、やはり「ホモ・ウニウス・リブリ」であり、この論法は戦前でも同様であったと言える。即ち、偉大なる哲学者が〝故郷を喪失する近代ではだめであり、我らはこの国に生まれてしまったのだから、指導者（ヒューラー）に従い、その呼びかけに応えてお国のために身を挺さねばならぬ〟というイデオロギーを深遠そうに思える言説で説教したのである。だからこそナチはハイデガーに名利・文化資本を授与した。ナチに入党した教授は他にもいたが、大学総長になれたのは彼であった。ナチは彼が最も役に立つと高く評価したからである。これはハイデガー自身が名利への野心（投企）とヒューラーの呼びかけへの聴従（被投企）という被投企的投企を実践したことを意味する。だが、それは彼のネクロフィリクな知行合一というより、言行不一致の無節操である。何故なら、彼は哲学的言辞で民族主義や戦意を高揚したばかりか、間接的とは言えホロコーストの巨大な流血にまで荷担し、無数の死をもたらしたが、それにも関わらず、巧みに戦争責任を回避し、名利を享受したまま天寿を全うしたからである。三木の「ハイデッガーはニイチェのうちに没した」の意味は深長である（後述）。

（六）三木の慧眼

ハイデガーの存在の特性は、早くも同時代に三木が把握していた。彼は「（ハイデガー）氏は一度フライブルク大学の総長になられ、あの『ドイツ大学の自己主張』にあるやうな思想を述べられたこともあるが、ナチスとの関係が十分うまく行かなかったためか、総長の職は間もなく退いてこの頃では主として芸術哲学の講義をして」いると述べていた。[72] 筆を抑えているが、名利を得たハイデガーがリスクのある政治から距離を置き何食わぬ顔で詩論に移行したことを的確に押さえている。

三木はハイデガーに学んだが、フランスに移り、パスカルを研究し、『パスカルに於ける人間の研究』（岩波書店、一九二六年）を上梓した一方で、ハイデガーに関する研究はまとめていない。三木は短期間で彼の存在の特質を把握し、見限ったと言える。先述したとおり「問の構造」は『存在と時間』に先んじていた。

三木の盟友たる羽仁五郎は「ハイデッガアはその後ナチスの支配の下に節操を失ったが、三木清は日本のファシズムに抵抗して獄死したのである」と剔抉した。[73] 三木が鋭敏に察知したことを、羽仁が明確に総括したのである。従って三木がハイデガーに「師事」したという言説があるが、それは誤りである。

ハイデガーに「節操」がないことは、ナチ敗北の二年後、彼が公刊した『「ヒューマニズム」について』で再確認できる。その「故郷喪失の運命」の項では次のように述べられている。[74]

世界の運命は、詩作のうちで予告されている。（略）故郷喪失が世界の運命となる。それゆえに、この運命を、

> 存在の歴史に即して思索することが必要である。マルクスが、ある本質的でまた重要な意味において、ヘーゲルを継承しながら、人間の疎外として認識した事柄は、その根を辿れば、近代的人間の故郷喪失のうちにまで遡るのである。（略）マルクスは、疎外を経験することによって、歴史の本質的な次元のなかに到達したわけであるから、それゆえに、歴史に関するマルクス主義的な見方は、その他のあらゆる歴史学（historicism）よりも優れているのである。

これは「企投は、本質的に、被投的な企投なのである」（先に引用）と述べた後に続けて「故郷喪失が世界の運命となる――マルクスのこと」へと進めた文章である。

ナチ党員であったが、ナチが敗北し、アウシュヴィッツはじめ残虐な戦争犯罪が次々に明らかにされる状況下で全く反省せずに、かつてナチが徹底的かつ残酷に鎮圧したマルクス主義について述べるところに、彼の人格が端的に現象している。「ホモ・ウニウス・リブリ」の本質は変わらないが、時流に合わせて現象面では豹変している。

それ故、ハイデガーには戦争責任に加えて、戦後の道徳的倫理的な責任も問われる。だが、彼への批判は一部に限られている。ハイデガーはドイツ学術界の代表と位置づけられており、彼の評価を下げることはドイツにとって重大だからである。

次に、三木はハイデガーを見限ったと先述したが、それは十分に理解し、見極めた上の実践であった。これについて、三木の論考に即して証明していく。

三木は「人間は自然の一物でありながらその中にあって自分を異郷人として感じる」との「世界に於ける人間存在の無宿性」の認識に立ち「ハイデッガーの存在論」の本質は「終末観的なもの、換言すれば生の終末としての死からの生の解釈である」と見抜いた。[75] さらに三木は「ハイデッガーの哲学とナチスの政治とは如何にして内面的に結び付き得るか。この問に答えるに困難を感じた人は、あのニイチェを媒介にして考えてみるがよい」と提起し、その「密接な関連」を提示した。[76] これはテオドール・アドルノの「死の弁神論」に共通する認識で、しかも先行していた。[77] その後、アルチュセールもハイデガーをニーチェと関連づけた上で「神父」的側面があると規定した。[78] 即ち、彼らのハイデガー論は三木の慧眼の再確認となっている。

ハイデガーの死へのネクロフィリクな志向性は生存本能に反して通常と逆で、この点で独創的のように見えて関心を惹く機能を果たしているが、それはシニックに意表を突いてたじろがせる逆説のレトリックとも言える。彼の「終末観的なもの」は、旧体制が衰微し、産業革命、資本主義的搾取、帝国主義的収奪による巨大な富の集積で繁栄を謳歌し、欲望を膨張させたが行き詰まり、世紀末の頽廃、不満・不安、暴力革命と世界大戦へ到った趨勢を反映していた。

他方、筆力あるニーチェは謂わば鬼面人を威す／驚かす如き衝撃を社会に及ぼし、マルクス主義が台頭する時代に、それとは異なる位相で変革を起こした。唯物論の無神論をさらに押し進めたのが「神は死んだ」との宣言である。[79] だが、このようにラディカル（過激で根底的）だからこそ、ニーチェは世に容れられなかった。彼が生きながらえてナチ政権の内で存在したならば、しばらく共振するが、その批判精神と自己主張と「力への意志」でナチと衝突し、弾圧されたであろう（歴史に〝もし〟はないとの浅薄な批判は無用）。彼の自己主張は、神は死に、信じられるものは何もないと説きながら、「この人を見よ」[80] と自分自身を信じさせようとしたところに端的に現れている。

他方、ハイデガーはニーチェが発狂に到るまで懸命に格闘して遺した思想的遺産を利用して時流に乗った。「神は死んだ」と公言できるほど教権体制が弱体化したが、それにより得られた自由を恐れて逃走した者たちは、神に代わる偶像（一方でヒトラー、他方でマルクス）を作り出して自発的に隷従し、冷酷な命令を忠実に実行した。繰り返された大粛清とホロコーストは通底し、共振していた。

このような西洋の思潮や時勢を、三木は認識するだけでなく、日本の現状の認識に応用した。その一つが以下の「思想の流行」、「必然的な法則」である。[81]

マールブルク以来私の経験したいはゆる不安の哲学とか不安の文学とかが数年後に日本においても流行するようになった。それが数年後であったということは当然であった。なぜならそれが来るためにはフランスやドイツにおいて見られたように一つの要素、即ちマルキシズムの流行が先ずなければならなかったからである。それが順序である。そう考えてくると、思想の流行というものに何か必然的な法則があるように思われるのである。

具体的に言えば、芥川龍之介が大正期の戦争バブルとデモクラシーから生成したモガ、モボ、マルクス・ボーイたちに軍国主義へと進もうとする徴候を鋭敏に洞察し「漠然とした不安」と書き遺して自死したことを想起させる。[82]三木は慧眼に止まらず、自分が「内」に置かれた世界の現実と常に既に、そして後のために格闘していたのである。

第三節　知行合一

第一項　三木において

三木はハイデガーが求めて祭り上げられる状況について「ハイデッガーと哲学の運命」として論じ、その上で課題を提起した[83]。

ハイデッガーはドイツの国民主義的統一の原理を、血と地と運命とに、凡てパトス的なものに求めるようである。客観的な原理は何も示されていない。ニイチェによれば、ディオニソス的なものは「個別化の原理」を否定し、根源的一者の統一である。……民族は運命共同体として想定され得るだろう。然るに運命とはかの無であり、無の意識に他ならない。ナチスのディオニソス的舞踏は何処に向かって進もうとするのであるか。ロゴスの力を、理性の権利を回復せよ。

ハイデッガーはニイチェのうちに没した。ニイチェの徹底的な理解と、批判と、克服とは、現代哲学にとってひとの想像するよりも遙かに重要な課題である。

これは単なるドイツ批判だけではなく、日本人への問題提起となっている。「ロゴスの力を、理性の権利を回復せよ」という提起は非合理的なイデオロギーに対する実践思想の表明である。「ディオニソス的舞踏」は、思想史的にはヘーゲルが『精神現象学』の最初の序で言及した der bacchantische Taumel を想起させるが、それについては本章第五節第二項における田辺の『哲学通論』を検討する中で論及する。

そして、三木は「ロゴスの力」を「行為の哲学」たる「構想力の論理」として展開する。彼はまた「思索人の如く行動し、行動人の如く思索する」というアンリ・ベルグソンの箴言を引いて、それは「構想力の媒介によって可能である」とも説明している[84]。「構想力」により思索と行動を統合するに止まらず、さらに彼は『構想力の論理』「序」で「人間学からヒューマニズムへ進んだ」と述べてから「行為の哲学」を次のように論じる[85]。

構想力の論理によって私が考へようとするのは行為の哲学である。……制作の論理である。……形は作られたものとして歴史的なものであり、歴史的に変じてゆくものである。かやうな形は単に客観的なものではなく、客観的なものと主観的なものとの統一であり、イデーと実在との、存在と生成との、時間と空間との統一である。構想力の論理は歴史的な形の論理である。尤も行為はものを作ることであるといっても、作ること……が同時に成ること……の意味を有するのでなければ、歴史は考へられない。制作（ポイエシス）が同時に生成（ゲネシス）の意味を有するところに歴史は考へられるのである。

「人間学からヒューマニズムへ進」むことは単に人間を研究するだけでなく、人間が人間として生きられる社会を創るために実践するという知行合一の段階に到ったということである。この「構想力の論理」＝「行為の哲学」を以て主客合一の時空間としての「歴史的なもの」（過現未）において「作ること」が同時に「成る」ことという目的意識的ポイエシスと自然発生的ゲネシスの弁証法を展開する。これは宮原では形成と教育の弁証法とアクション・リサーチになる。

そして、第三章「技術」で三木は「人間はデモーニッシュである。デモーニッシュなものとは無限性の、超越性の性格を帯びた感性的なものである」と指摘した上で、以下のように論じる[86]。

構想力の Zauberkraft（魔力）によつてパトスからイデーは引出されてくる。パトスもロゴスも人間的存在の超越性を示してゐるが、構想力もまたさうでなければならぬ。構想力を單に内在的なものと考へることは間違つてゐる。形はどこまでも超越的なものである。パトスとロゴスとは構想された形において和解するのであるが、この和解は歴史的辯證法的なものである。形そのものがどこまでも辯證法的なものであり、歴史的なものである。歴史は形から形への變化即ちメタモルフォーゼである。

「論理」の考察において非論理的な「デモーニッシュ」、「パトス」、「感性的なもの」まで繰り返し論じられているのは、論理と非論理の止揚によりさらに高い次元へと飛躍することを目指しているからである。ロゴスの力とパトスの力を止揚したのが構想力と言える。

また人間を「デモーニッシュ」と捉えるのは戦争の時代と正対しているからである。これはフロイトのエロスとタナトスに比肩する概念と言える。なお先の「ディオニソス的舞踏」はデモーニッシュな一形態である。

このような意味で、『構想力の論理』の発表は二つの大戦の間だが、三木は決して楽観していなかった。むしろ歴史の暴力的な胎動を洞察し、そのような世界の「内」に存在しつつ、それに抗し、「外」へ突破しようと「構想力」を強めようとしていた。だが、そのために、全体主義と自発的隷従の「内」で彼は獄死した（しかも戦後）。

しかし、これは「構想力」の弱さを意味しない。獄死は「構想力」を考究した三木が無惨な死を恐れないほど強かったことを実証した。それはまた彼は卑怯ではなく「真理の勇気（Der Mut der Wahrheit）」[87]を堅持し得たことを示している。「構想力」と「真理の勇気」に支えられ三木は知行合一を貫いた。

第二項　木村や五十嵐において

三木の獄死の翌年、遠く離れたシンガポールで木村は軍事裁判で戦犯とされ、哲学書に遺稿を書き記し、処刑された。二人の死はソクラテスの死に通底する。三木に関しては「三木清の生と死─聖の遍在（Allgemeine das Heilige）のもと時を生き死ぬ（zeitigen）─」[88]で論じており、本書では木村と彼の生と死を研究し伝えた五十嵐に焦点を定める。

若き学徒兵の木村をソクラテスに比することは過大評価ではない。そもそも生や死に優劣はない。ソクラテスのいう「真の哲学」（先述）を木村は実践したのである。この生と死の知行合一はソクラテスに関する無数の講釈や言説とは全く次元を異にする。

三木や木村の死から半世紀後、五十嵐は「わだつみのこえ」を高校生に伝える途中で絶句し急逝した。そこにも生と死の知行合一が認められる。

三木、木村、五十嵐たちの生と死は日本の思想哲学と実践の水準を如実に示している。これは京都学派の一角と関連している。特に西田や三木は、翻訳、祖述、紹介、評釈ではなく、社会契約、定言命法、アソシエーション、相互主観／主体性には「一即多、多即一」を、また「現存在」には「過現未」を提出するなど、西洋の研究成果を十分に消化し、昇華して独創的に展開し、また「行為的直観」、「行為の哲学」、「構想力」で実践に結びつけた。

ただし、木村が遺稿を書き込んだのは田辺の『哲学通論』であり、若き五十嵐が影響を受けたのは田辺や和辻であった。この点をさらに検討していく。それにより、むしろ西田や三木に即して考えてこそ木村や五十嵐の知行合一の意義が分かることを明らかにする。〝もし木村が三木を読んでいたら〟というのではなく、限界状況に置かれたことにより彼は田辺の哲学を学び、超えたのであり、それは三木の知行合一の次元と等しいことを論証する。

第四節　限界状況における木村の思想形成—田辺の哲学の検討と関連づけて—

木村は死を前にして一九三三年版『哲学通論』を熟読・精読し、その余白に遺稿を書き込んだ。木村の生と死の考察には田辺の哲学の検討が求められる。本書において『哲学通論』一九三三年版は大阪教育大学収蔵の一九五〇年第一七刷に拠る。

第一項　『哲学通論』の基本的構成と弁証法の弁証法

『哲学通論』という書名だが、論じられているのは主に近代西洋哲学である。西田が若干言及されているところなど東洋的な要素もあるが、それも西洋的な脈絡に位置づけられている。明治期に形成された〝哲学は西洋〟という一般的なイメージ（学術的ではない）に乗っている。「哲学」という熟語自体が西周が案出した西洋のphilosophyの訳語であることを考慮しても、普遍性を追究するのであれば東洋をも含む視角が求められる。

西田は仏教（特に禅）を軸にアウグスティヌス神学、新プラトン主義から西洋近代哲学を比較考察し、統合し、独創的な西田哲学を提出した。田辺はそれを身近で承知していたはずである。

次に『哲学通論』の基本的構成について述べる。論述の起点にカントやヘーゲルが位置づけられ、結びも二人である。二二二頁からの図はカントやヘーゲルが基調となっていると読める。これは循環論法ではなく、トートロジー（恒真命題）であるとすれば、カントやヘーゲルが真であることになる。

ただし、田辺は総括的な第三章「哲学の区分」の前の第二章第八節で「弁証法」を論じており、これが内容と分量で大きな位置を占めている。始点と終点がカントやヘーゲルというトートロジーにおける「弁証法」は、二人のそれと見なせるが、当時、言論は厳重に統制され、表現は大幅に制約されていたのであり、これに注意して『哲学通論』も読まねばならない。

ヘーゲルから青年ヘーゲル派／ヘーゲル左派が輩出し、その中にマルクスやエンゲルスがいた。その系譜において弁証法もヘーゲルからマルクスたちに展開したという説は有力である。評価の如何に関わらず、近代西洋哲学を論じるならば、それを無視することはできない。だが治安維持法の下では「マルクス」は極めて敏感な名前とされ、彼に反対しないというだけで容共、即ち非国民のレッテルを貼られた。それ故、マルクスをカントやヘーゲルの間に挟み目立たなくさせるという書き方は可能性として一考に値する。それはカントの「不明瞭」に類似している。

他方『哲学通論』の行間や紙背において彼らへの積極的な評価が示唆されているという読み方もできる。無論、田辺がマルクス主義者であるというのではない。逆に、彼はマルクスの「大体の特色」を「明に」した上で批判し、道徳の意義を論じ、また「観念弁証法」と「唯物弁証法」を「止揚」し、「具体的」な「絶対弁証法」を提起している（二九六〜二〇八頁）。それは対立する二項のいずれも否定し、乗り越えるという弁証法の実践であり、弁証法に弁証法が適用されている。ただし、このように取りあげること自体が評価の高さの現れである。

その上で、西田が「弁証法的自己同一としての行為的直観の世界というものが成立する、即ち人格の世界が成立する。カントの倫理学は行為的直観としての道徳的行為のかかる意義を明にした」と述べ、カントを評価しつつ、「行為」論として発展させたことを取りあげておく[89]。これはカントの実践倫理の独創的な否定と止揚であり、トートロジカルではない。この「弁証法的一般者としての世界」の発表は一九三四年で、『哲学通論』出版の後である。田辺が「弁証法的一般者としての世界」に匹敵する独創性を提出し、『哲学通論』のトートロジーを超えたか否かと言えば、戦後の「懺悔道としての哲学」があり、これについては後で検討する。以上に基づき『哲学通論』についてさらに詳しく考察していく。

第二項　『哲学通論』の論理展開―西田や三木との比較考察―

(二) ヘーゲルとマルクスの止揚

まず「観念弁証法」、「唯物弁証法」、「絶対弁証法」について検討する。彼は「ヘーゲルの哲学は神学」であり、この「神学的傾向を攻撃したマルクスの唯物弁証法が却って哲学の否定に導く傾向」にあると見なし、「観念弁証法」と「唯物弁証法」を「止揚」、「総合」するという「絶対弁証法」を提出する(二二六頁、二二二〜二二三頁)。これはフィヒテやヘーゲルの正・反・合の弁証法のマルクスへの適用であり、マルクスの対象化、批判、否定、止揚である。この「絶対弁証法」は「絶対否定」と密接に関連している(二〇六〜二〇八頁、二二八〜二三〇頁等)。事物は完全ではなく矛盾に満ち、この矛盾を契機(モメント)に世界は運動しており、その運動の認識論・方法論が弁証法であるという観点によれば、正の「絶対」があれば、反の「絶対」があり、その矛盾から合の「絶対」が出来する。その過程では「絶対」が複数になり、「絶対」ではなくなる。これは矛盾であり、従って「絶対」の次元における「弁証法」には「絶対矛盾的自己同一」が必要となる。

そして矛盾の止揚には否定が必要であり、「絶対否定」の意義はここにある。それ故、西田が無限を見据えて内と外、主観と客観の統合を論じつつ「ヘーゲルの弁証法が真の絶対否定の弁証法と考えること」はできず、「ヘーゲルの弁証法も、マルクスの弁証法も真の弁証法ではない」[90]と論じるのである。

それはまたヘーゲルが『精神現象学』で精神の生成展開を論じる中で提出した「絶対知」への批判でもある。ヘーゲルは真理なることとは全体であるとして、意識の自らに関する経験は本質的に精神における全領域(真理〜全体)を内包するが、意識として現象するのはその中の具体的な要素にすぎず、意識が本来の自己に到達してこそ現象と本質が合致し、「絶対知」が得られると主張した。これは具体的個別的現象と抽象的普遍的本質を真理に即して統合した見解であり、定言命法のヘーゲル的な展開と言える。そして、田辺は西田を承けて「絶対知」に対して「絶対否定」を提示したと言えるが、それでは何故、結びにヘーゲルを位置づけるのか？

(二) 神学と哲学の止揚

田辺がヘーゲルの哲学を「神学」と規定することは、理性的原理たる世界精神の弁証法的発展が世界史であると論じるヘーゲル的史観が神の摂理の展開（創造〜原罪〜信仰〜審判〜救済）と相似していることから妥当と言える。

次にマルクスの「唯物弁証法」に関する田辺の捉え方ついて検討を加える。マルクスは、ヘーゲルは弁証法的だが観念論であり、フォイエルバッハの唯物論は弁証法的ではないと批判し、両者を止揚して弁証法的唯物論を提起した。彼は「フォイエルバッハに関するテーゼ」一で人間の実践を〝subjektiv〟に捉えるべきであると論じている。〝subjektiv〟は「主体的」であり「主観的」でもある。即ち、彼は観念を単純に全否定してはいない。だからこそイデオロギー＝観念の集合的現象形態の問題を追究したのである。ただし、彼自身がマルクス主義イデオロギーを創り出し、それに組み込まれて偶像化されたことはアイロニーである。

これらを考慮して田辺の論理を検討する。マルクスはヘーゲル＝テーゼ（正）とフォイエルバッハ＝アンチテーゼ（反）とを止揚して「唯物弁証法」＝ジンテーゼ（合）を導き出したとすれば、田辺の示すヘーゲルとマルクスという二項ではなく、まずヘーゲルとフォイエルバッハを止揚した弁証法を論じ、次にそのジンテーゼ（合）＝マルクスをテーゼに位置づけ、改めてヘーゲルをアンチテーゼに据えて、この二項を止揚する弁証法を論じるべきである。そうではなく、マルクスはヘーゲルとフォイエルバッハを止揚できておらず、ヘーゲルとの関係でよい＝マルクスの努力は無駄であったというのであれば、その論証が必要である。

しかし田辺は、フォイエルバッハがヘーゲルの「宗教的神学的傾向を排して、宗教を人間の自然的願望の理想化的実在化とする人間学的解釈を、神学の代わりに置く人間学的唯物論主張したのであるが、此人間学に於ける主体たる人間が非実践的非社会的なる個人に止まり、具体的なる社会の歴史を理解するに不十分なることを注意して、ついに歴史的唯物論を具体的なる社会の弁証法的構造分析の上に建てた」として、マルクスに「独特なる功績」があると評価した（一九九〜二〇〇頁）。従って前者でなければならない。また「人間学に於ける主体たる人間が非実践的非社会的なる個人に止ま」るとの規定はマルクス主義的な批判と相似しており、これも田辺がマルクス主義を肯定的に評価していることを示している。だが、その肯定は、ヘーゲルとフォイエルバッハを止揚したマルクスを改めてヘーゲルと対立させるという回帰において、即ち、カントやヘーゲルから初めて二人で終えるというトートロジーの中で、マルクスは注目すべきという程度の評価である。

次に、田辺がヘーゲル批判で言及する「神学」について検討する。この文脈で田辺は「神学」にも批判的だが、宗教は批判していない。むしろ後に続く論述では肯定的である。このような論理展開においてフォイエルバッハはヘーゲルほど高く評価する必要がないとすれば、彼を弁証法の歴史的発展から除外してもよいとなる。しかし、その場合、観念論と唯物論の二項関係になり、それは既に若き三木が「史的観念論」と史的唯物論の止揚による哲学的人間学の発展に取り組んでいた。[91] ところが、この先行研究を田辺は取りあげていない。

他方、哲学の「神学」化を批判するのであれば、「神学」の何が問題かを示さねばならない。しかし、これは為されていない。そのため神学と哲学の関係について次に補っておく。

（三）神学と哲学に関する補論――「人格」を切口に――

神学に対する哲学の提起は、ヘーゲル以前に既にカントが行っており、ヘーゲルを哲学に位置づけるのであれば、テーゼ＝神学に対するアンチテーゼ＝哲学の中にヘーゲルを含め、ジンテーゼを導き出すことが求められる。しかし、田辺はヘーゲルを神学に位置づけており、それでは発展ではなく退行となり、従って弁証法と見なすこともできない。ヘーゲルはカントから退行し、彼の哲学はまだ神学的であると捉えるのであれば、カントの考察に基づく神学と哲学のジンテーゼとヘーゲルとの比較考察が求められる。その結果、ジンテーゼには到達していないとなれば、やはり弁証法的な発展とは言えない。しかも、田辺はカントとヘーゲルを同列に論じており、カントもまた神学から脱却し得ていないことになる。

そもそも、田辺はカントが哲学を以て神学に挑戦したことまで論じていない。「通論」であるため、詳論の必要はないが、要点は述べておくべきである。特に鍵概念の「Person（人格）」についての説明は重要かつ必要である。これはラテン語のペルソナ（persona）に由来し、キリスト教スコラ神学では三位一体論に関わり、神は父・子・聖霊という三つの役割を果たすという意味が内包される。「面」と関連づけ「しかるに」と表面的に論じてすませられるものではない。

次に「人格性（Persoenlichkeit; Personalitaet）」について述べる。「創世記」一章二七節で「神は御自分にかたどって人を創造された」（新共同訳）と記され、さらにイエス・キリストは「神のひとり子」であり、かつ受肉し「人の子」なったことから、神には「人格性」があると措定される。この神学的な「人格性」には神が主で人間は従であるという意味が内包されている。ここから、人間は神を経験するのではなく、逆に経験の基礎であるとされる。神が主であり、人間のあらゆる経験に先立つからである。

これに対して、カントは人間を主体にすると意味を転換させて「人格性」を提起した。これには、人間が他者の手段ではなく「目的自体」として「尊厳」を有する存在であることが内包されており、人権思想に通じる。このように同じ用語で意味を逆転させていることは、教権体制下では賢明な戦略と言えるが、説明が「不明瞭」のため「難解」になっている。transzendentalも、神学的な経験に先立つことを人間を主に据え直して使いながら、それを明瞭に論じていない。神学との違いを明確にすれば、その訳語は「先験的」でもよいと言える。「超越的」では神学との対比・対決が後景に退けられるからである。

それでもこれらは教養があれば読み取れる。だからこそ前近代から近代への啓蒙思想と革命、特にルソーやフランス革命では、神を主に据えたスコラ神学から人間を主題とする哲学への発展においてカントが評価されたのである。この発展は精神史の一過程であり、主眼を神から人間へと移すことは、それ以前、ルネサンスでなされており、それは啓蒙思想の心理歴史的なレディネスとなっていた。それとともにスコラ神学からスコラ哲学が生成した。トマス・ア・ケンピスの『キリストに倣いて』は主なる神への信仰を説く中で、神を人間の人格形成の模範とすることで人間の自覚的努力（修養・学習）を意識化させた。[92] そして、ホッブズ、ロック、ライプニッツたちを経て、デカルトは『方法序説』で「われ考う、故にわれ在り（je pense, donc je suis）」と提起した。人間は神が存在させたのではなく、考えずに神を信じるのでもなく、自分で考えることで存在すると論じられた。

このような精神史を通して、人格を人間性や人徳として人間中心的（ヒューマニスティク）に捉えるようになったのである。そして、カントは「不明瞭」ながら人格の概念を転換させ、ヘーゲルは世界精神として世界の発展を人間に即して論じた。それは神の創造から最後の審判までのキリスト教的歴史観に対する異論であった。

確かにカント哲学は観念論と見なされるが、論証の方法が観念的であるものの、経験に先立つ＝先験的な「物自体」を前提にすることは、キリスト教や神学における「神」の絶対化への挑戦であり、しかも「物自体」は語義的に唯物論的でもある。即ち、カント哲学と神学の関係は先験的な本源において唯物論的な「物自体」と主なる神という対比となる。従って、カント、ヘーゲル、マルクスと単純に観念論・唯物論と色分けできるものではない。

この点で、最優秀の数学者物理学者のパスカルがキリスト教信仰（特に愛）の意義を論じたことは重要である。これは、合理主義か非合理主義かというのではなく、絶対に矛盾する両者の止揚、超越として認識すべきである。

（四）二項対立の無限の下降―弁証法の図式―

田辺は二項対立を止揚する弁証法が無限に続くことを『哲学通論』二二二～二二四頁で図式化している。図式が三つ続けられた後に「……」となり、無限に続くことが示唆されている。

弁証法ならば発展であり、発展ならば視覚的には上昇だが、いずれの図式も矢印は下向きである。ヘラクレイトスの「上り坂と下り坂は一つの同じものである」に習えば、下向きでも上向きを表すと言えるが、田辺はそこまで論じていない。

また、直線ではなく、スパイラルの曲線の方がダイナミックに運動を表現できるが、田辺は直線しか用いていない。ここで西田に注目すると、彼は「弁証法的一般者としての世界」で無限を繰り返し論じ、その脈絡で「円環」を取りあげ、さらに「直線的なるものは円環的でなければならない」(93)と「直線」と「円環」の止揚を提起した。また、限界のないということを限界にせず、それをも超える「無底の底」を追究した(94)。これはパスカルの「無限に無限(infiniment plus infinie)」の西田的な展開・表現であると言える（『パンセ』断章七九三参照）。そこにはヘーゲルやマルクスの発展史観を超える発展と非発展の止揚が内包されている。

（五）非合理性への言及

田辺は宗教だけでなく、非合理性についても関心を向けている。例えばヘーゲルの『精神現象学』序の「真実なるものは全体である」を取りあげ、「その全体に亙る運動をバックスの祭の狂酔に比したのも周知の通りである」と述べている（一七七頁）。これは『精神現象学』の最初の序に書かれており、原文は Das Wahre ist das Ganze、Das Wahre ist so der bacchantische Taumel である。(95) なお「バックス」はローマ神話の酒神で、バッカス、バッコスとも表記され、ギリシャ神話のディオニュソス、ディオニソスに相当する。

しかし、田辺は言及しただけで、それ以上は論じていない。それ故、論を補っておく。序で酒神の狂宴が書かれたことは、『精神現象学』の結びがシラーの詩句「この精神の王国の酒杯から／精神の無限の力が沸き立つのだ」(96) であることから、ヘーゲル哲学の主調／主張の一つと言える。

そしてシラーはカント哲学にも関連していた（なおハイデガーはヘルダーリン）。だが、バッカスの祭儀の熱狂（der bacchantische Taumel）によるデモーニッシュな全体化は、カントの「戦場（Kampfplatz）」に優るとも劣らぬほど危険である。だからこそヘーゲルはドイツ観念論哲学特有の「不明瞭」な表現で長文を書き連ねたと言える。そのためカントもヘーゲルもマルクスのように亡命にまで追い込まれなかった。換言すれば、マルクスはカントやヘーゲルのこの側面を展開し、明瞭に暴力革命を論じた。しかも浪漫主義も加味して煽動的に活動した。カントやヘーゲルと異なる運命を辿った所以である。

これを考えると、田辺が言及だけに止めたことは、カントやヘーゲルと同様に賢明であったと言える。それはまた「真理の勇気」を以て「デモーニッシュ」や「パトス」を繰り返し論じる中で、「ナチスのディオニソス的舞踏」を指摘した三木との違いとなった。

（六）道徳の位置づけ

革命や祝祭が暴走しないためには道徳が重要となる。この点で、田辺が議論を弁証法から道徳へと進ませて「通論」を結ぶことは意義がある。だが、それはカント的な段階から進んでいないことでもある。

他方、西田は道徳をも否定する。まさに「絶対否定」を道徳にも実践する。西田は、同じ用語で意味を変えるというカントの「不明瞭」で曖昧な論法とは異なり、「弁証法的一般者」を次のように明快に結ぶ(97)。

現実が現実自身を限定するという時、現実の世界を単に知覚的物の世界と考えるならば、歴史は無意義なる闘争と考えるの外ないであろう。併し時は永遠の今の自己限定として成立するという如く、現実が現実自身を限定する世界を絶対否定の肯定として絶対弁証法的世界の自己限定と考へるならば、自己自身を限定する現実の世界の底に、我々は行為的直観を越えて、無限なる表現に対すると考えなければならぬ。それは唯何処までも我々の行為的直観を越えるもの、行為的直観によつて達することのできないものと云うだけでなく、行為的直観を否定する意味を有ったものでなければならない、道徳をも否定する意味を有つたものでなければならない。それがキリスト教徒の所謂神の言葉と考えられるものである。それは聞くべくして見るべからざるものである。絶対の彼方にあるものである。キリスト教はキリストの事実によって之を信じ、大乗仏教は絶対否定によって之を自証する。大乗仏教の旨とする所は我々の自己の底に深い自己矛盾の不安を知ることによって、絶対の否定を通じて絶対の肯定に到ることでなければならない。

西田と田辺では観点や論理の深さ、重さ、鋭さで格段の差がある。道徳の「否定」から宗教を論じ得るのは「善の研究」[98]を基盤として、その発展に努めているからである。それは全否定ではなく、止揚のための否定である。しかも、これを無限の視角から「行為的直観」[99]という実践的概念に関連づけている。この思想的力量は現在においても弱まっていない。

（七）フッサールの止揚の試み

田辺は、ノエシス、ノエマ、志向性について述べ、フッサールの「立場は斯かる絶対反省に達するものでなく、其所謂現象学的反省は飽くまで個人意識の自我極を中心とする立場に止まる」と批判する（一四九頁）。しかし、これは却ってノエシス・ノエマの相関性の理解不足を表している（鴎外のいう「猫に小判」。全集二六巻、岩波書店、一九七三年、四三三頁）。

この批判はヴィルヘルム・ディルタイの「生哲学的方法」の評価と関連している（一六〇頁）。即ち、田辺の理解不足はフッサールとディルタイの差によると言える。田辺はディルタイは理解できたが、フッサールまでは理解し得なかったのである。

フッサール、ディルタイ、そしてハイデガーの系譜は生の世界、生の哲学、「死からの生の解釈」（三木の見解で先述）と捉えることができる。これに即してフッサールの現象学について改めて確認する。彼はマルクスの後に現象し、彼の現象学はマルクス主義への異論となった。マルクスをテーゼとすれば、フッサールはアンチテーゼとなる。

マルクスが対象への主体的能動的な実践（praxis）を強調したことに対して、フッサールは意識が対象を志向して発動する思考作用「ノエシス」と意識に志向され思考された対象「ノエマ」との相関性を明らかにした。意識は、対象を捉えると同時に対象に規定される。これは同時代のソシュールではシニフィアンとシニフィエの言語的相関性とアナロジカルであった。それらは存在が意識を規定するというマルクス的な認識論のアンチテーゼであった。

他方、西田はノエシス・ノエマの相関性を踏まえて「内的時間と外的時間、内的空間と外的空間」を論じる。[100] それは単なる紹介・講釈ではなく、応用と展開となっている。それが結晶化されたのが「過現未」や「永遠の今」である。ところが、田辺はマルクスを論じる中で「分裂転換期（所謂危機（クリージス））」が「齎さ」れると述べるに止まっている（二一三頁）。フッサールの水準に到達できたならば危機を「内的時間と外的時間」と「内的空間」を分別し、かつ統合する視座から「危機」が「齎さ」れるだけでなく、それはまた「転換」を「齎」し得る相関的で弁証法的な議論を展開できたであろう。

以上からマルクスの止揚にはフッサールが位置づけられる。これにより二項対立の図式を超え、マルクスとヘーゲル、マルクスとフッサール、ヘーゲルとフッサールという三項の相互矛盾と止揚を考察しなければならないことが分かる。

さらに、これを展開すれば、多項関係の相互矛盾とその交錯における止揚が課題となる。そのためには無限が鍵概念となる。

（八）ハイデガーの止揚の試み

田辺はハイデガーを「自覚的存在論（解釈学的存在論）」と捉える（一六〇～一七〇頁、以下同様）。彼は『存在と時間』を引いて「ハイデッガーは存在の基礎的構造を時間性に認め」るというが、このような時間に偏した解釈は、和辻の『風土』と同様に、時間と空間を統合した時空間論の認識不足である（やはり鴎外の「猫に小判」）。田辺は「世界内存在 In-der-Welt-Sein」という空間的な鍵概念に言及しながら「基礎的構造を時間性に認め」るという齟齬が自覚できていない。「世界―内―存在」は「現存在」と並ぶ鍵概念である。田辺自身一六六頁で「時間と世界とを超越」と書いている。「基礎的構造を時間性に認め」るのであれば〝時間と空間で構成されながらも前者を基礎とする世界を超越〟とすべきである。二二〇頁でも時間論が主であることから、やはり田辺は時空間論の理解が不十分であると再確認できる。

また、二二一頁で田辺はハイデガーの「被投性」（彼の表記、本書では「被投企」）に対して、「自由企画性」を提示しているが、既述のとおりハイデガーは投企／被投企と両者を組み合わせた上で「被投企」を基本に据えており、ここでも理解不足が現れている。論述もハイデガーの紹介と「自由企画性」を軸にした自説を「ところで」により接続させるだけに止まっており、論理の進め方としても弱い。

死に関しては、ハイデガーは「死を予想しながら之を自主的に覚悟」し、「死を超越」すると紹介した上で、「生の具体的地盤から遊離した単語の解釈に抽象化形式化せられた」と批判する（一六五〜一六八頁）。確かにハイデガーは生の世界や生の哲学に対して死を提出した。ただし「生の具体的地盤から遊離」したのではなく、ナチズムとナチ党という巨大な死をもたらした具体的なイデオロギーや政治の「内」に生きて大学総長の地位やドイツを代表する哲学者という名利を獲得した。しかも人には死の覚悟を説きながら、自分は指導する女学生と生の欲望を充足していた。それはタナトスとエロスのハイデガー的現象形態と言える。このようなハイデガーの生と死の現実を田辺は捉えきれていない。

第三項　京都学派のポテンシャリティ

（一）京都学派における西田や三木の位置づけ

田辺と西田や三木との比較考察は京都学派のポテンシャリティ（潜在力）の評価に関わる。それは京都学派のどこを評価すべきかという問題でもある。私は所謂「京都学派四天王（高坂正顕、西谷啓治、高山岩男、鈴木成高）」や和辻[101]よりも、西田や三木たちにあると認識する。三木は『現代哲学事典』（一九三六年、日本評論社）、新版（一九四一年）を編集したとおり、哲学思想界の代表的存在となっていた（翌年発禁、戦後一九四七年に第二版）。「京都学派四天王」という前近代的な呼称を当人たちも認めていたこと自体、彼らのレベルが現れている。彼らが明確に拒んだことは伝えられていない。そして、和辻や「四天王」に京都帝国大学という文化資本のポストが配分された作業に田辺は関わっていた。

その評価について、加藤周一の「京都の哲学者の一派」への批判は参考になる[102]。

戦争中の「国民精神総動員」、つまり、戦争を正当化するために天皇を祭りあげると同時に日本文化を祭りあげるという仕事をひきうけたのは、主に京都の哲学者の一派と日本浪漫派の一派であった。そこで西洋の哲学によって訓練された方法を使って哲学者たちは、天皇制を「近代化」したのである。国学者流のみそぎだけでは、近代的な戦争イデオロギーとしては役に立たない。いわゆる「超国家主義」そのものが舶来の道具で組み立てられる他はなかった。

「哲学者の一派」という表記で明瞭ではないが「超国家主義」と組み合わせることで「四天王」とその追随である

と読み取れる。また「一派」は「哲学者」と「浪漫派」のそれぞれに存在したと加藤は述べているが、両者は相互に共振し、浸透しあっていた。

ただし「国民精神総動員」は大政翼賛会、近衛文麿の新体制、その中の三木にも関わる。この点を加藤は十分に認識しておらず、彼の限界と言える。彼は知識人としてシニックに批判するが、現実と格闘する者はそれではすまない。言論と知行合一の違いである。これは彼の乃木希典の捉え方にも関わる（後述）。

ここで三木について述べると、彼は戸坂潤、中井正一とともに京都学派の「左派」に位置づけられるが、三人はそれぞれ独創的であった。その先駆に近衛を位置づけることは重要である。それは三木が近衛新体制で重要な役割を果たしたことにも関連する。

その上で、彼らの意義について考えると、三木が波多野精一の講座を嗣ぎ「毅然として京都大学の中に学問を守って立ちとどまっていたと想像する時、戸坂（潤）もまたその運命をかえていたかもしれない」という中井の捉え方は重要である。(103) さらに中井は、三木が「西田哲学でも田辺哲学でも描いてみせなかった」「新たな個の真実」を、自ら「真に歯がみし、生きることが死ぬことである、真の『形』においてあらわした」と総括している。三木は独創的な哲学を構築しつつ死生一如の次元で知行合一を貫いたのである。このような三木が近衛新体制の「内」に存在していたことは看過できない。

（二）世界史と時空間―具体と抽象の弁証法―

「四天王」はそれぞれ歴史を論じ、「世界史の哲学」や「近代の超克」を提唱し、それが超国家主義や軍国主義の思想的イデオロギー的な正当化として機能した。このため戦後「四天王」は多かれ少なかれ戦争責任を問われた。

西田についても戦争責任が議論されているが、それは彼が「行為的直観」を以て現実と正対したからである。彼と「四天王」とは分別しなければならない。

特に一九四三年の「世界新秩序の原理」や「大東亜共同宣言」への関与が問われるが、確かに原稿を書いたものの、それは実際に発表された声明と大きく異なっていた。その基本は戦争協力というより、戦争の意味の転換のためとして捉えるべきである。(104)

当時、日本に軍国主義があるだけでなく、中国には内戦・混乱があり、西洋列強には帝国主義があった。そのような世界の「内」に存在して、彼は哲学者として最善・次善に努めた。西田は書き、東條英機（或いは側近）は参考にして書き直した。それぞれ歴史の必然、世界の呼びかけに応じて自分の為すべき使命を果たした。なお、三木にも戦争責任が議論されているが、この点は後で詳論する。

次に認識に即して比較すると、やはり西田や三木の世界史認識は「四天王」の「世界史の哲学」とは次元が異なる。世界史は抽象的な時空間の具体的現象形態であり、西田や三木はそれよりも基本的な時空間の認識に立ち世界史を論じていた。

近世、ゴットフリート・ライプニッツは「現在は未来を孕みかつ過去を担っている」と時間を認識していた。(105)そして西田は「真の現実といふものは、いつでも過現未を包む立場に立つものでなければならぬ」、「永遠の今の自己限定」という認識で現在と永遠を統合した。(106)三木はそれを承けて「現在は過去を含み未来を孕む」、「瞬間はまた永遠の意味を担う」と論じた。(107)

この現実における瞬間と永遠の統合的認識は個別と普遍の統合的認識の時空間への適用である。そして、時空間の抽象的な認識から翻って具体的な世界史の認識に向かい、また転じることを通して認識を深めていく。それは時空間の弁証法である。

この時空間の弁証法に立脚した世界史認識から戦争責任を引き出そうとすることは重箱の隅をつつく如きレベルの所行であり、「燕雀いずくんぞ鴻鵠の志を知らんや」（陳勝）を想わされる。それでもなお行うならば（西田や三木も完全ではない）、「四天王」、和辻、田辺との比較が求められる。

第四項　田辺の戦後における「懺悔」

田辺と「四天王」の違いは、田辺がそれほど戦争責任を追及されなくとも反省し「懺悔道としての哲学」を論じたことにある。この内容について検討を加えていく。

田辺は「懺悔道―Metanoetik―」五節で親鸞を取りあげており、三木も絶筆の一つが「親鸞」であった（全集第一八巻所収）。

田辺は親鸞、仏教と西洋哲学（特にカント）を比較考察し[108]、さらに七節でカントやヘーゲルへの弁証法を述べており、これは『哲学通論』と同様である。その上で、弁証法の鍵概念の「止揚」には「否定」、「破壊」が含まれるが、仏教には「否定」は含まれないと論じ、この点は異なる。ところが、三木の未完の遺稿「親鸞」が早くも一九四六年一月創刊の『展望』に掲載されていたにも関わらず[109]、田辺はそれに言及しない。『懺悔道としての哲学』の出版は一九四六年四月（岩波書店）であり、三木の遺稿は哲学を含む関係者の間では発表前から話題になっていた。それ以前、民主化を求めたポツダム宣言受諾後の獄死が報道されて以来、三木は時の人ならぬ〝時の死人〟になっていた。このような存在の遺稿「親鸞」を田辺が知らなかったとしたら、学者としての水準が問われる。知っていながら言及しなかったらとしたら、彼の「懺悔」とは何か、また何故しなかったのかと問わざるを得ない。

さらに『田辺元哲学選』（Ⅰ種の論理、Ⅱ懺悔道としての哲学、Ⅲ哲学の根本問題―数理の歴史主義展開、Ⅳ死の哲学、岩波文庫、二〇一〇年）のどの索引にも「三木」はない。哲学者の獄死は「死の哲学」にとって極めて重要な主題であるにも関わらず、田辺は論じない。

これ程の関連性がありながら、しかも京都大学で身近であったにも関わらず、三木に言及しないのは何故か？ただし、久野収は、三木の時評に関して田辺が「民間で苦斗する知性でなければ書くことが出来ない批評精神のモデルだとして激賞したのをおぼえている」と書いている。[110] 久野ほどの知性が「おぼえている」と表現したのは、文書ではなく口頭であったと言える（文献なら注記する）。田辺は、文字に残らなければ、このように高い評価を表したこともあったのである。

これらに加えて、三木が「京都大学の中に学問を守って立ちとどまっていた」ならばという中井の指摘も重要である（先述）。それが中井に限らないことは前掲「三木清の生と死―聖の遍在（Allgemeine das Heilige）のもと時を生き死ぬ（zeitigen）―」で論じた。

以上から田辺は三木の「親鸞」を知っていても言及できなかったと判断せざるを得ない。

次に田辺の論述に即して検討を進める。彼は一九四四年十月二一日の講演原稿で「実践的に勇気の無い事を痛感せざるを得ない」と述べた。[111] 他方、三木は「真理の勇気」を繰り返していた（先述）。これを知らずに、田辺は「勇気」という言葉を使ったのであろうか？　また三木は「懺悔は語られざる哲学である」と述べたが（「語られざる哲学」三頁）、田辺は講演し、著述を公刊した。田辺は不勉強であったのか、或いは三木を避けたのか？　後者であれば「勇気の無い事」は戦前だけでなく、戦後も問われる。三木が波多野の後任に選ばれなかったことは、田辺にとって「痛感」以上のトラウマであり、戦争に関しては「懺悔」できるが、三木に関しては「懺悔」さえできないのではないか？　それでは中途半端ではないか？　「懺悔」にさえ自己弁護が内包されているのではないか？

そして、これを世界史的な観点で考えるならば、「四天王」が反省せずにそれぞれの文化資本で再び活躍する一方で田辺は「懺悔」したことは、各々の役割を演じたことになり、その結果〝死人に口なし〟の三木は後景に押しやられ、彼の思想的実践的な意義が糊塗されるという点も軽視できない。彼らが意図していたか否かに関わらず、実質的にその機能を果たしており、これはまた、彼ら、そして彼らを御用学者として利用する者たち、それらに群がる者たちにとって好都合であった。しかも、田辺は一九四九年になると『哲学入門』（筑摩書房）七一頁で「罪を赦す」ことを説いた。やはり彼の「懺悔」について問わざるを得ない。

第五項　木村の「わだつみのこえ」の分析

（一）「Marx の下部構造と上部構造」と「絶対否定的自己同一、弁証法的世界」の書き込みの意味

田辺の『哲学通論』に、木村は遺稿を書き込んだ。しかし、このことは木村が三木たちの思想や実践を全く学ばなかったことにはならない。木村は『哲学通論』を借りたのであり、それを一例とする人間関係が木村の周囲には形成されていたと考えることができる。その中で木村が京都学派のポテンシャリティを修得し、自分自身の運命に引きつけて思索を深めていたという可能性は否定できない。

その鍵が一九六頁に書き込まれた「Marx の下部構造と上部構造」（以下「Marx」と略）と二〇七頁の「絶対否定的自己同一、弁証法的世界」の書き込みである[112]。これら二つの書き込みは木村と筆跡が違うが[113]、それはむしろ前述の人間関係の意味を示している。

さらに重要なのは、「Marx」や「絶対否定的自己同一、弁証法的世界」とともに、遺族、塩尻、編集者たちがその

公開を控え、中谷も「筆跡」が違うという理由で「削除」し、ただ「メモ」しか表記していないことである。何故なら「Marx」や「絶対否定的自己同一、弁証法的世界」の内容は「メモ」ですませられるようなものではないからである。しかも、木村の遺書・遺稿の公開をめぐり論争が起きたにも関わらず、こうである。却ってその理由を考えざるを得ない（公開は管見ながら有田のサイトだけ）。

二つの書き込みが平凡な内容であれば問題にしなくともよいが、そうではない。特に「Marx」は思想、イデオロギー、政治などに鋭く関わる敏感な人物である。

しかも、これが書き込まれた『哲学通論』は軍国主義の軍隊内にあった。そこではプライバシーはほとんどなく所持品検査や思想調査が容易になされる。「Marx」に続いて「下部構造と上部構造」まで書かれており、書き入れた者がマルクス主義を理解していることが分かる。「Marx」にはこれ程の意味が込められているのである。

次に、この書き込みと『哲学通論』の内容との関連について考える。田辺は一七七頁に「バックスの祭の狂酔」を述べてから間をあけて二一三頁で「歴史の分裂転換期（所謂危機（クリージス））が旧き精神的観念的統一に包み切れざる物質的契機の発展進行によって齎さることは否定し得ざるところである」と論じている。二重否定で回りくどい表現だが、「分裂転換」＝「危機」が観念に「包み切れ」ない物質的契機により「発展進行」するという論旨は史的唯物論に相似している。これとバッカス的な熱狂とを組み合わせればヘーゲル・マルクス的な革命が浮かび上がる。即ち「勇気」がなくて明示しなかったが、田辺は革命論も『哲学通論』に内包させていたと解釈できる（少なくとも読み取れる）。これはまた二つの中間の一九六頁に書き込まれた「Marx」という書き込みが的確であったことを示している。

無論、田辺が革命を主張しているというのではない。学者としてマルクス主義の紹介の中に目立たぬように内包させたと捉えるべきである。むしろ、田辺は「Marx」と書き込まれた頁からさらに論述を続け、マルクスを批判し、その弁証法を止揚すべく「絶対弁証法」を論じている。そして、この余白には「絶対否定的自己同一、弁証法的世界」と書き込まれている。

即ち、田辺も、書き込んだ者もマルクスを理解し、弁証法的に否定し、発展させて＝止揚しており、単純に捨て去っているのではない。この否定は高次に発展のために活かす＝肯定することである（否定と肯定の統合）。そして、この書き込みのある『哲学通論』を熟読した木村も同様であったと捉えられる。

このように評価できるのは「絶対否定的自己同一、弁証法的世界」は西田の「絶対矛盾的自己同一」や「弁証法的一般者としての世界」に通じるからである。即ち、書き込んだ者も木村も、カント、ヘーゲル、マルクスたちを絶対化せず、彼らに「絶対矛盾」、「絶対否定」、「絶対弁証法」を適用させたと言える。

その上で「Marx」と「絶対否定的自己同一、弁証法的世界」という連関に着目すると、西田哲学を発展させるべく人間学をマルクスのラディカル（根源的で過激）な批判を通して考究した三木を想起させられる。これも当時の学術界や論壇で話題になったので、『哲学通論』を読む程の者なら知っていて当然である。

ただし、三木はマルクス主義者となったのではなく、研究の一段階にマルクスを位置づけただけである。彼は『ドイツ・イデオロギー』を翻訳したようにマルクスやエンゲルスの思想を摂取・活用したが、それを超えていた。また、一九四一年八月に出版された三木の『人生論ノート』（前掲）も広く読まれ、この最初の項は「死について」であった。如何に生きるかと苦悩・苦闘していた木村がこれを読んだ可能性は十分にある。しかも、三木は出陣する学徒兵に向けて、次のように「答」えていた(114)。

死生は一だ、というのは真理である。だがこれを弁証法的に理解したからとて、死ねるものではない。死ぬということは知識の問題ではなく信念の問題であると言われる。しからばどうして信じることができるのか。我々は伝統において信じるのである。

木村がこれを読んだ可能性は『人生論ノート』程ではないが、排除はできない。内容を知り得た可能性はそれ以上である。現代のような高度情報社会ではないが、学徒は極めて少数で、その口コミは極めて濃密であった。コピーはなくとも、口伝えで要点は伝わり、その方が効果的とも言える。

「死と教養について—出陣する或る学徒に答う—」において、三木は傍観者的でも高踏的でもなく、学徒兵の立場に即して考え、書いている（前掲「死について」では己の信条も吐露）。彼は逃れようのない全体主義において決死の覚悟で「出陣」する学徒兵の心情を思いやり、その基盤たる「伝統」を喚起する。

そして、彼は親鸞の『歎異抄』第二条「念仏は、まことに浄土にうまるるたねにてやはんべるらん、また、地獄におつべき業にてやはんべるらん。総じてもって存知せざるなり。たとい、法然聖人にすかされまいらせて、念仏して地獄におちたりとも、さらに後悔すべからずそうろう」を引用する。「死生は一」どころか、浄土であろうが地獄であろうが、たとえ騙されようが、「後悔」しないのが「信念」ということである。これは救済の否定であり、西田が「弁証法的一般者」で論じた道徳の「否定」をさらに進めている。まことにデモーニッシュである。当時の五十嵐（念仏信仰の篤かった母に育てられた青年）がこれを読んだらどうであったろうかと思わされるが、この考察は控え、論点を戻す。

さらに三木は武士の切腹に言及し「人間は伝統の中に死に、そして伝統の中に生きる」のであり、「今日、多くの日本人が戦場に出て」、「死を恐れない」のは、「決して、西洋人が言うように本能によるのではな」く、「靖国の伝統を信じ、この伝統の中に生き、この伝統の中に死ぬることができる」からであると述べる。

この「死と教養について―出陣する或る学徒に答う―」が発表された一九四一年一一月の前に、和辻哲郎と古川哲史は『葉隠』を校訂して岩波文庫から出版し（一九四〇年四月～四一年九月）、その間の四一年一月八日に陸軍大臣東條大将は「生きて虜囚の辱を受けず」で知られる「戦陣訓」を示達し、その後、日本は対米英開戦に突入した。このような動勢に三木は追随しているように見えるが、そうではない。まして所謂「転向」でもない（暴力的に強いた不本意な「転向」で問われべきは加害者であり、被害者ではない）。何故なら、軍国主義体制の下で彼は獄死したからである。彼は軍国主義にとって許されない者であった。「勇気」をもって抵抗したのであった。獄死し、発言できない三木に対して、平和になった時にのこのこ出てきて「批判」するのは臆病者の卑怯な後知恵に他ならない。

三木の論理展開に即してさらに考察を深める。そもそも安直で中途半端な批判は反感や憤激を買うばかりである。三木は伝統と現状を述べて一般読者との共通基盤を確保して、次いで英国（敵国となる）のベーコンの「知は力なり」を引き、「知識は一つの重要な戦力」であると論を展開し、それを「単に直接に軍事に関係する知識のみではなく、あらゆる種類の教養、軍事に極めて縁遠く見える教養にしても、戦力であることができる。文武一如と考えた昔の武士はこのことを理解したのであって、文を徒に武化すること、単に実用化することを考えたのではない」と繋げる。論前に「知識の問題ではなく信念の問題である」と言いながら「知識」の意義や実用性を説くのは矛盾ではない。論理の展開であり、両方の統合・止揚である。ロゴスの力とパトスの力の弁証法と言えるが、外来語（敵性語に近似）を使うのを控えており、不必要な非難や反感を避ける配慮がうかがえる。

そして三木は「元気で出掛け給え」と結ぶ。これを戦意高揚と見なすのは浅薄である。学徒兵にとって「出陣」の他に選択の余地はなかった。拒めば自分が弾圧されるだけでなく、家族にまで有形無形の禍が及んだ。たとえ当局が動かなくとも、無言の圧力を加える「村八分」の伝統は強力である（現在でも子供の「いじめ」に無視・しかとがある）。たとえ苦悩と苦難しか考えられないとしても、なお積極的に前向きに生きることは彼の権利であり、三木の励ましは、そのためである。これはパスカルの悲惨と偉大の弁証法を修得した三木が人間学とヒューマニズムを以て学徒兵に向けて送ったメッセージと言える。

以上から、木村の遺書・遺稿を理解するためには、田辺に止まらず、西田や三木のレベルへと高まる必要があることが分かる。言い換えれば、「笑って死んで行ける」と書けた木村は「過現未の立場」や「永遠の今」の認識に到達していた。悠久の人類文明史の中に自分自身を位置づけることができたのである。そのような勇気は事実で、真実であり、木村は「勇気の無い」田辺の哲学を超越した。木村が『哲学通論』を「充分理解することが出来る」と書いたのは、この意味であったと認識できる。

また同時に、木村は田辺の哲学書を軽視しなかった。超越したが、精魂を込めて書き込んだとおり十分に尊重した。超越と尊重を併せ持つ老成とも言える程の境地に彼は到達していた。

(二) 余白に書き込めたことと遺族に届けられたことの意味

木村陸軍上等兵が余白に書き込んだ『哲学通論』は小池海軍大尉から「借りた」ものである。[115] 木村は召喚・投獄の一年前にも借りており、これは少なくとも二度目であった。さらに、木村は傍線を「ほとんどの行」に引き、余白に長い遺稿を書き綴った。そして、この『哲学通論』が遺品として遺族に届けられた。これらから、小池大尉は『哲学通論』を木村上等兵に譲ったと考えられる。返されなかった小池は問題にしていない。

ところが、木村上等兵は小池大尉に謝辞を述べず、むしろ『哲学通論』の扉で「死の数日前偶然に此の書を手に入れた」と記した。また七一頁でも「私が此の書を死の数日前計らずも入手するを得た。偶然に之を入手した私は、死迄にもう一度之を読んで死にたいと考へた」とも書き込んだ。中谷によれば、木村は『哲学通論』を一九四六年四月一三日に読了し（第一回目）、そして四月二二日に「三回目の読書に取り掛か」った。[116]

それでは、木村は非常識で礼儀を失し、虚偽を書いたのか？　そうではなく、『哲学通論』を「充分理解」できた木村は充分に考え抜いてこのように書いたと、私は判断する。この理由を論証していく。

これは木村と小池だけの関係性に止まらない。木村上等兵は小池大尉から借りた『哲学通論』を遺族に渡すことを、さらに上官である上田大佐に依頼したが、彼も戦犯として懲役一五年の重刑を受けたため、[117]別人がその役割を果たしたという過程も重要である。この別人について、小池大尉の他に、遺稿で上田大佐とともに名前が挙げられた内田少佐も考えられるが、確認できない。誰であれ、実際に届けられたことから、上等兵の木村を助ける者が複数いたことが分かる。戦犯として処刑された木村を十分に気づかえる者の人徳とともに、その人間関係の特質について考えさせられる。

これは書き込まれた「Marx」や軍部批判にも関わる。それらは極めて敏感だからである。人徳や気づかい以上の強い絆があったのではないかと思わざるを得ない。

誰が書き込んだかという点では、「Marx」などの筆跡は木村のものではないことから、哲学書を戦場にまで携えてきた小池の可能性が大きい。「Marx」だけなら、田辺がマルクスを批判的に言及しているためと釈明できるが、他の箇所では日本軍への強い批判も書かれており、釈明し難くなる。筆跡が異なれば、複数が関与していることになり、いよいよ重大である。だが、これらが書き込まれている『哲学通論』が遺族に渡される過程で発覚しても、「死の数日前偶然に此の書を手に入れた」という記述があるので、追及は小池には及ばない。

発覚の可能性は、収容施設から運び出し、移動で要所を通過し、日本に持ち込むというプロセスの一つひとつの検査においてなされる。たとえ戦後でも、まだ日本は大日本帝国であり、武装解除しても皇軍であった（大日本帝国憲法大改定＝日本国憲法制定の前）。特に収容施設から持ち出す時の検査は現代でもなされており、半世紀以上前の軍事裁判では尚更である。収容施設から出される書籍には何か挟まれていないか、一頁ずつ点検して当然である。英軍のみならず、英軍から渡された日本軍でも同様である。余白に書かれた文言は長文で、極めて多く、目立つ。その一つでも発見され、問題とされたら、軍人としての思想性が問われる。戦後、内地では民主化が進んでいたが、軍隊内は異なり、軍部批判は極めて重大であった。

以下の事件さえ起きた（地代良三「反戦叫んだ兵・撲殺した上官」『朝日新聞』二〇一二年三月二〇日朝刊・大阪版）。

戦後の四六年五月ごろ、セレベス島のマリンプンの捕虜収容所で行われた演芸会のことである。開幕早々、突然舞台に躍り出た旧制高校出身の学徒兵が反戦のアジ演説を始めた。それを見た二、三人の将校が怒り狂って『中止、中止！』と叫びながら舞台上に駆け上がり、学徒兵を舞台袖に引きずり込んですさまじい鉄拳の雨を降らせた。倒れて無抵抗でいる彼らに将校らの執拗な暴行が続いた。後日、学徒兵の遺体はひそかに処理されたと聞いた。私は復員船で彼を探したが、やはり乗っていなかった。

一九七〇年代でさえ戦友会などで、私は元軍人が顔色を変え、迫力ある勢いで怒ったことを経験したことがある。だが、将校であれば、検査はおいそれとできない。軍隊の階級は絶対的であり、武装解除されていたが、階級組織は残っていた。以上の諸問題に関して、木村をめぐる思想性と関係性に論点を定めてさらに考察をさらに進めていく。

（三）思想性と関係性―軍隊内「社会科学研究会」―

木村は大日本帝国の皇軍の軍人（兵卒）であったが、敏感な「Marx」を目にしても何も為さなかった。長文を書き込んだのであるから、自分の考えと異なれば「?」や「×」など書き足して明示することができたはずである。関心がなかったから何も為さなかったとも考えられない。彼は『哲学通論』を幾度か「受読」したが（遺書）、田辺哲学を「一助」に「社会科学」を学ぼうとしたのであり「Marx」の意味は十分に理解できた。木村自身も「労働者、出征家族の家には何も食物はなくても、何々隊長と言はれる様なお家には肉でも魚でも果子でも幾らでもあったのである」と、一一一頁に書き込んでおり、「Marx」に通じる問題意識を持っていた。さらに、木村は遺書で「マルキシズムも良し、自由主義もよし、如何なるものも良し、凡てが其の根本理論に於て究明され解決される日が来るであろう」と述べた。[118]「如何なる」、「凡て」の思想も「良し／よし」とするが、具体的に「マルキシズム」が挙げられ、しかも筆頭に位置づけられている。

次に『哲学通論』を貸した小池について考える。まず彼が「Marx」などを書き込んだ可能性が高いので、この点を取りあげる。その時期について、戦中か、戦後か、GHQの人権指令「政治的、公民的及び宗教的自由に対する制限の除去に関する司令部覚書」により治安維持法が廃止された四五年一〇月中旬の後かにより、[119]「Marx」の敏感さも変わるが、たとえ人権指令の後でも既に「Marx」に関するレディネスがあったと言える。

小池でもなく、第三の人物が書き込んだ可能性もある。それでも、小池が気にしていなかったことに変わりはない。再確認するが「Marx」は極めて敏感な名前で、まして軍隊内である。

木村が借りた後、獄中で誰かに書き込まれ、小池は目にすることはなかったという可能性は極めて低い。木村は限界状況において繰り返し精読し、遺稿を書き込んだのであり、彼が他者に又貸しすることなどまず考えられない。

以上を踏まえて、小池に論点を絞り込んでいく。彼は「そう深く交際したことはなかった」と述べている[120]。大尉と上等兵であり、当然だが、だからこそ「交際」という表現は不自然である。階級序列では、そのような関係も表現もあり得ない。ただし、これは戦後の回想であり、その時代の意識に影響され、当時では考えられない表現を使ったと解釈することもできる。この点に留意し、さらに詳しく考察していく。

小池海軍大尉は木村陸軍上等兵に『哲学通論』を「気安く」貸し、その際「休んでいきなよ」とも声をかけた。これに対して、木村は「キチンとした敬礼をして」退出した。これは戦後（木村の召喚の前日）だが階級序列に合っている。温情のある上官の言動でも部下は安直に馴れあってはならない。軍隊ではそれが通常であり、戦後も続いていた。ところが戦中、召喚の「一年ほど前」、最初に貸した時、小池海軍大尉は「読んだことはあるの」と問い、木村陸軍上等兵は「ほう、大した本をお持ちですねえ」と応じたのである。士官と兵卒というより親しい先輩と後輩の会話のようである。戦後と戦中が逆転している。

また、木村は「早く早くと急（せ）かされて夢中でアクセルを踏んで走っているうちに事故を起こした運転手のようだ」と、「生前『哲学通論』の持ち主だった元上官にこう述懐していたという[121]」。文意から勾留後の時であり、小池は獄中の木村に面会に来たと言える。

これらは先述の「そう深く」ない関係と齟齬を来している。それ故、この表現は二人の実際の関係性を隠すために使われたという解釈が導き出せる。それは木村が小池から借りたことを隠したことに符合する。

以上に基づいて、先述の「キチンとした敬礼」について分析する。現象した言動では戦中と戦後で逆転しているが、内心の深奥では、木村が召喚を前にして「深」い関係のある小池に万感の思念を込めて別れを告げたと解釈できる。「深」い関係であったからこそ、たとえ処刑されるとしても、木村は他人（しかも上官）の書籍に無数の傍線を引き、余白に長文を書き込めたのである。小池も自分から借りたことに言及せず、木村が「偶然」に入手したと偽ったにも関わらず、「余白にぎっしりと長文の遺書を書き残し……まだ二十八歳の若さだった」と述懐し、木村の遺品と認めたのである。(122)

ここから、木村と小池の関係性では「Marx」は気にしなくていいということが導き出される。それは二人の思想性をも示している。

小池の思想性は、彼の著書名「軍艦旗を降ろせ！！」や「戦わざる」から反戦平和のメッセージが読みとれる。それは軍国主義の軍指導層への批判に通じる。

以上に基づいてさらに、木村は上官と階級を超えた関係性を持つことができただけでなく、極めて「優遇」されていたことに着目する。『哲学通論』一三九～一四一頁には、上田海軍大佐について以下のように書き込まれている。

此の本を父母に渡す様お願いした人は上田大佐である。氏はカーニコバルの民政部長であって私が二年に渉って厄介になった人である。他の凡ての将校が兵隊など全く奴隷の如く扱って顧みないのであるが、上田氏は全く私に親切であり、私の人格も充分尊重された。私は氏より一言のお叱も受けた事はない。私は氏より兵隊としてではなく、一人の学生として扱われた。若し私が氏に巡り会ふ事がなければ、私のニコバルに於ての生活はもっとみじめなものであり、私は他の兵隊が毎日やらせられた様な重労働により恐らく、病気で死んでいたであろうと思はれる。私は氏のお陰に依りニコバルに於ては将校すらも及ばない優遇を受けたのである。之全く氏のお陰で、氏以外の誰もののもの為めではない。之は父母も感謝されて良い。そして法廷に於ける氏の態度も立派であった。

上田海軍大佐は独立混成第三六旅団民政部長のみならず第一四警備隊（カーニコバル海防隊）司令官であった。木村への「優遇」は、遺稿の書き込まれた『哲学通論』が遺族の届けられたことで実証される。上田も禁固刑を受けていたが、獄中から部下に指令したと言えるからである。

また、木村が上田について「民政部長」だけで警備隊司令官とまで記さなかったのも、熟慮の結果と分析できる。木村の遺稿からは上田について「民政」の側面しか伝わらない。だが、彼は有罪判決を受けたとおり軍事行動でも重要な立場にいた。

このような木村、小池、上田の階級を超えた関係性には平等主義が現れている。しかも「叛逆」精神があり「社会科学の基本原理への欲求盛」んであった木村が「優遇」されるような平等主義であり、それはまさに「Marx」に通じる。

ただし、彼らがマルクス主義者であったと見なすのは短絡的である。マルクス主義は共産主義の一形態であり、抑圧されたプロレタリアの立場が根幹に据えられており、「将校すらも及ばない優遇」はそれに反している。さらに、実践を重んじるマルクス主義者であれば、下級兵士が過酷な環境に置かれていながら自分が「優遇」を享受することに煩悶や反省があるはずだが、それは見出せない。

従って、彼らは軍指導層への問題意識を抱き、マルクスについても語れる知識人であったと捉えるべきである。木村には京都帝大生の学歴や英語の語学力があり、彼と一部将校の間で知的な「社会科学研究会」とも言える集団が形成され、そこでマルクスも語られていたのではないかと推論できる。ただし、その議論を活動へと進める程ではなく、広義の「社会科学研究会」であったと見なせる。

共産主義者は徹底的に弾圧されたことから、往々にして皇軍と「Marx」は相容れないと思われるが、天皇共産主義について看過してはならない。この点は『平和教育の思想と実践』で軍隊内への共産主義の浸透に警告を発した「近衛上奏文」（一九四五年二月一四日）などに拠り論じたが、本書では「地方紙、夕刊フクニチ（現在は休刊）の創設者、浦忠倫は日本新聞協会のインタビュー」で「東京の歩兵第一連隊に勤務していた（二・二六事件）当時の空気」について「あのころ、マルクス理論の本などを読んでいる将校がかなりおりましたよ(123)」と語ったことを加える。これを踏まえれば「Marx」の書き込みは異例でもない。

そして京都学派とマルクスを組み合わせに知見があるならば、たとえ手許に思想犯の三木の書籍はなかったとしても、彼について語りあうことはできたであろう。

他方「社会科学研究会」の如き集まりには加わらず、さらに思想的には反対の軍人は、それをどのように思っていたかについても考えねばならない。しかも、その違いには敏感な「Marx」や木村の「叛逆」精神が関わる。たとえ現象形態として明示されていなくとも、島内の軍隊という極めて狭い世界の「内」であり、極秘の地下組織でもない限り、その様子は感じられるものである。この点について、次節でさらに考察していく。

（四）「江戸の仇を長崎で打たれた」ことの重層的な意味

「軍事裁判」に関して、小池は「最高責任者の陸軍旅団長には銃殺刑」が執行されたものの、「日本流に考えれば、島民を処刑した関係者の中で木村上等兵は一番身分が低いのだから、罪は一番軽くてよさそうだが」、日本側弁護団の「英軍に何を言っても全然聞いてくれない。何を言っても無駄だ。起訴された人は何とも致し方がないから諦めよ。そして、これ以上被告人を出さないことだ。そのためには決して余計なことは話すな」という「方針」であったことを記している。[124] 勝者の裁判において犠牲を最小限に抑えるために木村がスケープゴートにされたことが示唆されている。また、中谷の「略年譜」では「責任転嫁」とされている。[125] それでは何故、一兵卒の木村がそのようにされたのかが問われる。

この点について、木村が一九頁に書き込んだ「私は何等死に値する悪はした事はない。悪を為したのは他の人である。然し今の場合弁解は成立しない。江戸の仇を長崎で打たれたのであるが、全世界からして見れば彼も私も同じく日本人である。即ち同じなのである」が鍵となる。特に「江戸の仇を長崎で打たれた」の意味は重要である。「仇」という表現は「責任転嫁」の比ではない。

まず「全世界から見れば」、民政部の通訳であった木村でも最前線で激闘した兵士と同じ日本人であり、そのため連合国（特に英軍）に「仇」を打たれたということになる。だが、英軍にとって「江戸の仇を長崎で打」つことにはならない。

それ故、死に値する「悪を為したのは他の人」であるにも関わらず、木村に「仇」が回された責任転嫁について考える。これは、それまで木村が「将校すらも及ばない優遇を受け」ていたことと逆である。この原因を究明するために、相互主観性に即して毎日「重労働」をさせられた「他の兵隊」と木村を比較考察してみる。

前線の限られた兵員において、木村が免除された「重労働」は「他の兵隊」に回されたことになる。一人の「優遇」は他者の負担増となる。さらに食糧難があり、過労と栄養不足で免疫力が弱まりマラリアやアメーバ赤痢の感染の危険性が高まっていた。戦地における多重の苦難の下で「優遇」された兵士に対して、そうでない兵士は怨みや怒りを募らせて当然である。

関連して、木村の軍隊生活は出征前も恵まれていたことを取りあげる。彼は一九四二年十月の召集後、翌十一月に結核で入院し七カ月間の療養生活を送った。翌年六月に退院して部隊に戻り、九月に出征し、十月初旬にカーニコバル島の旅団民政部の通訳に配属された。そして木村は陸軍二等兵の通過儀礼と言える陰湿で過酷な虐待（いじめ）については書いていない。

このような経歴は日常の言動で自ずから現れる。実際、カーニコバル島では「民政部に配属され、英語を駆使して生き生きと仕事をしていた。そのころ母や妹に送った手紙には『このごろでは心臓も強くなってベラベラやっています』[126]というように、木村は開放的であった。即ち、入営のいじめを経験しなかったため、軍隊の暗部はそれほど知らず、そのため恵まれていない者の嫉妬、鬱憤、怨嗟などに注意を払わなかったと推論することができる。

これにより、英軍が戦犯裁判のために日本兵を訊問した時、大多数の兵士は暗黙の合意で「優遇」されていた木村に「罪を着せる」ようにした可能性を導き出せる。そして、敵の英軍が暗黙の合意を短期間で把握するのは難しい。その結果、木村の良心は踏みにじられることになった。木村は他の兵卒（広義の戦友）の重労働だけでなく、「労働者、出征家族」の貧窮についても認識していた。そればかりか幹部候補生、見習士官、将校へのコースを選ばず、抑圧された者の立場を選ぼうとした。これは彼としての知行合一である。だが、一般の兵卒には元々そのような昇進の機会などなく、むしろ、いじめ、重労働、病魔などに晒されていた。彼らにとって、木村のような存在形態は〝よけいにむかつく〟のである。

この〝よけいにむかつく〟のような表現を私は学生時代に葛飾で耳にした。学生運動において労働者との連帯を叫ぶ学生に対して労働者は類似した感情を抱いていた。物質的に恵まれ、精神的に自己満足し、両方を享受して虫がよすぎると直感的に見抜いていた。恵まれた者の良心的な言動が恵まれない者に歓迎されるとは限らない。それどころか、嫉妬や逆恨みを増すことにさえなる。

これに注意するのは木村と他の兵卒との関係性を考えるためだけでない。恵まれた者の良心を活かすことの困難を深く認識することで、木村の運命を無駄にしないためでもある。

次に、観点を「社会科学研究会」的な集まりから離れていた上官に向ける。彼らは重労働に喘いでいた兵士の意見にも耳を傾けねばならない。「優遇」が士気に悪影響していたとしたら、それを問題視することになる。しかも英軍の脅威は増すばかりである。実際、同じ日本軍でも、事件に関して海軍と陸軍では「意見の違い」があり、海軍が島民に「寛容すぎる」とされ、七月後半に担当部門は民政部から陸軍へと移り、上田民政部長は「解任」された。[127]そして、敗北と英軍の進駐により、旅団長の斉俊男陸軍少将（後に有罪・銃殺）や上田海軍大佐（有罪・懲役）が拘束された。木村を「優遇」した海軍の司令官と、それを容認した陸海軍の最高指揮官が軍隊にいなくなった。これにより相対的に「優遇」に反対していた将兵の立場が強まった。つまり「優遇」を軸にした力関係が変化した。これは「優遇」されてきた木村に責任が転嫁されたという変化に符合する。

第三に、木村は遺稿で上田海軍大佐や内田海軍少佐を賞賛する一方で、自分と同じ兵卒には言及していない。さらに、木村は判決に対して繰り返し英文で嘆願し、その不当性だけでなく、「他の人」、特に参謀の斉藤海蔵陸軍中佐（無罪）、坂上繁雄陸軍中佐（有罪・懲役三年）を告発した。[128]彼の人間関係や言動には階級や陸軍／海軍においてズレがあると見なさざるを得ない。これもまた前記の「優遇」から責任転嫁への変化に適合する。

第四に、木村は英語の通訳もしていた。島内に独立運動があれば、それへの反対派＝親英派も運動していたはずである。事件には親英派への弾圧＝親日派の強化という性格が認められる。従って親英派から見れば、英語通訳の木村は情報を聞き出すなどで弾圧で大きな役割を果たしたことになる。「優遇」と重ね合わせれば上田司令官の側近とまで思われた可能性はある。

第五に、親日派から見ても、アジア解放で独立を期待していたにも関わらず日本の統治が続き、結局は英国と同じだとなれば裏切られたと判断するようになる。島民の宣撫工作は民政部の担当で、その一員の木村にも非難が向けられることになる。

無論、親英派であれ親日派であれ、抑圧された人民との相互理解のために「寛容」に対処していた木村にとっては逆恨みだが、いずれにおいても「江戸の仇を長崎で」の意味になる。

以上から「悪を為したのは他の人である」と「江戸の仇を長崎で打たれた」には重層的な意味が込められており、木村はこれを分析というより「行為的直観」で認識していたと考えることができる。

（五）「スパイ容疑事件」と軍事裁判―パワーポリティクスにおいて―

カーニコバル島は第二次世界大戦において日本（枢軸国）と英国（連合国）の間に位置する極めて重要な戦略的要地であった。インドは大英帝国の植民地で連合国側であったが、反英独立闘争のために日本との共同戦線を求めていた。これは思想的には西洋の覇道（帝国主義）に対する東洋の王道の大アジア主義に合致していた。

このようなパワーポリティクスにおいて、自由インド仮政府（亡命政権）は一九四三年一〇月二五日に英米に宣戦布告した。そして、インドは南アジアだが、自由インド仮政府主席・インド独立連盟総裁のスバス・チャンドラ・ボースは翌一一月に開催された大東亜会議にオブザーバーとして参加した。ただし、インド国内で独立運動を主導していたマハトマ・ガンディーやジャワハルラール・ネルーが率いる国民会議派主流派は枢軸国には反対していた。即ち、独立運動の内でも党派的な対立が存在していた。

ボースはアンダマン諸島を「殉教者（シャヒード）」の島、ニコバル諸島を「独立・自治（スワラージ）」の島と呼び、一九四三年一二月二九日にアンダマンのポート・ブレアを訪れた。[129] 彼に対応したのは主に海軍・民政部であった。ボースは独立派が「スパイ」の罪で投獄されている監獄を見学したが、「面会はもとよりそのことに来島中言及する」ことはなかった。それは政治的判断の結果と言える。

投獄されていた独立派は、一九四三年一月、英軍の「逆《カウンター》」スパイの謀略活動」＝「インド独立連盟」支部（一九四二年四月結成）の中に「英軍スパイ」がいるという「偽情報」のため「疑心暗鬼」に陥った日本軍が拘束した同連盟の「メンバー」であった。拷問され、処刑された者もいた。

「疑心暗鬼」の理由としては、独立派の内でも対立があり、枢軸国に反対の立場の者を親英に短絡させたことが考えられる。偏狭な民族主義では反枢軸国＝反日＝親英となるからである。

他方、島民の立場で考えれば、軍政で他民族統治は変わらず、それに食糧難が加わり不満が鬱積していた。しかも、日本の敗北、英国の勝利は日増しに明確になっており、日本軍に協力した島民は、英軍が進駐すれば対日協力者、日本のスパイとされる。当然、日本軍への協力は消極的にならざるを得ない。[130] これは、疑心暗鬼に陥った日本軍にとって、誰もが潜在的なスパイとなっている状況である。

その後、太平洋の戦場ではサイパン島、硫黄島、沖縄などは米軍に制圧され、ビルマからインドを目指したインパール作戦は失敗した。このように戦況は悪化の一途を辿る中で、インド洋のカーニコバル島には英軍の脅威がますます強まっていた。危機が強まる時にこそ冷静で客観的な現状分析が求められるが、偏狭な民族主義はむしろ狭隘になる。

かくして所謂「スパイ容疑事件」が起きた（「スパイ事件」とも表記されるが本書では五十嵐に習い「スパイ容疑事件」とする）[131]。日本軍は軍需米を盗もうとした容疑で島民を逮捕し、それにスパイ容疑を加えて拷問し、軟禁している島の指導者らの指示でスパイ行為を行ったとの内容を自白させ、これを証拠に一九四五年七月から島民を拘束し、拷問により四人を虐殺し、七月二八日から八〇人以上を処刑した。

これは「寛容」な民政部を抑えた陸軍の独断専行、さらには独走、暴走だったのであろうか？ここで「優遇」が問われる。陸軍の立場から言えば〝飢えながら「重労働」に耐える兵士を顧みず木村を「優遇」するような民政部は現場＝最前線のことなど全く分かっていない。そのような指令など聞く必要はない。現に英軍の脅威は増すばかりである〟という状況になり、これを海軍も認めざるを得なくなったと考えられる。

このような考察は陸軍の責任を軽減するためではない。日本軍としての責任の構造を明らかにして、確かな教訓を導き出すにするためである。

（六）軍法・軍律・軍規・軍紀の問題―近代法治主義との関連で―

木村への「優遇」は軍律に反しているとまでは言えないが、軍規・軍紀に関わる。士気が損なわれ、風紀が乱れれば、拘束した容疑者の訊問の質にまで影響する。軍法を意識したか否かで、そこにおける力の行使の性質が変わる。軍法に則れば暴力性は抑えられ、省みなければ無法で凶暴になる。たとえ戦場であっても、軍法に基づく軍律・軍規による綱紀粛正が徹底されていれば、八〇人以上の虐殺・処刑には至らなかったであろう。即ち、スパイ容疑事件は軍紀の弛緩と関連していたと考えることができる。

加えて、日本軍はカーニコバル島での決戦を想定し、兵員を増強したことも看過できない。食糧が不足し、決戦と飢餓の重層的なストレスで心が荒んだ。だからこそ厳正な軍規・軍紀が求められていたのである。たとえ優遇が木村一人であったとしても、限界状況においては「蟻の一穴」になり得る。

この点で、ナンコーリ島では食糧の面で島民に犠牲を強いることが少なかったため戦後の戦犯問題も少なく、三件であったことは注目すべきである。[132] 島民の犠牲を少なくしたのは、公平・平等の努力の現れであり、それだけ規律が保たれていたことになる。

なお参考として、私は、元将兵(複数)が〝軍人勅諭、陸軍刑法、歩兵操典、作戦用務令などの軍法、軍律、軍規を暇なときに覚えた。それは無茶な命令に対して自分を守るためでもあった。上官がカーッと怒りを爆発させて、殴ろうとしても、「畏くも(天皇の枕詞)」と叫べば、みな直立不動にならねばならず、それに軍人勅諭から軍律や作戦用務令などと続ければ何とか頭を冷やすことができた。軍隊の中でもそれなりの法治があった。なければ組織はまとまらない〟という証言を得てきた。近代の法治主義の意義である。「近代の超克」など安直に主張したことの道義的な責任は、これにも関わる。

(七) 英国の軍事裁判と日本の軍法会議

英軍による軍事裁判も検討しなければならない。勝者の裁きについて、徳永正次弁護士(元陸軍司政官)は、次のように述べている。[133]

アンダマン・ニコバル関係の事件はとりわけ作りごとが多かったような気がします。……虚構の事実でも法廷が正しいとみればいいといった態度で、現地民から恨まれていた日本人に対して検察側は、裁判という合法手段をもって、復讐を加えたといってもいいでしょう。十件の事件を作り上げ、八件が成り立てばあとの二件は無罪となってもかまわんといった感じでした。そのうち八件の中から絞首刑の判決を受ける者がつぎつぎに出たわけです。裁判の手続きとか規律は日本の軍法会議よりよかったかもしれない。……通訳の語学力もたいへん影響した。語学についても反省させられました。

確かに、法治主義も完全ではなく、いくつかの情報を組み立てた「作りごと」、「虚構」を利用するという問題がある。だが、それを理由に全否定しては前近代に退行し、野蛮になる。それに反論するのが弁護人の役割であったが、敗者のため「何を言っても全然聞いて」もらえなかった。語学力も不足していた。

これらの問題を十分に認識した上で、日本人が「現地民から恨まれていた」点や「裁判の手続きとか規律は日本の軍法会議よりよかったかもしれない」という指摘は重要である。前者について木村に即して言えば、彼は判決の不当性を訴えるが、「現地民」は彼をどう見ていたかが問われる（この点は先述）。後者では、彼も関わった日本軍が拘束した者の中に、彼のように哲学書を読み、遺稿を書けた者がいたか、つまり日本軍は英軍のような処遇をしたか、が問われる。この点は五十嵐の木村への批判に即して後で改めて詳論する。

なお確認しておくが、批判は創造的で建設的であることを自覚している。木村を批判するのは、彼の生と死の意義を明らかにするためである。

第五節　小括―死の超越と愛―

第一項　田辺から三木へ

木村が判決は承服しないが「笑って死んで行ける」と超越することができた。これを可能にしたのは田辺哲学を

「一助」として学んだ「社会科学」、そして軍隊内「社会科学研究会」から得られた生の力であり、それはまた京都学派のポテンシャリティでもあった。

田辺哲学が「一助」であったのは、彼はハイデガーの死への関心に言及するが、それをディルタイの生の哲学からカント的な道徳論へと進めたレベルのためであった。だが、道徳で死を受け入れることは難しい。まして超越は尚更である。

他方、浪漫主義には、確かに危険性があるが、死を受け入れ、超越するパトス的な力がある。そして、京都学派には浪漫主義的な要素も内包されていた。この点で「近代の超克」ではなく、三木のロゴスとパトスの弁証法が重要となる。つまり田辺を「一助」にして三木へと進むことで死を超越する力を得ることができる。

これまでの考察から、木村が書き込んだのは田辺の『哲学通論』だが、「社会科学研究会」のような集まりでは西田や三木についても議論されていた可能性はある。これを根拠がないとして排除するのは、貧弱な思考である。特に「Marx」や「絶対否定的自己同一、弁証法的世界」は極めて重く深い。

第二項　争いではなく平和のために

既述のとおり、三木は「ハイデッガーの存在論」を「終末観的なもの、換言すれば生の終末としての死からの生の解釈である」と剔抉した。そして「ハイデッガーの哲学とナチスの政治」との「内面的」で「密接な関連」を捉えるために「ニイチェを媒介にして考え」るべきと論じ、その「血と地と運命」のパトス的な特質に対して「ロゴスの力」、「理性の権利」を提起した。

また三木はパトス論も展開している。彼は「生成と運動の思想は夙にゲーテに含まれていた」と述べ、観点を「デモーニッシュなもの（das Dämonische）」に据え、それは「個人的としては『ライデンシャフト』に、社会的としては『パトス』に伴」い、「特に歴史と関係をもっている」と論じた。[134]「ライデンシャフト」には、議論が「デモーニッシュなもの」からギリシャ神話の神々へと進められていることから、単なる情熱という以上の運命と格闘する苦悩に満ちた熱情という意味が込められている（熱情やキリストの受難を意味するパッションに通じる）。さらに、三木は人間と神々の中間に存在する善的あるいは悪的な神霊「ダイモーン」、幸運の女神「テュケー」、運命、宿命の女神「アナンケー」にも論及した。[135]なお「ダイモーン」は、哲学ではソクラテスに関わり、彼が間違えないように「声」を以て警告したが、何をすべきかまで教えなかったと伝えられている。[136]その上で、三木は「デモーニッシュなもの」と「根源語」たる「デモン」を識別し、後者を「内的な、本来的な意味に理解」すべきと論じ、以下のように結ぶ。

偶然的なものの意味をもつのはデモンではなく、寧ろ内的なデモンに対立する外的世界である。「この世界の組織は必然と偶然とから成つてゐる。」そこにはテュケーとアナンケーとがある。然るにかかる外的世界乃至外的運命と内的世界乃至内的運命との対立はゲーテにとつて弁証法的矛盾を意味するのではない。世界の運命が偶然である限りを支配するのは第三の根源語、エロス（愛）であつた。然しながら道は困難である。却て兩者の関係り愛の力は自由であろう。それが必然として自己の力を現はすとき、愛もまた必然に縛られねばならない。このとき愛もまた一の運命である。かくの如き全運命から解放されるためにエロスにはェルピス（希望）が結び付かねばならない。希望によつて存在は完成に到達し得る、とゲーテは考へた。

ここから「デモーニッシュ」の極みである戦争を乗り越えるには根源的な意味での愛と希望が鍵となることが分かる。このような構想は、エリクソンがフロイトのエロスとタナトスに基づき信頼、希望、愛、ケアのという発達論的概念を導き出したことに通底する。三木が獄死せず、研究をエリクソンにまで進めたならば如何にと思わされるが、これは我々の課題である。三木の研究を踏まえて五十嵐のエリクソン研究を考察するのは、そのためである。しかも、五十嵐は「愛」に引きつけて木村の「わだつみのこえ」を論じた。

また愛の根源語としてはエロスのみならずアガペー（agape、神の愛）もある。だからこそ『パンセ』では amour とともに charité が論じられている。これは五十嵐の矢内原研究に連関する。

さらに五十嵐は抑留時代、一九四六年六月一一～一二日の日誌に、ドイツ語で O selig der, dem er im Siegesglanze Die blut'gen Lorbeern um die Schläfe windet,—Goethe—と記していた[137]。これは『ファウスト』一五七〇～七五行の詩句で、柴田翔訳では「おお幸いなるかな　勝利のさなかに／死がその額に血まみれた月桂冠をかかげるものは！」である[137]。この引用は二行にわたり、その上に一一日と一二日の日付が記されているため、深夜から未明にかけて読書し、最も心に響いた詩句を書き留めたと言える。なおゲーテの詩句は「目くるめく激しい踊りの果てに／少女の腕に抱かれながら死に出会うものは！」と続く。

五十嵐は引用の前には日本語で「色烈シク強ク、幻想煩悩繁クシテ、月光ノ澄ムニ伴ハズ　又ハゲシク身心を酷使シテ読書ス」と、後には「死ヨリマヌガレタ身、死ヌベキヲ生キシ身。一切ヲ絶シ、精進セネバナラヌ」と書いていた。このような思想・詩想と実践は三木に通底している。

以上の考察に基づき木村の「わだつみのこえ」に耳を澄ますと、「笑って死んで行ける」には、家族、恩師、戦友たちへの「愛」や宿命への「ライデンシャフト」などが凝縮されているという解釈を導き出せる。木村がこのように発達できた条件には軍隊内「社会科学研究会」があり、そこで「社会科学」を学修した軍人の天皇共産主義に京都学派のロゴスとパトスが合流し、これにより実戦／実践で錬成された木村は刑死を超越することができたと言える。

三木がロゴスとパトスの「統一」を目指し、「ロゴスに対してパトスの意味を明らかにすることに努め」る中で「遂に構想力というものにつきあたった」[139]と論じたことに即すならば、木村は「構想力」の強さにより超越できたと捉えられる。「永遠の今」を生きる己を構想できたからこそ「笑って死んで行け」たのである。

無論、それまでは不当な判決や責任を転嫁した部隊上層部への憤懣や苦悶もあった。繰り返した嘆願はその現れでもある。だが、最終的に木村は超越できた。これを五十嵐は「重要点　最後の短歌の中でいう『おののきも悲しみも』、これを『なし』とうたった木村には表現できないほどの『おののき、悲しみ』があったということ。表現できない実在感があること。↓ドストエフスキー（以下略）」と洞察した。[140]短歌の全文は「おののきも悲しみもなし絞首台母の笑顔を抱きて征かむ」であり「母の笑顔」は「母の愛」の表現である。そして「征かむ」と出征に通じる字を選んだところには木村の死の超越が読み取れる。

また、五十嵐のメモしたドストエフスキーは「はるかなる山河」ノートで菊山の理解に関わって言及されている。彼の文学はゲーテとは異なるがやはり運命の重さ、それからの超越を描いている。

このように考察を進めてくると、三木が獄死せず、木村が刑死せず、二人が自由な日本の論壇で活発に議論できたら、京都学派はより豊かに発展したであろうと哀惜を以て推論する。木村には学徒から学者になれるだけの力量（ポテンシャリティ）が充分に備わっていた。学識だけでなく学徳も含めて、このように想わしめる。若き叛逆は理想や良心の萌芽的な現象形態であり、教える者との適切な相互主観／主体性により学徳となり得る。

この次元を見据えて、階級を超え、陸軍／海軍も超え、戦闘のみならず、飢え、病魔、重労働に倒れた下級兵士の

「わだつみのこえ」、声なき声、沈黙をも聴き取ることが求められる。これはまた木村に責任を転嫁し生を偸んだ者の捉え方にも関わる。木村は「笑って死んで行」ったのである。それを承ければ、責任転嫁を問い、真相の究明に努め、さらに超越していかねばない。謂わば、木村と彼に責任を転嫁して何も語らず沈黙した者との止揚である。「わだつみのこえ」は争いではなく、平和を望んでいるに違いない。生きている者は、そのように聴くべきである。既に、歴史は審判を下している。木村の名は深く刻まれ、伝え続けられる一方、沈黙した者は自ら消え去った。

第三項　「わだつみのこえ」研究のために―三木の知行合一の応用―

『平和教育と思想と実践』では「文化政策」を軸に三木から宮原への展開を明らかにした。ここでは「文化政策」における「愛」の位置づけを切口に考察を深めていく。

三木は「エロス（愛）」をゲーテに即して論じただけではなかった。「愛（amour や charité）」は『パンセ』の鍵概念であり、三木はヘブライズム的なアガペーも内包した「愛」とヘレニズム的なエロスとを統合的に考究し、さらに実践に結びつけていた。彼は「文化政策論」において、ベーコン的な「『知は力なり』」といはれる如く、文化もひとつの大きな力であり、この力を利用することなしには政治は真に強力になり得ない」という「力」の論理を述べ、次のように論じた(141)。

　文化に対する愛があらゆる文化政策の基礎であることは言うまでもなかろう。これなくして如何なる真の文化政策もあり得ない。文化に対する愛なくして単にこれを利用しようというが如き政策は、真の利用価値ある文化を作ることができぬ。もちろん、愛のみでなく理解が必要であり、理解によって愛も深まるのである。

「理解」と「愛」はロゴスの力とパトスの力の展開である。三木はそれらを「文化政策」として統合的かつ実践的に論じた。文化の考察を文化の「内」に止めず、率直に政治を動かす「強力」に結びつけている。それはまた「構想力」の実践的な展開でもある。

これは三木の構想した「時間、発展、歴史」という抽象と具体を統合した「歴史哲学」に基づいている。[142]それは「根本的には実践的態度と結び付いている弁証法的発展の論理の基礎の上にのみ十分に理解」できると三木は論じる。具体と抽象の統合が実践・行為と論理の統合へと展開されている。

だが、三木は弾圧され、多くの論考は未完のまま残された。しかし、未完であることは様々な解釈ができるということでもある。即ち可能性は広大である。従って、彼の遺した思想や実践を「わだつみのこえ」研究に応用することができ、それはまた出陣する学徒を励ました彼の本懐でもあると想う。

彼の知行合一に大きな意義を認める後進がそれを応用する実践において、彼は「存在」し続ける。彼の「今」と私の「今」は「永遠の今」において通じている。そして私は「行為的直観」、「行為の哲学」、「構想力の論理」などに学び五十嵐の「わだつみのこえ」研究に実践的に取り組む。

注

（1）前掲『真実の「わだつみ」　学徒兵木村久夫の二通の遺書』一〇七頁。

（2）前掲「五十嵐顕さんが残したもの」一二四頁、及び一二五頁。

（3）第二版序文。原著も日本語訳も版は複数。ここでは篠田秀雄訳『純粋理性批判』岩波文庫、一九六一年、上巻、四九頁。

（4）ヴィクトル・ユゴーは「ルソーが石を投げられてスイスから追放」されたと表現（佐藤朔訳『レ・ミゼラブル』新潮文庫改版、一九九六年、第四巻、三六四頁）。

（5）『善悪の彼岸』第六章二一〇（訳は多数）。ニーチェはカントが「批判家」で「哲学者の道具」にすぎず「哲学者」ではないという文脈で揶揄（木場深定訳、岩波文庫、一九七〇年、一八二～一八三頁）。

（6）例えば和辻哲郎『人格と人類性』。当該箇所は全集では第九巻（岩波書店、一九六二年）四一一頁。

（7）前掲『純粋理性批判』上巻、三七頁。強調は原文。

（8）「カントと社会科学の問題」『唯物論』第三号、一九七四年、一五〇頁。なお同号ではジョン・ルイスとアルチュセールの論争が北村実たち「早大海外唯物論研究グループ」により紹介されている。

（9）一七八八年の『実践理性批判』第一部第七節（日本語版は複数あり、例えば波多野精一、宮本和吉、篠田英雄訳『実践理性批判』岩波文庫、一九七九年、七二頁。訳は変えている）。『道徳形而上学原論』（篠田英雄訳、岩波書店、一九六〇年、六四頁、八九頁など）も参照。

（10）前掲『実践理性批判』では三一七頁。

（11）カントの『判断力批判』（一七九〇年）、及びシラーの『人間の美的教育について』（一七九五年）。後者では、第八信の「敢えて賢かれ（Sapere aude）」のホラティウスの警句（小栗孝則訳、法政大学出版局、一九七二年、六〇頁）は、カントの『啓蒙とは何か』にも見出せる。第十五信の「現実性と形式との一致、偶然性と必然性との一致、忍従と自由との一致だけが人間性の概念を完成する」（同前、九五頁）は定言命法に通じる。

（12）「批判哲学と歴史哲学」『三木清全集』第二巻（史的観念論の諸問題）、岩波書店、一九六六年、二六頁。

（13）フッサール『経験と判断』「緒論」。長谷川宏訳（河出書房新社、一九七五年）では二三頁、二九頁等。『イデーン――純粋現象学と現象学的哲学のための諸構想（イデーン）―』渡辺二郎訳、みすず書房、一九七九年、Ⅰ―Ⅰ一二八頁も。

（14）前掲『純粋理性批判』一四頁。第二版序文（同前、三一～三二頁）も参照。

（15）op. cit., *Sur la philosophie*, p.52 et p.29. 前掲『哲学について』五八～五九頁、なお二六～二七頁も参照。

（16）版も訳も複数。引用は小倉志祥訳『カント全集』第一三巻、岩波書店、一九八八年、一二八～一二九頁
（17）『西田幾多郎全集』第八巻、岩波書店、二〇〇三年、三七六～四二五頁。
（18）『啓蒙とは何か』（一七八三～七四年）の序論的箇所より。版も訳も複数。
（19）中井正一著、久野収編『美と集団の論理』中央公論社、一九六二年、八〇～八一頁。
（20）トリストラム・ハント著、東郷えりか訳『エンゲルス―マルクスに将軍と呼ばれた男―』筑摩書房、二〇一六年、三四三～三四五頁。フィンテック（Fintech）の時代エンゲルスの「証券取引は労働者階級からすでに盗まれた剰余価値を調整するに過ぎない」、「どんな愚か者でも、いまの経済がどこへ向かうのか見ることができる」、「人は証券取引人であるのと同時に、社会主義者にもなれる」は意味深長。
（21）マルクス著、城塚登訳『ユダヤ人問題によせて　ヘーゲル法哲学批判序説』岩波文庫、一九七四年、九一頁。
（22）獄中で書かれた「ロシア革命」。版は複数。日本語訳では清水幾太郎訳「ロシア革命論」『ローザ・ルクセンブルク選集』第四巻、現代思潮社、一九六九年、二五六頁。
（23）『反デューリング論』第一篇十一「道徳と法　自由と必然性」『マルクス＝エンゲルス全集』第二〇巻、大月書店、一一八頁。
（24）『自然の弁証法』『マルクス＝エンゲルス全集』第二〇巻、五二五～五二七頁。
（25）前掲『反デューリング論』（『マルクス＝エンゲルス全集』第二〇巻、二九二頁）。そのダイジェスト版『空想から科学への社会主義の発展』（『マルクス＝エンゲルス全集』第一九巻、二二四頁）。
（26）テオドール・ガイガー著、鈴木幸寿訳『あたらしい階級社会―その問題点と方向―』誠信書房、一九五七年、第七章。
（27）村田陽一訳『ルイ・ボナパルトのブリュメール一八日』『マルクス＝エンゲルス全集』第八巻、大月書店、一九六二年、一〇七頁。ＭＥＧＡでは一八五二年の初版が採録されているが、大月書店版では、一八六九年の第二版が底本とされている。
（28）前掲『資本論』第一巻第二分冊、九三二～九三六頁。
（29）『自発的隷従論』西谷修監修、山上浩嗣訳、ちくま学芸文庫、二〇一三年。

(30) 今野一雄訳『エミール』中巻、岩波文庫、一九六三年、一五一～一五二頁。ルソーからカントへの展開は教育観でも認められる例えば教育は「自然的か実践的かの何れかである。……自由に関係することがらすべてわれわれは実践的と呼ぶ」(カント著、清水清訳『人間学・教育学』玉川大学出版部、一九五九年、五三二頁)。この実践の規定はマルクスの praxis の先駆と言える。
(31) 篠田英雄訳『啓蒙とは何か』岩波文庫改訳版、一九七四年、六四～六五頁、傍点原文。
(32) 前掲『啓蒙とは何か』一七〇頁、傍点原文。以下同様。
(33) マルクス「ヘーゲル法哲学批判」(版も訳も多数)の「序」に記され、流布。マルクスが「一八四三年の交換書簡」で「意識の変革」、「世人をして彼ら自身の意識に気づかせること、世人を彼ら自身についての夢から醒まさせること」、「宗教的および政治的諸問題を自覚的な人間的形式にもち込むこと」と述べたことも参考(前掲『ユダヤ人問題によせて ヘーゲル法哲学批判序説』一四五頁)。
(34) 石上良平訳『カール・マルクス』未來社、新装版、一九六一年、四一三～四一四頁。
(35) 版は複数。『三木清全集』では第一巻、岩波書店、一九六六年に収録。
(36) 未定稿の「北方行」『中島敦全集』第二巻、一五六頁。
(37) ユゴーは一八五一年にルイ・ナポレオンのクーデタで亡命。帰国はプロイセン・フランス戦争勃発の一八七〇年(翌年にフランスは敗北、パリ・コミューンが短期間成立)。
(38) 前掲『レ・ミゼラブル』改版、第四巻、四七九頁。以下、必要に応じて原文を加筆。
(39) 同前『レ・ミゼラブル』改版、第四巻、二八三頁。
(40) 同前『レ・ミゼラブル』改版、第四巻、三六三～三七〇頁、四二八頁。
(41) 同前『レ・ミゼラブル』改版、第五巻、三七～三八頁。
(42) 同前『レ・ミゼラブル』改版、第四巻、三六二頁。
(43) 同前『レ・ミゼラブル』改版、第一巻、二六八頁。

（44）同前『レ・ミゼラブル』改版、第五巻、三八頁。
（45）五十嵐「教育の本質における矛盾について」『教育』一九七八年一二月号。『共産党宣言』の当該箇所は大内兵衛と向坂逸郎訳の岩波文庫版（一九七一年）では六三～六四頁。
（46）ウジェーヌ・ドラクロワの「民衆を導く自由の女神」（一八三〇年作）に描かれている少年からインスピレーションを得て創作したと伝えられている。銃を持つ女神が乳房と腋を見せる構図は聖とタナトスとエロスが具象化されている。
（47）同前『レ・ミゼラブル』改版、第五巻、三八～三九頁。
（48）私は社会教育基礎理論研究会編『学習・教育の認識論』（雄松堂、一九九一年）で相互主観／主体性を社会教育実践分析に応用することを論じた。
（49）木本幸造監訳『社会学・経済学の「価値自由」の意味』日本評論社、一九七二年、及び尾高邦雄訳『職業としての学問』岩波文庫、一九三六年、六二～六九頁。
（50）私は大学で事例を幾つも見聞し、経験もした（『アイデンティティと教育』一七六頁）。
（51）*Grundrisse der Kritik der Politischen Oekonomie*（GK）,266,13。版は複数。日本語版の当該箇所は高木幸二郎監訳『経済学批判要綱』大月書店、一九五九年、第Ⅱ巻二八五頁。
（52）フランス語で"Le travail est le feu vivant, createur"。Petit, Jean-Luc, *Du travail vivant au système des actions : une discussion de Marx*, Éditions du Seuil, 1980. 今村仁司、松島哲久訳『労働の現象学』法政大学出版局、一九八八年。
（53）前掲『経済学批判要綱』Ⅰ、九三頁。
（54）同前『経済学批判要綱』Ⅰ、一五六頁。
（55）同前『経済学批判要綱』Ⅲ、六五七頁。強調原文。
（56）岡崎次郎、時永淑訳『剰余価値学説史』（マルクス・エンゲルス全集第二六巻Ⅲ）、大月書店、一九七〇年、三三六～三三八頁。なお訳語は「自由に利用できる時間」。
（57）Karl Jaspers, Hans Saner ed., *Notizen zu Martin Heidegger*, R. Piper & Co. Verlag, Munchen, 1978, p.50. 児島洋、立松

弘孝、寺邑昭信、渡邊二郎訳『ハイデガーとの対決』紀伊國屋書店、一九八一年、八六頁。

(58) Pierre Bourdieu, *L'Ontologie Politique de Martin Heidegger*（初出は *Actes de la recherche en sciences sociales*, No 5/6, Novembre, 1975, pp.109-156。後に単行本が Éditions de Minuit, Paris, 1988。桑田禮彰訳『ハイデガーの政治的存在論』藤原書店、二〇〇〇年。特に第六章「自己解釈とシステムの進化」。

(59) op. cit., *Notizen zu Martin Heidegger*, p.102. 前掲『ハイデガーとの対決』一九一頁。

(60) ibid., *Notizen zu Martin Heidegger*, p.93. 同前『ハイデガーとの対決』一七三頁。ヴィクトル・ファリアスの *Heidegger et le nazisme*, Verdier, 1987。日本語版『ハイデガーとナチズム』（山本尤訳、名古屋大学出版会、一九九〇年）に収録されたドイツ語版のユルゲン・ハバマスの解説論文も参照。

(61) フッサール的な「常に既に」を「過現未」を以て発展させ「後に」を加えた。

(62) op.cit., *Sur la philosophie*, p.46.『哲学について』五一頁。

(63)「哲学的人間学」『三木清全集』第一八巻、一九六八年、二七二～二七三頁。マックス・ピカートもパスカルとデモーニッシュを関連づける（『沈黙の世界』佐野利勝訳、みすず書房、一九六四年、四九頁）。

(64) 前掲『三木清全集』第一巻では四一頁。以下同様。

(65)『社會科學の豫備概念』（鐵塔書院、一九二九年）に収録され、『三木清全集』第三巻に所収。

(66) 中井「三木君と個性」『回想の三木清』三一書房、一九四八年。その後『三木清全集』第一八巻「月報」、一九六八年三月、及び久野収編『中井正一全集第一巻―哲学と美学の接点―』美術出版社、一九八一年に「戸坂君の追憶」とともに再掲（三三九～三四八頁）。

(67)『国家とイデオロギー』（西川長夫訳、福村出版、一九七五年）所収「イデオロギーと国家のイデオロギー装置」(Idéologie et appareils idéologiques d'État, dans Positions 1964-1975, Éditions sociales, 1976)。

(68) op. cit., *Sur la philosophie*, p.75. 前掲『哲学について』九一頁。

(69) ニーチェの鍵概念で、没後はファシズム（その語源の斧と棒を束ねたファスケスは象徴的）へ展開。

(70) フロムの『自由からの逃走』は、ハイデガーが高く評価された時代の心性の分析として有意義。
(71) 渡邊二郎訳『「ヒューマニズム」について』ちくま学芸文庫、一九九七年、七五頁。以下同様。『言葉への道』二「言葉の本質」では「話すことはもともと聞くこと」と書かれている（佐々木一義訳、理想社、一九七四年、一五九頁）。
(72) 「ハイデッゲル教授の思ひ出」。初出は『読書と人生』第二巻第四号、一九三九年。引用は『三木清全集』第一七巻、一九六八年、岩波書店、二七五頁。
(73) 羽仁「哲学者の獄死」『羽仁五郎戦後著作集・三・文化論』現代史出版会、一九八一年、二〇六頁〜二一五頁。
(74) 前掲『「ヒューマニズム」について』七五〜八〇頁。以下同様。
(75) 前掲「哲学的人間学」二七二頁及び「ハイデッガーの存在論」『三木清全集』第一〇巻、一九六七年、八九頁。
(76) 「ハイデッガーと哲学の運命」同前第一〇巻、三一〇〜三一一頁。
(77) 笠原賢介訳『本来性という隠語―ドイツ的なイデオロギーについて―』未來社、一九九二年、一五九頁。より詳しくは「アイデンティティと歴史の自己教育的研究（Ⅷ）―エディプスコンプレクスの心理歴史的考察（2）」『大阪教育大学紀要』第六四巻第一号、二〇一五年九月。
(78) 前掲『哲学について』一三九頁、一四六〜一五六頁等。以下同様。
(79) 『ツァラトゥストラはかく語りき』初出は一八八五年で版も訳も多数。
(80) 『この人を見よ』の執筆は発狂前の一八八八年で版も訳も多数。
(81) 「読書遍歴」の結び。引用は『三木清全集』第一巻、四三一〜四三二頁。
(82) 遺稿「或旧友へ送る手記」（版は複数）。
(83) 前掲「ハイデッガーと哲学の運命」三一九〜三二〇頁。
(84) 「新しき知性」『三木清全集』第一四巻、一九六七年、九九頁。
(85) 引用は『三木清全集』第八巻、六〜七頁。
(86) 同前『三木清全集』第八巻、二四八〜二五〇頁。

(87) 一九一九年七月一七日脱稿「語られざる哲学」(『三木清全集』第一八巻、一五頁)、一九二八年一〇月八日付「帝国大学新聞」掲載「真理の勇気―『振興科学の旗のもとに』創刊に際して―」(全集第一九巻、四五七頁)、及び前掲『社會科學の豫備概念』の一九二九年三月七日付「序」(全集第三巻、一六〇頁)。三木が草稿を書いたと伝えられる岩波茂雄名の「読書子に寄す・岩波文庫発刊に際して」(一九二七年七月)の冒頭「真理は万人によって求められることを自ら欲し、芸術は万人によって愛されることを自ら望む」も参考。

(88)『大阪教育大学紀要』第六六巻、二〇一八年三月。続編は同紀要第六七巻に掲載。

(89)「弁証法的一般者としての世界」(一九三四年)。引用は『西田幾多郎全集』第六巻、岩波書店、二〇〇三年、三二〇頁。

(90) 前掲「弁証法的一般者としての世界」二四五頁、二七四~二七七頁。

(91) 前掲『三木清全集』第二巻(史的観念論の諸問題)、同第三巻(唯物史観研究)。

(92) 大沢章、呉茂一訳『キリストにならいて』岩波文庫、一九六〇年。

(93) 前掲「弁証法的一般者としての世界」三〇四頁。

(94) 同前「弁証法的一般者としての世界」二八一頁、三〇三頁、三〇七頁等。

(95)『精神現象学』は版も訳も複数。序は二つあり「序言」、「序論」、「緒論」、「まえがき」、「はじめに」などと訳されている。

(96) 訳は長谷川宏による(『精神現象学』作品社、一九八九年、五四九頁)。

(97) 前掲「弁証法的一般者としての世界」三三三~三三四頁。

(98) 一九一一年刊で、版は複数。

(99) 引用文だけでなく「弁証法的一般者としての世界」六~十も参照。

(100) 前掲「弁証法的一般者としての世界」二六〇~二六一頁、二六三頁、二七二頁。

(101)「四天王」と和辻の関係について高坂正顕『西田幾多郎と和辻哲郎』(新潮社、一九六四年)は象徴的。

(102) 加藤「日本文化の雑種性」。初出は『思想』一九五五年六月号で、いくつも再掲されている。『加藤周一セレクション・五・現代日本の文化と社会』(平凡社、一九九九年)では四九頁以降。

(103) 「三木君と個性」久野収編『中井正一全集第一巻—哲学と美学の接点—』美術出版社、一九八一年、三四〇～三四一頁。以下同様。

(104) 「戦争と平和をめぐる教育と非教育の弁証法」『非「教育」の論理』明石書店、二〇〇九年、及び本書終章を参照。

(105) 谷川多佳子他訳『認識論—人間知性新論・上巻』(著作集四)工作舎、一九九三年、二三頁。

(106) 西田「教育学について」『西田幾多郎全集』第一二巻、岩波書店、一九六六年、九八～九九頁。

(107) 三木「歴史哲学」『三木清全集』第六巻、一九六六年、一六五～一六七頁。

(108) 「懺悔道— Metanoetik —」。引用は『懺悔道としての哲学』(田辺元哲学選Ⅱ)藤田正勝編、岩波文庫、二〇一〇年、二〇頁以降。以下同様。

(109) 遺稿の発見から公刊までの経緯は『三木清全集』第一八巻、一九六八年、五四四頁。

(110) 『三木清全集』第一六巻(一九六八年)の「後記」(六〇八頁)。

(111) 前掲「懺悔道— Metanoetik —」一六頁。

(112) 前出の有田のサイト「木村久夫遺書全文を公開する」

(113) 前掲『戦没学徒　木村久夫の遺書』四五三頁。なお、中谷は一四三頁の「メモ」も「削除」しているが、有田のサイトでは一四三頁はない。

(114) 「死と教養について—出陣する或る学徒に答う—」(一九四一年一一月一二日『三田新聞?·』)『三木清全集』第十四巻、岩波書店、一九六七年、五七六～五七七頁。

(115) 前掲『「きけ　わだつみのこえ」—木村久夫遺稿の真実—』五四～五五頁。八八頁の注には小池の前掲『軍艦旗を降ろせ！！』と木村の「手記」の違いも指摘されている。

(116) 前掲『戦没学徒　木村久夫の遺書』四八六頁。

(117)『哲学通論』一三九頁に書き込まれた木村久夫の遺稿の部分。及び木村宏一郎『忘れられた戦争責任―カーニコバル島事件と台湾人軍属―』青木書店、二〇〇一年、三二八頁。なお、木村宏一郎は五十嵐の研究も承けている（一三〇～一三二頁）。
(118) 同前『戦没学徒　木村久夫の遺書―父よ嘆くな、母よ許せよ、私も泣かぬ―』四五八頁。
(119) マルクス主義者を含む思想犯政治犯が本格的に釈放され、一九四六年四月一〇日の大日本帝国議会第二二回衆議院議員総選挙では革命を呼号する日本社会党から九三名、日本共産党から五人が当選し、政治的に激変した。戦地でも哲学書を読む程であるから、その兆候をいち早く察知した可能性はある。
(120) 前掲『軍艦旗を降ろせ！！』二六二頁。以下同様。
(121)「『わだつみ』悲劇の学徒兵　木村久夫　無実訴え『戦犯』処刑」（「東京新聞」二〇一四年四月二九日）。
(122) 同前『軍艦旗を降ろせ！！』二六三～二六四頁。
(123) 二〇一七年二月二五日「産経新聞・産経抄」。
(124) 前掲『軍艦旗を降ろせ！！』二六三～二六四頁。
(125) 前掲『戦没学徒　木村久夫の遺書―父よ嘆くな、母よ許せよ、私も泣かぬ―』四八五頁。
(126) 前掲「『わだつみ』悲劇の学徒兵　木村久夫　無実訴え『戦犯』処刑」「東京新聞」二〇一四年四月二九日。
(127) 前掲『忘れられた戦争責任』二八三～二八四頁、及び一九〇頁。以下同様。
(128) 前掲『忘れられた戦争責任』三〇一～三〇九頁、三一七頁。前掲『真実の「わだつみ」　学徒兵木村久夫の二通の遺書』一五五～一五六頁。
(129) 同前『忘れられた戦争責任』八四～九二頁。以下同様。
(130) 参考に、中国では日本軍、国民党軍、共産党軍、軍閥が入り乱れており、賢明な村では、日本軍相手の村長、国民党軍相手の村長、共産党軍相手の村長などと役割分担し、日本軍が撤退し、共産党軍が進駐し対日協力者の村長を処罰しようとすると、「逃げていない」などと説明し、実は密かに匿ったという（共産党軍が撤退し日本軍が再び進駐したら再登場）。カーニコバルではどうであったかと想わされる。
(131) 前掲『「わだつみのこえ」を聴く』一四五頁。
(132) 前掲『忘れられた戦争責任』七七〜七八頁等。
(133) 前掲『孤島の土となるとも―BC級戦犯裁判―』七三〇〜七三二頁、一九九頁も参照。また前掲『忘れられた戦争責任』も参照。
(134)「ゲーテに於ける自然と歴史」『三木清全集』第二巻、岩波書店、一九六六／一九八四年、三六一〜三七八頁。フロイトは「不気味なもの」においてゲーテからいくつも引用（藤野實訳、全集第一七巻、岩波書店、二〇〇六年）。
(135) 同前「ゲーテに於ける自然と歴史」三八〇〜三八三頁。以下同様。なお「アナンケー」はノートルダム大聖堂に落書きされ、それがヴィクトル・ユゴーの『ノートルダム・ド・パリ』のモチーフとなったように、欧米精神史の理解に重要な概念。
(136)『ソクラテスの弁明』３１Ｄ、訳は多数。
(137) 手書きドイツ語の判読では亀井一大阪教育大学教授に助けられた。記して感謝する。
(138)『ファウスト』講談社文芸文庫、二〇〇三年、上巻一一二頁。
(139) 前掲「新しき知性」九八頁。
(140) 前掲『「わだつみのこえ」を聴く』一四五〜一四六頁。
(141)「文化政策論」『三木清全集』第一四巻、三六三〜三六五頁。以下同様。
(142)「歴史哲学」『三木清全集』第六巻、岩波書店、一九六七年、一二四頁。以下同様。

第三章　五十嵐の「わだつみのこえ」研究と実践

第一節　京都学派から東大教育学へ

これから考察を五十嵐の「わだつみのこえ」研究と実践へと進める。それに伴い論点を京都学派から東大教育学へと移す。

ここでいう東大教育学の意味は、頭が良くて物知りというのではなく、現実と格闘し、変革しようとするアクション・リサーチの系譜であり、それは知行合一として評価できる。これは宮原を起点とする東大教育学の重要な基軸となっている。

第一項　知行合一を基軸にした京都学派と東大教育学の連動

知行合一を基軸に西田、三木の哲学と宮原教育学のアクション・リサーチを連動させ、いずれの発展も目指す。抽象と具体、研究と実践に相乗効果を発揮させ、人間と世界の研究の成果を教育に即して応用し、検証や改善に努める。

これは和辻の関わる京都学派の評価にも関わる。知行合一を指標とすることで和辻が京大文学部から東大文学部へ移ったことと、三木から宮原たちへの思想的実践的展開とを対照させることができるからである。

さらに『平和教育の思想と実践』で考察した鈴木庫三（東大で教育学を専攻した陸軍情報将校）と和辻の比較も参考になる。二人は一九四一年に「大論争」した。[1]鈴木は近代戦の軍人であり、徹底的に現実的で実践的である（これは五十嵐にも通じる）。彼は、一九三六年一一月六日の日記で文部省の会議室で開催された日本諸学委員会第一回教育部会において「展開される非合理的な精神主義に辟易」したと記している。[2]ここから、非合理的な民族主義や全体主義、そして精神主義を助長したのは軍人だけではなく、文人も一定の役割を果たしていたことが分かる。

ところが、実際に戦争となると軍人が前面で戦わねばならない。そして、武士道と軍人魂で奮戦し、戦況が悪化すると非合理的な玉砕・特攻へと突き進むことになってしまった。

しかし、原因と結果を逆転させてはならない。「近代の超克」などと精神主義を鼓舞して時流に乗った文人＝御用学者こそ原因であり、実際に非合理的で暴力的な戦争を分析し、遂行しなければならない軍人の中には、流行に「辟易」し、さらには反対した者もいたのである。先述の「大論争」はこの端的な現象形態である（より詳しい考察は別の機会に行う）。

そして、戦争が敗北に帰結したとき、原因であった御用学者は自分の責任を軍人に転嫁した。達筆や雄弁でいかにも自分は前々から合理的でリベラルで戦争には賛成していなかったと思わせた。まさにウィトゲンシュタインの「思考は言語で偽装する」の事例と言える。[3]それはハイデガーが戦後も巧みに世を渡り、戦争責任追及を回避したことと相似している。[4]

ただし、時流にリベラルな装いを付加することは、体制「内」の親米英派にも都合がよかった。しかも体制「内」ではレベルが低い故の傲慢と卑屈が複合した野心を持つ者もおり（中島「山月記」を活用すれば「臆病な自尊心」の強がり）、そのため御用学者が使われたが、これにより体制のレベルも低くなった。これは、特攻隊を軍神と称賛していた大衆が一転して嘲笑や非難とともに自分自身の言動を糊塗するという衆愚と相互主観的であった。

戦中に『葉隠』を古川とともに校訂（先述）し、『日本の臣道、アメリカの国民性』（筑摩書房、一九四四年、戦後GHQは発禁）を公刊した和辻は、この時機にこそ、死生一如の武士道の真髄を提起すべきであった。直接的な表現を控えた方がいいとしても、三度従軍したソクラテスの「真の哲学」は死の「練習」（先述）やイエス・キリストの「一粒の麦」（「ヨハネ福音書」一二章）などを引いて、意味ある死に向かって懸命に生き、死ぬことで生を全うするというくらいは説けたはずである。ところが彼は『ホメーロス批判』（要書房、一九四六年）の後、『国民統合の象徴』（勁草書房、一九四八年）で「象徴天皇制」に哲学的な装いを凝らした。むしろ無頼派の坂口安吾が「特攻隊に捧ぐ」を発表した。[5]

出陣する学徒に向けて「死生は一」と書き出し、深く考えさせる内容を分かりやすく表現し、励ました三木は、言論どころか身体まで封じられ、沈黙を強いられたまま獄死した。また、シンガポールの獄中で木村は「わだつみのこえ」を遺して刑死した。この木村の絞首刑について五十嵐は「生死一如」を踏まえて考察している。[6]しかも「死ぬは主体が能動（I die）」だが、木村の「能動は実は封じられていた」と認識している。ここから、三木と思想的に通底する五十嵐の木村研究は、京都学派から東大教育学へと展開させるための重要な連結点であることが分かる。

第二項　木村批判と自己批判―「わだつみのこえ」に耳を澄まし運命を重ね―

五十嵐は木村の「運命」を我がこととして受けとめ、言葉で「偽装」することなく、真摯に研究し、それを伝えた。五十嵐の木村への批判は研究から導き出した結果であり、さらに五十嵐はそれに正対しつつ、自分自身の自己批判も実践した。

それ故、戦後生まれの私が木村を批判するためには、五十嵐に習うだけでなく、より一層の自己批判に努めねばならないと自覚する。それは、必要であれば、木村を批判する五十嵐も批判しなければならないことと相関している。このような批判は、その本旨に則り積極的建設的に行う（自分が利口だと見せようとする批判のための批判は論外）。これは木村、そして五十嵐の評価を低めるためではない。むしろ、より高めるためである。

これはさらに他の戦没学徒、さらに遺稿など文章を書くこともできなかった無告の民の思念にも通じる。生と死においては、みな平等である。一つを選び出し「白眉」などと評価すべきではない。

木村の遺書・遺稿の考察は、これを通して他の「わだつみのこえ」、さらには無数の無告の民の声なき声に耳を澄まし、心に刻み、伝えるためでもある。五十嵐はそのようにして「わだつみのこえ」を研究し、伝えた。

この観点から、五十嵐が「何ら結論的なことを書くことはできませんでした」と述べるとともに「木村が日本人のpatをpatとして理解されることを主張し要求したように、島民の生活伝統にもとづく要求がどのように取りあげられたのか知っていないことに気がつきました」と批判し、「平和への出立点に立っているのかどうかを考えさせられる」と問うた点について考察する。[7] 木村は復員しておらずまだ軍人であったが、それでも「平和への出立点に立っているのか」と問えるのは、五十嵐が抑留生活でクライシスを乗り越え、アイデンティティを再形成し、そのようになれたからである。

第三項　木村の主張するpatの意味

五十嵐は法廷議事録を検討し「裁判が報復であったといわれている風説とは反対の印象」を得た。これは徳永の「裁判の手続きとか規律は日本の軍法会議よりよかったかもしれない」（先述）と符合している。たとえ勝者の軍事裁判であっても、法治主義の伝統ある国家の法廷であったと言える。

そして、五十嵐は木村が自分はbeat（強く続けて叩く）ではなくpat（軽く叩く）しただけだと反論したことを「木村が日本人のpatをpatとして理解されることを主張」したと捉える。確かにこの解釈は可能だが、私は木村がbeatに見せて実際はpatに止めたという可能性も考える。無論、軍隊の訊問では、まして戦場ではpatなどあり得ない。もし上等兵がpatですませたら、傍で指揮している下士官に自分がbeatされる。だが、被疑者の身体に当たる直前に力を抜いてpatの程度で止めた可能性は否定できない。限界状況においてなお木村は「人間の条件」を守ろうとしていたと考えることはできる。

これは法廷で「将校、下士官が昂然とbeatを言い放っ」たことと「著しく対比される」という点にも合致する。木村以外の日本兵が残酷にbeatする中で、木村一人だけが気づかれぬようにpatしていたということである。だかだからこそ木村は死に値する「悪を為したのは他の人である」と書けたのである。

しかし、これはあくまでも察知されないようにせねばならない。被疑者がpatだと感じても、その場で木村に感謝することもあり得ない。そうすれば、木村がbeatされるだけでなく、他の手加減しない別の日本兵にbeatされるからである。これは二人だけの暗黙の秘密にしておかねばならない。

法廷で当の容疑者が木村のためにbeatに見せたが実際はpatであったと証言できれば、彼の反論は有効になっただろう。しかし、処刑されていれば不可能である。たとえ生き延びていたとしても、弁護側の証人に立てば親日派〜対日協力者と見なされて迫害される。それでも敢えて証言しようとしても、日本軍は木村への責任転嫁を決め、英軍もそれに沿って軍事裁判を進める方針を固めていれば、これを揺るがせるような者を証人とすることはあり得ない。国際情勢は冷戦に突入し、英国は中東で「三枚舌外交（フセイン＝マクマホン協定、サイクス・ピコ協定、バルフォア宣言）」のつじつまを合わせねばならず、さらにインド独立に対処しなければならなかった。極東軍事裁判は一九四六年五月三日に始まっており、カーニコバル島事件などで煩わされてはならなかった（英軍によるシンガポールの法廷での結審は三月二六日、木村たちの処刑は五月二三日）。

その上でなお、木村は「他の人」の beat を制止させることはできなかったことが問われる。自分の行為では「人間の条件」を保持できたとしても、日本軍─内─存在としての木村は共犯者であった。彼自身「早く早くと急かされて夢中でアクセルを踏んで走っているうちに事故を起こした運転手のようだ」と軍隊「内」の一員であったことを認めている。その「内」においては、個人としていかに「寛容」に対処しても、限界があったと言わざるを得ない。

無論、限界は前近代的な野蛮から脱却し切れていなかった日本軍の方が重大である。しかも、木村は青年であり、年長の上官の方が責任重大である。だからこそ責任転嫁と言わざるを得ない。

第四項　年長の上官の責任─軍規・軍紀の問題─

年長の上官の責任に関わり、木村の部隊の軍規・軍紀について述べておく。これは五十嵐との運命の違いの理解にも資する。五十嵐は木村の運命を我がことと捉えており、それは当時の現実に即している。だが、結果は異なった。その要因の一つに所属部隊における綱紀粛正を挙げることができると考えられる。

五十嵐は、熱誠のあまりつい候補生を殴った上官が「厳正」に「謹慎罰」を受けたことを「後々も忘れられず、今にいたるまで私のこころをゆさぶる」、「軍隊の全重量をささえる鍵というか、土台の中心があった」と記している（後に詳論）。彼の所属部隊における軍規・軍紀の徹底が示されている。これは木村が「優遇」されていた部隊と異なる点である。関連して、先述したナンコーリ島との対比、及び軍律や作戦用務令に関する証言は、この補強となる。

確かに、軍規・軍紀まで五十嵐は論じていない。しかし、少尉・区隊長であれば、当然、そこにまで思索が及んでいたであろう。ただし五十嵐は熟考していて書くに到らなかったと私は推論する。言い換えれば、私は五十嵐の研究を引き継ぎ、この解釈を提出する。

第五項　「運命」の「問に充ちた答」を求めて

五十嵐は「『わだつみのこえ』をいかに聴くか―国民・国家の責任と人間の罪との間―」を大切にしていた。これは『人間と教育』一九九五年三月号に掲載され、同年六月一六日発行『雲山万里―南方軍幹部候補生隊の活動と戦後五十年の回顧―』（前掲）に「あとがき」を加筆して再掲された。その間、同年五月十三日、四高会例会で前半部が「『わだつみのこえ』をいかに聴くか―生死の問題―」との表題で報告された。さらに、五十嵐は川上蓉子宛の書信（書き出しは「川上徹さん、蓉子さん」、日付は一九九五年三月三日、消印は三月五日）に、このコピーを同封した。没後、それは『「わだつみのこえ」を聴く』にも付記や注記が加えられて収録された。この表題は書名と近似しており、五十嵐の「わだつみのこえ」研究の核心が述べられていると言える。ただし、先述の「あとがき」は未収録である。私は「あとがき」もまことに重要であると考え、ここに再掲する（前掲『雲山万里』三九三頁）。

一九四五年六月、原隊復帰を命ぜられて私はスマラン会（後の戦友会で部隊を指す―引用者）の同僚と別れシンガポールに向かった。第七方面軍司令部に行き申告した。原隊の歩兵第百十九連隊は全滅、連隊長浅野庫一大佐は戦死だといわれた。ここの参謀部第三課（兵站）で働くことになった。

アンダマン、ニコバル島の陸軍部隊からキニーネを送れという強い要請があった。投下は海軍の飛行機隊に頼む外はなく、それは末席の私の仕事だった。

八月十五日以後、私は参謀部の先遣隊となりレンバン島に派遣された。その役割りがおわって島の北リオ指令所に移され、島に集結してくる部隊を迎え、日本へ帰還する部隊を送る仕事にかかわった。この中に木村久夫上等兵が所属していた、独立第三六旅団の部隊があった。

こういうことのために、カーニコバル島事件の木村上等兵の絞首刑は無縁の人のものではなかった。ほんのちょっとした状況のちがいで、木村の運命が私のであったとしてもおかしくないとおもった。

木村の絞首刑の過程に伏在する根本の問題は、一九一六年生れ、足かけ五年の軍歴の私にとって共通しており、重く迫るものがあった。それがいかなるものかを考えていかねばならない。老残の侵蝕は一刻も止まらないが若く逝った人たちを忘れずに責任ある日をおくれるように微力をつくしたい。本書への寄稿を仲立ちしてくれた戦友初田弥助氏に深く感謝している。

彼の原隊は全滅した。またアンダマン・ニコバルからは「キニーネ」が強く「要請」されたが、送り届ける方法は飛行部隊の「投下」しかなかった。他にも切迫した情報が時々刻々参謀部に入ってきたはずである。「キニーネ」に関わることは氷山の一角と言える。

「木村の運命が私のであったとしてもおかしくないとおもった」は、これに基づいている。その前の「ほんのちょっとした状況のちがい」については、特に軍規・軍紀に則して既に考察した。

これは臨界的かつ危機的という意味でクリティカルであった。五十嵐は青年期において存在を脅かす程のクライスを乗り越え、老年期においてなお正対していた。しかも「老残の侵蝕は一刻も止まらないが若く逝った人たちを忘れずに責任ある日をおくれるように微力をつくしたい」と「決死」の覚悟で最後まで闘い続ける生き方を表明した。

それは木村の短歌の結び「征かむ」と相同である。

この「責任ある日をおく」るとは「わだつみのこえ」を研究し、伝えることである。それは「問に充ちた答」の探究でもある。「運命」は問えるが、逃れられることはできない。それでも問わずにはいられないが、最後は受け入れるしかない。受け入れてもなお、何故と問わずにはいられない。それが愛惜／哀惜すべき人間の生（life）の真髄である。

木村の「運命」を我がこととして取り組む五十嵐の思想・詩想と実践を研究するためには、そこにまで迫らねばならない。私は、五十嵐はどのような人間であり、いかに生き、死んだかと、彼の生と死を通して彼の思想・詩想と実践について研究し、さらにこれを介して学徒兵の生と死が結晶化された「わだつみのこえ」を研究するという重層的な研究により、激動の時代の生と死の意味を探究する。

第二節　「生涯苦吟」の苦闘

第一項　生涯発達を貫く「信義・道義」

五十嵐の「問に充ちた答」を求める生は最後まで貫かれた。事実、彼は対話集会で高校生の問いかけに答える途中で絶句して倒れた。

彼は時代だけでなく自分自身にも問い続けた。これは両面における苦闘でもあった。それは五十嵐の「おさまりがついていないんだ」や安川の「予想外」と密接に関連している。闘い続けるためには、変化する時代に対して自分も変わらねばならない。自分に安住することはできない。否定、否定の否定、さらに否定の……という弁証法の知行合一であり、アイデンティティのクライシス、形成、クライシス、再形成……という生涯発達でもある。だが、その水準に到らない、しかも固定観念・既成概念に囚われた硬直した考え方では理解できない。実際、かなりの「門下生」が「晩年と東大教員時代の」五十嵐には「乖離」があると見なした[8]。

他方、黒崎は自主ゼミで五十嵐の『民主教育論』（青木書店、一九五九年）を「読み直」すと「多くの箇所で先生がきわめて柔軟な思索をおこなっていることに気づかされた。経済決定論を批判して上部構造の相対的に独自な働きを解明することが今日のラディカルな教育論の特徴だとすれば、『民主教育論』には明らかにそうした特質がすでに先取りされている」と述べている[9]。また「不肖の教え子」と自称した川上は「生涯苦吟した陸軍少尉」（先述）と評した。二人とも、柔軟だが一貫していた五十嵐の生涯発達の本質を簡明に総括している。

関連して、宮崎学は五十嵐が大窪敏三（海軍下士官から日本共産党軍事委員長）や樋口篤三（予科練から革命家）とともに「軍隊体験のなかで身につけた信義・道義を貫こうとした」と捉えている[10]。軍人からマルクス主義者という発達の中軸に「信義・道義」を認識している。

同様の発達として、五十嵐や宮原とともに教育科学運動で奮闘した伊ヶ崎暁生が予科練出身であったことが挙げられる。また東大闘争・安田講堂攻防戦では本郷学生隊長であった島泰三（理学部生）の義兄は航空自衛隊の教官で、逮捕・投獄された彼の身元引受人になり、「軍人としての栄達の道を自分で断った」ことも参考になる[11]。即ち、軍隊とマルクス主義という繋がりは五十嵐に特別ではない。

参考として、特高警察の伊藤猛虎は宮原を拷問・訊問したが、戦後は宮原に反省・謝罪し再出発した（『平和教育の思想と実践』序章の注27）。また、藤田は真面目な少国民であったが、戦後は平和学習・民主教育の研究と実践に努めた[12]。気骨ある自由主義者であった家永について言えば、彼の父は陸軍少将で、母はよく楠木正行の話を聞かせていた[13]。

なお、私について付言すれば、父は特攻隊員で、私の名前の「正行」は「まさゆき」だけでなく「まさつら」とも読むとつぶやいた。

これらから『平和教育の思想と実践』では五十嵐の生き方を特徴づける鍵概念として「実意」を提出したが、本書では川上や宮崎から学び「決死」や「信義・道義」も加える。五十嵐は戦中「実意」を以て「信義・道義」を「決死」の覚悟で貫き、戦友と戦い、戦後は同志とアソシエーションの実現を目指して闘った。その過程で五十嵐は「わだつみのこえ」に耳を澄ますようになった。

第二項　闘い抜いた生―「死して後、已む」―

信義・道義は大義、正義、真理とは異なる。前者は具体的個別的な人間関係で問われ、後者は抽象的普遍的な世界で求められる。個別と普遍の統合と言うは易いが行うは難し。この極めて困難な課題が激動する歴史の内で個人にのしかかり、クライシスをもたらした。青年期、五十嵐は軍人になり戦い、負け、捕虜になり、痛切に反省した。成人期、五十嵐はマルクス主義者として闘う中で過去と正対し、「わだつみのこえ」をめぐる論争には沈黙しつつ厳粛に学徒兵の生と死に正対し、反省・熟考した。老年期、ライフサイクルを完結させようとしたが、「おさまり」をつける前に倒れた。それは言うは易く行うは難き信義・道義を貫こうとしたからであった。

「わだつみのこえ」だけでなく、五十嵐の研究はどれも自分自身の生が深く関わっており、まさに知行合一であった。幅広い研究が「わだつみのこえ」に集約されたのである。

五十嵐は木村の「運命」を我がことと繰り返し述べたが、これは他の戦没学徒兵に対しても同様であった。それは自己の「外」に存在する他者の戦没学徒兵の「こえ」を我がこととして「内」で聴きとる外と内の弁証法の実践であった。外の公の場で高校生に答えるかたちで内心の「苦吟」の如き熟考を吐露する中で倒れた。まさしく「士は以て弘毅ならざるべからず。……死して後、已む」（『論語』泰伯篇）の実践であった。

これにより五十嵐のライフサイクルは完結させられたが、五十嵐にとって「おさまり」をつけることは最後まで果たせなかった。だが、ライフサイクルは「世代のサイクル」[14]を通して若い世代のライフサイクルに繋がる。それ故、五十嵐に代わり「おさまり」をつけるのは遺された課題である。私はこれを自覚し、その達成に努める。

第三節　「継続」と「飛躍」―変化の中の一貫性―

第一項　五十嵐の「守破離」―日本的な弁証法―

「予想外」の「結び」について、それ以前の論考と比べると、確かに変化がある。しかし、これは安易な揺れなどではなく、研究の発展であった。五十嵐は木村の運命について我がこととして反省を以て徹底的に熟考し、追究し、そして自分とは異なると見極め、突破し、離れようとした。五十嵐は「木村の運命が私のであったとしてもおかしくない」と木村に同一化（identify）したが、その後、対象化し、さらに批判しつつ自己批判も行った。千利休に習えば、その過程に「守破離」という日本的な弁証法を認識することができる。

当初、五十嵐は木村が「無実の罪を着せられて処刑された」と書いたが[15]、後に木村の「私は何等死に値する悪をした事はない」を繰り返し問うた[16]。それは木村の加害者としての側面の追究である。五十嵐は『「わだつみのこえ」を聴く』では「島民の生活伝統にもとづく要求がどのように取りあげられたのか知っていない」（先述）と書くに止めたが、「木村久夫の手記」ノートでは「木村は罪を認めていない。原住民に対して罪を認めていない」と批判した[17]。

ここで重要なのは五十嵐は痛恨の自己批判を以て加害者としての木村を批判したことである。逆に言えば、木村には自己批判が不足していた。確かに木村は若くて未熟だったが、社会科学や哲学を勉強したのであるから、スパイ容疑で八〇人以上を殺害した軍隊の「内」に彼も存在していたことを自らに問わねばならない。

ただし、五十嵐も若かった。それでは、木村と五十嵐の違いはどこにあるか？　学生時代、木村は授業に出ず、白紙答案を出すことさえあった。他方、「決死」で「信義・道義を貫」く五十嵐は答えられるのに白紙で出すことはなかったであろう。また幹部候補生になれるのにならないことも五十嵐の生き方ではなかったであろう。五十嵐は「軟弱頭脳」と自己批判したが、できるのにできない振りをすることは偽りであり、この点を見過ごしてはならない。

軍国主義の軍隊で将校になることを拒否した点のみならず、その軍隊はアメリカ帝国主義と戦ったという点も考えるべきである。そのような軍隊「内」に存在したからには、同胞の部下を一人でも死なせてはならず、そのためには優秀な将校にならねばならない。

試験でも、部隊でも、周囲には全力で頑張っている者がおり、中には「決死」の覚悟の者もいただろう。それなのに自分が力を尽くさなくていいのか？　それは手抜きではないか？　無責任ではないのか？

これは〝できるが敢えてしない〟という戦闘的非暴力ではない。多くが全力を尽くし、文字通り必死で苦闘している場から逃れるのであり、まさに卑怯なことであった。それはまた「信義・道義」に反し、さらに士気に弛緩をもたらすことから先述した軍規・軍紀の問題にも関わる。このような〝できるのに、できないふり〟など、五十嵐はできなかった。優秀な成績で幹部候補生から将校になることは己の力量にふさわしい責務を引き受けることで、立身出世とは異なる。

なお〝できるのに、できないふり〟という点は、五十嵐との共著のある城丸章夫でも見出せる。ただし、城丸は木村とも異なる。この点をより明確にすることは「わだつみのこえ」の研究にも資するため『社会教育学研究』第四二号（二〇一八年九月）で考察する。

第二項　帝国主義戦争における「世界最強」の陸軍と平和教育・民主教育―「絶対矛盾的自己同一」の弁証法―

労働者階級の解放のため、アジアの解放のためという大義も重要だが、現実に迫り来る武力に対して如何に為すべきか？　ファシズム側の国軍に対して民主主義の米軍が攻撃する中で、軍国主義に反対して手榴弾を「投げないと」、「連隊は全滅」するという限界状況において、如何に為すべきか？　投げなければ「隣の戦友が死ぬわけですネ。その、そういうその、小さい仲間」を見殺しにできるか？　信義・道義より大義を選ぶべきか？

反ファシズムというが、民主主義を標榜する米国の軍隊は広島と長崎に二度も原爆ジェノサイドを行使し、東京、大阪はじめ大都市にも無差別爆撃を繰り返し、非戦闘員の無数の胎児、乳幼児、子供、女性、老人たちを虐殺した。他方、五十嵐の部隊がいたインドネシアでは、オランダが東亜の解放を掲げる日本軍に駆逐された後、再び植民地に戻ることはなかった。また、中国の租界は大日本帝国と中華民国（南京国民政府・汪兆銘政権）との協定でなくなり、それに帝国主義列強が続き、その後、租界が復活することはなかった。確かに日本にも帝国主義的植民地支配の戦略があったが、これらの史実を無視してはならない。

有限＝不完全な人間による国家や軍隊は完全無欠ではない。「神性」(18)の次元をも仰ぎ見て如何に生き、死ぬか「決死」の覚悟で考えていた五十嵐は米軍や蘭軍を理想化してはいなかったと言える。

これは先に考察した「世界最強の集団であった日本陸軍」の意味にも関わる。〝非人道的な原爆が使われなければ、決して負けはしなかったのだ〟という無念は軍国主義の肯定とは異なる。だが、それは誤解・曲解されかねず、五十嵐は内心を外に出せなかった。最晩年になってようやく書けた。このように私は分析する。この内心の苦吟を洞察するためには、「絶対矛盾的自己同一」の弁証法が必要である。これにより「世界最強」の日本陸軍と平和教育・民主教育を止揚できるからである。

第四節　ライフ・ヒストリーとヒストリカル・モメント（回転の力学）

第一項　五十嵐とエリクソン

五十嵐の「わだつみのこえ」研究における自己批判と他者批判は主観性と客観性を統合した実践である。これは世界大戦の激烈な歴史、それに翻弄される人間、その内心の思念＝主観を自己の「内」に取り入れ、かつ自分自身の経験に根ざした思念（主観）と照らし合わせ、重ね合わせて、アイデンティティと歴史のダイナミクスを考究する営為でもあった。それはエリック・エリクソンのライフ・ヒストリーとヒストリカル・モメント[19]に通じ、実際、五十嵐は「はるかなる山河」ノート（遺稿）でエリクソンについてノートをとっていた。

ライフ・ヒストリーとヒストリカル・モメントは歴史を動かす個人の生きる力と社会的な諸力のダイナミクスを理解するための心理歴史的な理論装置である。力学的概念のモメントが援用されていることは、このダイナミクスにより個人も社会も転回・展開していくことを示している。

エリクソン自身、ナチの迫害を逃れて米国に亡命したが、そこでもマッカーシズムに見舞われ、いずれに対しても彼は抵抗した。ライフ・ヒストリーとヒストリカル・モメントは彼自身においても鮮明に現象している。具体的にはインド独立闘争やガンディーの「戦闘的非暴力」との関連で『ガンディーの真理—戦闘的非暴力の起源—』で提出された「梃子」の原理を挙げることができる。[20] エリクソンはガンディーの指導したインド独立闘争において「真理の力」を析出し、それ「真理の梃子」と表現した。圧倒的に強い大英帝国と非暴力で闘い、勝利したのは、「我に支点を与えよ。さすれば地球をも動かして見せよう」と言ったというアルキメデスの梃子の原理を非暴力闘争で応用したからである。

また、ガンディー自身も「真実をわたしの実験の対象として」闘った。[21] それは翻って自分自身を対象として「実験」することであった。彼は「わたしはこれまで深い自己省察を続けてきたし、徹底的に私自身を調べまわった」と述べている。これは自己分析とアクション・リサーチに通じる。

このようなエリクソンの研究を、五十嵐が自分自身のライフ・ヒストリーと重なり合う「わだつみのこえ」研究に応用していることは、まことに慧眼である。これは『平和教育の思想と実践』でも推察していたが（特に第五章）、論拠を明示できないため伏在させるに止めていた。だが、その後「はるかなる山河」ノートで確かめられたので、本書第四章では論拠を示し考察をさらに発展させる。

第二項　変化する時代と自分自身を一貫する同一性（アイデンティティ）

人間はクライシスを通してアイデンティティを形成・再形成……して生涯発達する。また、社会は政治的経済的文化的な諸力が錯綜するクライシスを通して発展する。そして前者は世代から世代へ、後者は時代から時代へと変わる中でライフ・ヒストリーとヒストリーが交叉しつつ創り出される。

それぞれは変化の中でも同一であることが求められる。変化の前と後で繋がりがなければ断絶、分裂、混乱がもたらされる。アイデンティティが同一性と訳される所以である（民族的同一性〔アイデンティティ〕は民族主義とは異なる）。五十嵐も変化する時代の中で自分自身を変えつつ同一であり続け、アイデンティティを重層的に形成した。これを川上は「継続」と「飛躍」と総括した。

アイデンティティ・クライシスは発達のためには誰もが経験せねばならないが、時代の激変が重なると一層深刻になる。五十嵐においては青年期の敗戦と抑留に起き、これについては既述した。

ここでは老年期における時代の激変とアイデンティティ・クライシスについて述べる。その激変は、グローバルな民主化運動の広がりの中で一九八九年に勃発した天安門事件（六月四日の血の日曜日）とベルリンの壁の崩壊（一一月九日）、その後の社会主義諸国の崩壊である。これは思想的にはマルクス主義を根底から問い直せしめたが、戦争責任と「わだつみのこえ」の研究にとって重大なのは、中国共産党が対日姿勢を変化させたことである。

第三項　中国共産党の変化

戦争の被害が甚大な中国において、政権を掌握した毛沢東は日本に対して戦争責任を強調しないどころか「謝意」さえ表明し[22]、一九七六年に彼が死去した後も中国共産党政府はそれを踏襲した。これは一部の軍国主義者は処罰するが、日本兵の大多数は強いられ、或いは騙された人民であり責任は問わないという階級闘争論に基づく国際主義に拠っていた。五十嵐は同じ共産主義者として友好、連帯、共闘の立場に存在することができた。

毛沢東・中国共産党の対日友好路線は蒋介石・国民党への対抗でもあった。それぞれは国共内戦に備えて、日本との問題を最小限に抑え、むしろ武装解除後の武器を獲得しようとする戦略があった。国民党も共産党の人民連帯国際主義に対して「以徳報怨（徳を以て怨みに報いる）」と戦争責任は一部の軍国主義者に限定していた。五十嵐は「宮本百合子教育学（論）ノート」の中で前出田辺『哲学入門』七一頁の「罪を赦す…」を引用した後で「私の省察」として「中国政府には（共産党）政治的意図」があって「当然」と記していた（田辺に関しては引用のみ）。

天安門事件の前、季刊詩誌『稜線』一九八六年三月号に上田三郎の論考が掲載された。五十嵐はこれをいくつものノート（遺稿）に中に置き、メモを書き入れていた。『稜線』の表紙の右上には赤字で「保存」と書かれ、さらに青字で「上田三郎論文『十五年戦争と教育』」と記されており、五十嵐が特に重要であると評価していたことが分かる。

次に、上田の論考を取りあげると「十五年戦争と教育」は五十嵐の取り組む課題と重なり合う。その中で上田は日中「人民の連帯」を提起している。[23] これについて、上田は中国人の回想には「日本の軍国主義と人民は違うという発想が、理屈ではなく、実感をこめて語られている」と述べている。それは中国共産党が一部の軍国主義者を除いて、多くの戦争責任は問わなかったことと符合する。「人民」という表記から「中国人」の中でも国民党ではなく共産党の側について述べていることが確認できる。それは五十嵐の思想的立場にも合致する。

この「人民の連帯」に基づき、上田は「戦争責任」について、次のように述べる。

最近日本国民の戦争に対する加害者としての責任を声高く糾弾するのを聞く。この論者はいったいだれの立場に立って、だれを非難しているのだろうか。中国大陸や東南アジアの戦線で二千万の民衆を虐殺した日本軍の戦争責任は、もとより徹底して追及されなければならない。しかし、「大東亜共栄圏」を妄想して軍需景気の飽くなき利潤追求に狂奔した財閥や、天皇を錦の御旗にして「八紘一宇」の領土拡張を夢みて戦争を開始した軍閥に的確に照準をしぼることなしに、日本人一般を攻撃するならば、戦争によって肉親を奪われた幾百万幾千万の同胞を反戦・平和のために立ち上がらせることはできない、不毛の論理である。

「戦争によって肉親を奪われた幾百万幾千万の同胞」には、戦死者だけでなく、原爆や各地の空襲による無差別攻撃、「鉄の暴風」と呼ばれる沖縄への無差別攻撃、戦後のシベリア抑留における苛酷な環境下の強制労働による間接的な虐殺（未必の故意）などの犠牲者や遺族も含まれる。東京裁判で日本は人道に反する罪を適用されたが、それらもまた人道に反している。戦争は加害と被害、正義と邪悪など単純な二元的対立図式に還元できず、有限＝不完全な人間は天使でもなければ悪魔でもなく、その現実は複雑である。無論、相対主義に注意しなければならない。「財閥」や「天皇を錦の御旗にし」た「軍閥」の責任を曖昧化・矮小化し、無数の犠牲・被害を出した民衆と「財閥」や「軍閥」とを同列に論じてはならない。加害と被害の両面とその絡み合いを慎重に分析しなければならない。

従って、加害を「日本人一般」に拡散させて「糾弾」、「攻撃」することは誤りである。それでは「幾百万幾千万の同胞を反戦・平和のために立ち上がらせることはできな」くなり、まさに「不毛の論理」だからである。このようにして上田は人民の連帯から平和運動へと論理を展開する。

これは、同じ戦争責任でも、戦争を指導した重要戦争犯罪人のA級戦犯とB・C級戦犯の戦争責任の差異の認識と、それを平和教育へと展開する論理にも当てはまる。後者の一人が木村だが、しかし、彼は責任を転嫁され、不当な判決により処刑された。

ただし、上田論文の発表は一九八六年で、天安門事件の前であった。この事件で中国共産党は民主運動を武力鎮圧し、その後、改革開放政策を加速化し、経済成長と粛清を組み合わせて押し進めるとともに（飴と鞭の政策）、共産主義への信頼失墜（人民解放軍の人民の虐殺）を補うべく中華思想と愛国主義を強調するように変化した。しかも、共産主義はベルリンの壁の崩壊、東欧・ソ連の社会主義体制のドミノ的崩壊でさらに低落し、中国共産党の危機感は強まるばかりであった。そのため、抗日戦争と国共内戦の勝利を以て政権の正統性・正当性を確保し、それと裏腹に日本の侵略戦争の歴史とその責任を追及するようになった。このようにして国際主義的な「人民」連帯は後景に退いた。

また、中国は一九九二年に韓国と国交を樹立し、韓国も歩調を合わせて日本の侵略戦争とその責任を追及するようになった（この変化は矢内原の植民／殖民政策論とも関わる[24]）。

第四項　五十嵐の沈黙と発達

一九八九年を転換点とする国際情勢の変化について、五十嵐は何も言及していない。黙々と戦争責任の研究と実践に努めた。だが、これから詳論するとおり、五十嵐は変化し、発達を遂げていた。即ち、九〇年代から「わだつみのこえ」に関する論考を発表し始め、その中で矢内原の植民／殖民政策にもしばしば論及した。ただし、五十嵐は早くも青年期に矢内原やキリスト教に関心を向けており、長年の熟考が一九八九年を契機（モメント）に顕在化したとも言える（この点は後述）。

即ち、五十嵐は時代の変化の中で自分自身も変化しつつ、生き方の核心では同一性を堅持して発達を遂げた。彼は矢内原の研究を深めつつ朝鮮植民／殖民を問い続け、またアウシュヴィッツを中心にナチズムを批判しつつ「わだつみのこえ」を研究し、伝えた。

このようにして彼は家族を守り日本を守るために戦う軍人～世界の人民と連帯し搾取や支配と闘うマルクス主義者～「わだつみのこえ」に耳を澄まし軍人であった青年期を反省しつつ自己と日本と世界とを統合的に研究し伝える者という生涯発達を進めた。それはテーゼ、アンチテーゼ、ジンテーゼの弁証法的な発達である。その中で「卑怯」にならず「真理の勇気（Der Mut der Wahrheit）」を以て闘い抜いた。

カントやアルチュセールに習えば、五十嵐は研究と実践の「戦場（Kampfplatz、champ de bataille）」で生涯発達し続けた。

第五節　重層的なアイデンティティ形成

第一項　信愛と闘志の絶対矛盾的自己同一

黒崎は五十嵐が一九四二年から四六年まで「典型的な陸軍軍人」であったと述べる[25]。だが、より深く考察すると、これで括りきれない思想・詩想が見出せる。五十嵐は、信心深い母との信愛、詩人で無教会的キリスト者のエマーソンの超越を含む「文学派」の学業、矢内原の内的「沈殿」、軍隊生活における厳正・信義・道義などを基盤にして、敗戦・抑留の生存にまで関わるクライシスを乗り越えてアイデンティティを多面的重層的に形成した。復員後は教育学を中心にマルクス主義、宮原や矢内原の学問や信仰などを研究し、その成果を教育した。これらは次から次へと移り変わったというのではなく、各段階の発達が一つひとつ積み重ねられていった。その過程で彼のアイデンティティは再形成、再再形成……され、重厚な人格に結実した。

現象形態では帝国陸軍少尉とマルクス主義教育学者の間は「継続」ではなく断絶だが、内面においては、川上が『あのときの中隊には人間の信義があった』と、それと戦後の共産主義者人生はつながっている」と剔抉したとおりである[26]。同様に唯物論と信仰は両立できないと決めつけるべきではない。絶対矛盾の自己同一を以て此岸・現世は唯物論で、彼岸・来世は信仰で考えることは可能である（ご都合主義的使い分けは論外）。その根底には乳児期以降の人間と世界への信頼・信愛があり、これが信義の基盤となっていた。

それ故、戦う～闘う生き方を貫いたとは言え、五十嵐は決して好戦的ではなかった。厳正な軍紀の中にも信愛・情愛が確かにあった。信愛と闘志という絶対矛盾的自己同一が彼の人格の深さ、豊かさをもたらした。

それができたのは、五十嵐が己の過去を隠さず、自分自身をごまかさなかったからである。隠せばそれが失われ、積み重ねられない。逆に隠さなければ発達の糧にできる。

これが五十嵐において鮮明に現れたのは、戦中の「壮行の辞」と戦後の対応であった。

第二項　第二区隊長陸軍少尉「壮行の辞」の『雲山万里―南方軍幹部候補生隊の活動と戦後五十年の回顧―』再掲

五十嵐が遺し、現在では同時代社に保管されている『雲山万里―南方軍幹部候補生隊の活動と戦後五十年の回顧―』では、当該頁の右上の余白に赤字で「重要保存」と記され、右下の余白に青字で「初田弥助氏より、南方軍幹部候補生『大戦後五十年記念誌』編集に際し、拙文にかんし、五十嵐の名を削るべきかの相談ありたるも私はそのまま私の文章として記録されたし旨、申上げたり。一九九五年四月三十日　メモ」と記されている。初田は『雲山万里』の編集長であり、彼の「五十嵐の名を削るべきか」という「相談」は、五十嵐が戦中に書いた候補生を送り出す「壮行の辞」がマルクス主義教育学者で民主教育、平和教育、戦争責任などに取り組んでいることに不都合ではないかと気遣ったためと言える。しかし、五十嵐は「そのまま私の文章として記録されたし」答え、実際『雲山万里』にそのまま掲載された。初田は追悼文で五十嵐の速達の返事を紹介している(27)。

今になって教えられたほうの方々の言葉に対し、教えたほうの私たちの言葉や名を隠すことは、ものの道理に反します。

あそこに書かれていることは、今日から見れば誤りがあります。（中略）

その反省、克服は努力したいのですが、私自身が候補生諸兄の前で述べたことを、誰が述べたか分からないようにするのは、更に大きな人生的誤りを重ねることと考えるからです。

私自身はあの時、あの私自身が今の私自身になりましたので、そのまま私の文章として載せて下さい。世間的、あるいは政治的なおもわくは一切ありません。あの時の自己を反省したり改造することは、右のことと全く別のことでありましょう。前身を隠すことは今日、また明日の修養の気持ちをごまかすことになります。

これを、初田は「人間の限りなき広さと尊厳」を示すものであったと述べている。それでは次に「壮行の辞」について考察していく。五十嵐の配属された「南幹候隊」第一一期第二次・第三中隊では卒業時に文集『敢闘』が作成された（わら半紙にガリ版刷りホチキス綴じ全一三頁）。その内容は第四南鳳歌、明治天皇御製（五首）、幹候隊長、歩兵隊長、中隊長、各区隊長、区隊付教官の壮行の辞、見習士官二百名の決意表明となっており、五十嵐第二区隊長陸軍少尉の壮行の辞は第二頁に収録された[28]。これは『雲山万里』の「第二次十一期候補生ヲ送ル」の中に再掲され（六〇～六一頁）、その前の五九頁では「血涙の決別の辞」と表記されている。彼の壮行の辞の「内容を要約すれば、ひとえに至誠尽忠の心を説き、かくなる上は攻撃精神あるのみと断じ、もって神州を護持せよとの訓示」（初田）であった。

ただし、その時、五十嵐は青年（二六歳から三〇歳）であった。「未熟は決して恥ずべき事ではない。少なくとも未熟を隠す事よりは……」という[29]。隠すことができたにも関わらず、そうしなかった五十嵐は未熟を確実に克服し成熟していたと言える。未熟を言い訳に自分を甘やかすことなく、自分の過去と真摯に正対し続けたからである。

第三項 「幼キ時ノ母ノ声」と「わだつみのこえ」

五十嵐の「わだつみのこえ」研究では矢内原の研究が大きな位置を占めている。彼はキリスト者であるが、殆どの教会が戦争協力か沈黙に傾く状況において無教会の立場で反戦平和を闘い、東大から追われた。このような矢内原を、五十嵐は四高時代に既に内心に「沈殿」させていていた（先述）。

無教会は組織に依存しない独立不羈の精神に通じる。無限で全知全能の神ならぬ有限で不完全な人間が組織する教会の内情を知る時、それに影響されず信仰を守る形態として注目すべきである。パスカルは「パッション（情欲、キリストの受難）が主人となれば、それは悪徳になり、さらに魂に栄養を施し、それによって魂は養われ、毒される（quand les passions sont les maîtresses, elles sont vices et alors elles donnent à l'âme de leur aliment, et l'âme s'en nourrit et s'en empoisonne）」（『パンセ』断章五〇二）、また「人は真理さえ偶像にする（On se fait une idole de la vérité même）」（断章五八二）と記した。抽象的で無形の真理さえ偶像にするなら、具体的で有形な教会は尚更である。なお、有限な人間は無教会でも各種の集いを有する。ブレズレン、メノナイト、テゼ共同体、エキュメニカルな運動などでなされている。

次に独立不羈について述べると、そのための闘いの中には自分自身との闘いもあった。五十嵐は時勢の変化で揺れたのではなく、時代の激変と格闘し、自己を探究する中で試行錯誤した。戦前〜戦後の変化を取りあげ、前者の戦争責任を問い、後者の民主教育や平和教育における努力を貶めることは浅はかである。

具体的に抑留中の「レンバン島日誌」に即して確認する。五十嵐は一九四六年一月一日に「整列シテ皇居ヲ遙拝シ聖寿ヲ祝ヒ奉ル」、三日に「キリスト者ノ自由」、「英国ニ於ケル議会ノ発展史」、「アダムスミス国富論」、一四日に「聖書ヲ研究的ニ写ス」、二四日に「自由ノ問題」として「ペテロ前書第二章（新約聖書）」、二月一四日に「マタイ福音書」八章二五節を書き○印を付けて「自ラヲ失フ者ノ末路」、三月一六日に「空、空、空、無無無」、「ア、聴コエテ来ル。幼キ時ノ母ノ声。念仏。無量寿如来ヘノ至心。死人ハ甦生セラレタル。イエスキリスト。働キナキ働キ。心ナキ心」、四月一五日に「基督教ハ人ノ心ヲ女ラシクスル傾アルヲ感ズ、サレド、コノ女ラシサハ皮相ノ観察ナリ、彼ノ教ヲ約セバ宗教ノ深奥ヲ人倫ノ道ニ発シテハ、愛ナリ、又自己ノ道ニ応ジテハ柔和、謙遜、清浄ノ徳ナリ、女ラシキ柔和ノ底ニ烈々タル人生道ヲ看取セザルベカラズ」、二九日に「天長節ノ式ヲ行フ、／陛下ハ崇敬ノ陛下。天皇制ノ論ノ如キ末節。／人々色々語ル。語リ多キ世界ニ厳事トコ（孤）独トノ世界ヲ看ヨ／一切ノ空ヲ看ヨ、一切ノ空ノ底ニ親鸞ハ御恩報謝ヲ看タ／凡俗ハ一切ノ空ノ底ニ『徒疫』ヲ看ル」と書き綴った。天皇「崇敬」、親鸞、経済学、「幼キ時ノ母ノ声。念仏」などと続ける中でキリスト教について幾度も述べ、「愛」に言及し、「女ラシキ柔和ノ底ニ烈々タル人生道」を見出している。

六月九日に「創業ノ苦悩」や「矛盾」を書き記すが、六月一三日に「革（アラタ）マル世ハイカニヤトハラカラノ神ニ祈リテ吾ヲ待ツラム」と詠った。苦悩の中で死を覚悟した後の「革マル」は「世」と己の再生に等しい。「ハラカラノ神」は「ハラカラ」の範囲によって日本の神から世界宗教の神になり（四海同胞）、これだけでは分からない。日々の手書きで、推敲した完成原稿ではないため、一つの解釈に決めない方が当時の思考にふさわしい（人間は常に既に後も複雑に動く）。

その後、五十嵐は復員し、マルクス主義に志向し、教育の研究・実践に努めた。一九六七年三月一二日付けの「日誌」の「後記（1）」では、次のように書かれている（なお後記（2）は未発見）。

おどろくべきことに、二十数年前の気持であったものが、いまもそうだということだ。これは進歩がなかったのかもしれない。それとも進歩とは一直線のようなものではないのかもしれない。白黒で線を引いて、あとからけしていくようなものではないのであろう。

この二十余年、変わったのは、私の心の中心、すこしは、社会を社会とみ、そして、マルクス・レーニンの学説の戦斗的ひびきのうちに、バイブル以上の人生の洞察をくみとっている、ことであろう。

ここではマルクス・レーニン主義を「バイブル以上」と評価しているが、後に矢内原の研究を深めるようになる。とは言えマルクス・レーニン主義は捨て去られてはいない。彼は両者の止揚へと発達したと言える。

五十嵐は文学派の学徒、軍人、捕虜、マルクス主義教育学者、「わだつみのこえ」や矢内原の研究者と絶えず自己を乗り越えて「外」に出て、その新たな自己の「内」で闘い、さらに「外」で出ようと奮闘した。この内と外の弁証法が彼のライフ・ヒストリーの原動力となり、順次、自己を拡大し、充実させていった。そして「幼キ時ノ母ノ声」を忘れずに、木村や中村徳郎[30]、無数の「わだつみのこえ」に耳を澄まし、熟考・苦吟していた。

それは「無限に人間を超えることを学べ」という生涯学習の実践であった。それでは次に彼の生涯学習についてより詳しく述べていく。

第六節　五十嵐の生涯学習

第一項　子供期

五十嵐は『学習の友』一九九一年七月号の「今月のことば」で「むりに死んではあかん、むりに殺してはあかん」を「出征にさいして私にくれた母のことば」として紹介し（前出）、それは「息子をおもう個人的感情からのものにせよ、愛から発したある程度の正しさをふくんだことばである。息子たる私は大学まで出て子どもでもないのに戦争の侵略性をなに一つ認識できず、知的になっていなかった。いったい私の教養とは、日本の文化とはどういうものであったのか」と反省し、「私の教養と日本の文化とを、正直、正確、鋭く、なにものをもおそれず吟味していこう」と書き、それは「終生私につきつけられていることばであろう」と結んでいる。「母のことば」が生涯学習の起点となっている。だからこそ青年期の重大なクライシスの中で「幼キ時ノ母ノ声」と日誌に記したのである。

彼の「愛から発したある程度の正しさ」はアルベール・カミュの箴言として伝えられる「私は正義を信ずる。しかし正義より前に私の母を守るであろう」に通じる。五十嵐は「ある程度の正しさ」と控え目だが、普遍性があると私は認識する（浅薄な性差の否認や悪平等の画一主義は排し、胎児の母子一体、乳児の母子密着の発達論的意義を理解すべき）。これは軍人となった五十嵐の「人間の条件」にとって重要であった。

誤解を避けるために付言するが、これは決して母子分離が不十分のためではない。愛を十分に体験できてこそ離れられる。母子関係が強固であるからこそ自立できる。この発達の弁証法を理解しなければならない。

また「終生私につきつけられている」と生涯を通して反省し続けられたことは、むしろ五十嵐の「人間的強さ(31)」を証明している。弱ければ反省から逃避し、様々に弁明するか、居直って虚勢を張る。五十嵐は怯まずに反省に努めた。母の愛が無意識を含む人格（Person）の基盤を強固にし、しかも、その強さを暴力的ではなく人間的な強さとして、人徳を高めたと言える。エリクソンが「人間的強さ（human strength）」は「徳＝活力（virtue）」であると論じていることは、五十嵐の発達において実証される。

第二項　青年期

（一）前期青年期―文学派―

四高時代、五十嵐は、佐々木司や奥野保たち「社会科学派」に対して「文学派」であった（前掲「四高回想―三人のこと―」）。この「社会科学派」にはマルクス主義を学習し、実践する意味が内包されていると言える。

この時期の五十嵐は外の社会よりも内の自己を志向していたと言える。エマーソン的な超越も、これに沿っている。さらに、文学派として繊細な情緒・情愛を大切にしていた。

他方、マルクス主義は家族を封建的ブルジョワ的と批判・否定しており（『共産党宣言』では「妻の共有（commo in wives）」や「婦人共有（community of women）」さえ提起(32)）、それは五十嵐の母たちへの家族愛とは相容れなかった。労働者の解放、人類の平等、世界の平和のためには家族を捨て、悲しませてもいいという思想・イデオロギー（それが悲劇的で英雄主義的な浪漫主義にも通じるが）は、彼に合わなかったと分析できる。

だが、五十嵐は佐々木から矢内原の辞職（事実上の解職）について問いかけられた。また戦後、奥野が「侵略戦争絶対反対」のビラを教室に貼ったため検挙・拷問され「心身共に閉塞状態」に陥り、自殺に至らしめられたことを知った。それらは、同窓の朝鮮人学生・李漢基の「人格的苦悩の本質へ思いやることはなかった」ことと合わせて五十嵐に深く重い痛恨をもたらした。

五十嵐は「軟弱頭脳」と自己批判するが、彼のいう「軟弱」は家族の情愛を大切にした要素もあると捉えられる。そもそも、アイデンティティは自己、家族、友人、地域（コミュニティ）、国・民族、世界により重層的に構成されており、短絡的に家族を切り捨て、一気に「万国のプロレタリア　団結せよ！」となるのは極端で過激である。しかも身近な家族を愛せずに人類を愛するというところには胡散臭さが付きまとう。それ故、五十嵐の「軟弱」はむしろ情愛の深さ、自己への厳しさ、人格の豊かさを示していると言える。

前掲「読書録（昭和十年十一月二十四日／昭和十一年七月迄）」の期間は五十嵐が二〇歳から二一歳までである。その一二月三日には、次のように記されている。

噫、実行の伴わない弱い心の持ち主が何百巻の書を読んだとて何になろう。勇気なき奴だ。俺は。勇気に於いて人は神なのだ。熱烈なる意気こそ、エマースンが言った人間性から神性にゆく道程なのだ。

情けなき偽善者。

偽善者の夢。弱者よ。

素朴な大きい豪快なる実行力をもて。

「弱い心」や「勇気なき奴」は自己に厳しいからこそ感じられる。また「熱烈なる意気」は「社会科学」的ではなく「文学」的である。その後、マルクス主義者＝社会科学派になったため「軟弱」と自己批判したが、それは観点や立場の違いによる。事実、五十嵐は決して「卑怯」ではなく、軍人となった。「熱烈なる意気」は浪漫主義的超越主義の「エマースン（エマーソン）」の詩想であり、それを以て「神性」を目指している。彼は無教会的であることから、これは「アルゲマイネ・ダス・ハイリーゲ（聖の遍在）」に通じる。

エマーソンについては、捕虜抑留期（後期青年期）における日誌や一九八〇年代（老年期）と思われる「宮本百合子・教育学（論）ノート」で記されていることは『平和教育の思想と実践』第五章で述べたが、この「読書録」により前期青年期にまで遡ることが分かった。この詩心は成人期を経て老年期の詩集『日日の想い』（しんふくい出版、一九八九年）に結実する。

また五十嵐は横光利一の「天使」を読み、八日朝七時に次のように書いている。

大いに感じた所あり。

為に、夢を、…深刻なる夢をみた。夢は心理学上の活動写真みたいだ。心の奥まで明瞭に描きだされる。僕としては批評眼を持ち乍ら進んでいた気持ちである。幹雄の如き男は嫌だ。

（略）

凡人か偉人かである。別れめの途は。

真面目か否かである。品性の真面目なのである。

シーザーの「ルビコン」的な、あの決心的な感激的な真正直な心なのだ。

ごまかしてはならない。いい加減になってはならない。

僕の行手、それは偉人である。

「幹雄」に関心を向ける性格が己の内心にありながら、それを「嫌だ」と拒否し、シーザーが「賽は投げられた」と不退転の決意でルビコン川を渡り戦ったことを連想している。「軟弱」に志向する要素もあるが、それを乗り越えようと奮起している。これに加えて「勇気」、「別れめの途」、「決心」は実存主義的である。「感激的」は「熱烈」と同様に浪漫主義的である。この「偉人」は立身出世ではなく、「神性」に即して捉えるべきである。

そして「批評眼を持ち乍ら進ん」だという「夢」の自己分析は極めて貴重である。「心理学」と書いており、フロイトの精神分析を学んでいたことが示されている。夢の分析は深層の病理、トラウマ、無意識、さらには「実存の裏面」(33)の洞察には重要であるが、それに止まらず表面（おもてめん）や高層を目指さなければならない。精神分析で問題を捉えたら、それを克服しなければ、分析の意味がない。それ故「幹雄の如き男」ではなく「真正直な心なのだ。……僕の行手、そは偉人である」へと進もうという志向性は健康的で積極的である。夢を自己分析できた五十嵐の「人間的強さ」が横光文学的な弱さを凌駕した。これもまた五十嵐は「軟弱」ではないことを証明している。

(二)　後期青年期—軍人—

五十嵐は南方に出征し、敗北後は捕虜になり、死を覚悟した抑留生活を乗り越えて再出発した。この時期は五十嵐のアイデンティティ形成において極めて重要である。その理解のためには『雲山万里』六〇～六一頁の「第二次十一期候補生ヲ送ル」「壮行の辞」、「第三中隊の日日」（三〇～三二頁）、そして「あとがき」も含む『『わだつみのこえ』をいかに聴くか—国民・国家の責任と人間の罪との間—』（三八二～三九三頁）の三篇を読み通し、そこに一貫する彼の生き方＝生（life）の志向性を認識しなければならない。

「壮行の辞」は当時のままである。また、五十嵐は「第三中隊の日日」を「第三中隊区隊長」として寄稿した。その書き出しは「この記念誌を通じて、生涯申しのべたいことがたくさんありますが、先ず忘れがたいのは私が、スマラン時代に所属した第三中隊にたいする感謝です」である。「この記念誌」は一回だけであり、そこで「生涯」と書いたのは〝生涯をかけて述べ続けたい〟という意味であると考えられる。それだけの思念や心魂を込めて書いており、彼自身の生の「過現未」が凝縮されている。

A 「いくさ」に臨む若武者

五十嵐は「文学派」であったが、戦わねばならぬとなれば逃げなかった。たとえ全体主義軍国主義の中でも「卑怯」で狡賢い抜け道はあったが、彼は選ばなかった。

『葉隠』を校訂した和辻東京帝大教授の娘婿（渋沢栄一の孫）の尾高邦雄東京帝大講師（文学部社会学科）は一九四四年五月に「応召、甲府に昨日入隊、即日帰郷」であった。[34] 三六歳の中年で体力的に前線では適しないだろうが、後方の知的な任務は十分に担えた。彼は後に助教授、教授として一九六九年の定年まで職務を果たせた。

だが、五十嵐は「真面目」、「真正直」を貫いて戦地に赴いた。「四高回想」では「いくさ」と表現している。これを前近代的な表現と見なすのは不十分である。それは詩人の言葉である。五十嵐は母を守り、家族、郷里、国（生国～国家）を守るため「いくさ」に征くと覚悟し、その道を進んだと言える。

戦後、ダグラス・マッカーサーは日本は一二歳の少年（a boy of 12）と評した。[35] それは、近代文明を尺度にすれば、心理歴史的にドイツ人は四五歳の成人という発達段階に位置づけられるのに戦争を始めたが、日本人は一二歳の少年だから〝大目に見よう〟と解釈できる。多賀は英語の twelve と thirteen では「基本的な違い」があり、一三歳からはティーンエイジャーだが、一二歳はそうでさえない子供となると述べている。

そのように評価する者は老獪であり、少年の純真・純情を愛惜することは「人間の条件」として重要である。五十嵐は少年の徳＝活力（virtue）を保ち文学青年となり、そして「文武ともにとび抜けて優秀」、「最優秀」[36]と評価される軍人となった。それは軍国主義者ではなく、真面目に真正直に家族やお国を守ろうと「いくさ」に臨む若武者としてであった。

B　至誠で滅私の闘志

先述した「南幹候隊」（第十一期第二次・第三中隊）卒業文集『敢闘』に掲載され、『雲山万里』六〇～六一頁に再掲された「第二十一期候補生ヲ送ル」との第二区隊長陸軍少尉の「壮行の辞」は、当時の五十嵐の気概を鮮明に表している。

①　一九四〇年頃の独逸軍と英仏軍の戦闘意識を何かの本にて読めり。攻撃精神以外に勝つ手のなきの確信新たにせり。攻撃精神は精神の昂揚にあらず、感激にあらず。寔に寔に攻撃精神は尽忠の至誠に根源するものなることとあるを確信せり。軍人は夢む勿れ、軍人は奢侈に流る勿れ。これ攻撃精神を害すればこそ。強靭なる軍人は強靭を喜び、戦闘の惨烈を喜ぶ。神州を護持するもの攻撃精神なり。

②　軍紀　不平不満は国軍の心中賊なり。絶対に不平を持つ勿れ。軍紀は上御一人に対し奉る絶対の随順に根源す。上官に対し不平の心湧くことあれば、自ら不忠の臣たることを銘ぜよ。

③　自己　自己なし。上御一人あるのみ。戦闘力あるのみ。戦って戦って戦い抜こう。

④　慾　吾人まことに慾多し。皇軍軍人なる故にこそ慾に流れじ。砲煙弾雨の裡、空腹飢餓の極、万歳の三唱

を忘れまじ。神州皇土護持の任、生きても死しても銘ぜん。
⑤健康に特に留意せられよ。

「軍紀」の重要性は既述した。これを五十嵐が「上御一人に対し奉る絶対の随順に根源す」と説明したのは「上御一人」という超越的存在への服従を通した軍紀の徹底であり、それは自由と臣従、偶然と必然に通底している。「国軍」と「皇軍」の二つを使っていることは天皇崇敬でも天皇主義ではなく、国家の象徴としての天皇の下での軍隊と認識していたためと言える。

「攻撃精神」を五度も繰り返したのは、敵が殺そうと襲いかかってくる戦場で一人でも死なせたくないという切なる念によると捉えられる。「攻撃こそ最大の防御なり」と大切な教え子に説諭したのである。確かに軍国主義の歴史的な制約があったが、それに還元しきれない人情もあり、看過すべきではない。これは「吾人まことに慾多し」との自己分析を真正直に表明していることと表裏一体である。同様に「戦闘力あるのみ。戦って戦って戦い抜こう」と呼びかけるが、その上で「健康に特に留意せられよ」と結んでいる。中隊長陸軍大尉はじめ他の将校は「武運長久」や「死んで靖国の花と咲け」などであり、対照的である。「攻撃精神」を繰り返し、「空腹飢餓の極、万歳の三唱を忘れまじ」と叱咤激励しながら、その後で健康を思いやる暖かな人間性が読みとれる。そこに言行一致の五十嵐は自戒も込めていたであろう。

「天皇」さえ使わず「上御一人」と表記する程の崇敬は「神性」への志向性のためと言える。このような「上御一人」の前に「自己なし」を置き、また「尽忠の至誠」を説くことはエリクソン〜仁科弥生の「滅私性」に通じると解釈できる。それは自己の全否定ではなく、私・自己・具体と公・普遍・抽象の止揚として捉えられる。この点は「はるかなる山河」ノートにおけるエリクソン（特に「忠誠」）に関して後に詳論する。

さらに徹底的な滅私と絶対的超越的な象徴としての天皇の組み合わせは天皇主義に通じる。また、共産党における滅私は「党生活」の形態として現れる（小林多喜二の遺稿『党生活者』はその矛盾と葛藤に迫っている）。

そして「私」を上から抑え込み「滅」ぼす力と下から鬱勃と沸き上がる「神性」や「偉人」を目指した「公」への奉仕の交叉には浪漫主義もある。

以上から、世界史的な激変において、国軍将校の五十嵐がマルクス主義者、共産党員になったことは偶然を貫く必然であったと捉えることができる。その発達において、老年期に「わだつみのこえ」に耳を澄ましたことも同様である。各段階の変化の中に確固とした一貫性がある。

C　厳正と情義―「軍隊の全重量をささえる鍵」―

五十嵐は敦賀の一一九連隊第一大隊第三中隊では第三小隊長であった。そこから「ほぼ二カ月」かけてスマランに移動し、さらにマゲランの演習地に赴いた(37)。

この演習地では、牧野中隊長が「熱誠溢れる指導訓練」の余り候補生を殴った早川四郎（五十嵐と同じ豊橋の予備士官学校出身）に対して「厳正」に「謹慎罰」を命じると大久保隊長に「申達」し、このことを、五十嵐は「後々も忘れられず、今にいたるまで私のこころをゆさぶる」と記している。なお、五十嵐は早川の「名誉にかんすることだから事実無根なれば陳謝しなければならない」とも配慮している。

早川自身は殴ったことを「誤っていたのだといい反省してい」た。しかも、彼は「中隊長の立場から見て非のうちどころのない……いざとなれば信頼できる部下だったはず」であった。それにも関わらず、牧野中隊長は「謹慎罰」を下したのであった。これを五十嵐は「当時の感想と今の回想とがまざっているのですが私にはこの一事のうちに、軍隊の全重量をささえる鍵というか、土台の中心があったし、あるとおもえるのでした」と述べている。これが木村とは「ほんのちょっとした状況のちがい」となり、異なる「運命」を五十嵐は歩んだという考察は先述した。

また「当時の感想と今の回想とがまざっている」という点は分別されていないというよりも、五十嵐がライフサイクルの完結において青年期から老年期まで、戦時から戦後までを統合的に観想していることを示している。「まざっている」という表現にはアイデンティティの形成と歴史の変動が合流・混在するダイナミクスが凝縮されている。

確認すべきは、これは特例ではないことである。このような「厳正」な軍律・軍規・軍紀は南方の五十嵐の部隊だけではない。中国大陸で、岡村寧次大将は一九四一年に北支那方面軍司令官に着任すると「焼くな、犯すな、殺すな」という「三戒」の遵守を訓示し、軍律・軍規・軍紀を徹底させた。私は元軍人から具体例をいくつか聞いた。

文献に拠って述べれば、河南作戦では三〇〇〇万人の河南省で一九四二年から続く大災害（天災と人災の複合）により三〇〇万人が餓死し、三〇〇万人が飢餓難民となる惨状において、進攻した日本軍は軍糧を放出して大飢饉を終息させた[38]。大陸打通作戦では、やむを得ない事情で中国人の少年を「捕虜」として部隊に加え、戦いながら守り育てつつベトナムまで進軍した部隊もあった[39]。少年はその後、日本兵とともに日本に渡り、大学を卒業した。ソ連軍侵攻後の満州では「戦いに敗れたりとは云うものの、軍規は存在していたのである。軍規を蹂躙することは罪悪である、との意識は新兵の私にもあった」という証言もある[40]。

また国内では、藤田が、戦況が悪化する一九四四年七月一日、都立三中で数学教師の「制裁を初めて見たが、先生は殴る等のことはせずに、前に出させて皆に向かい『学校の命に背きまして申し訳ありません』と言わせるのである。これでは殴られるよりも以上に苦しい制裁であると思った」と記している[41]。軍国主義下の学校でも体罰が横行していたわけではない。

さらに、五十嵐は次のように続ける（長文だが重要なので引用）。

日本の政治と軍の組織がどのような歴史の法廷で審判されるか。それについて意見があります。私は一九四五年八月以後の生活と勉強によって私なりの意見があります。それは親愛する初田さん、また小林さんも同様でありましょう。しかし、スマランという限られた持場での勤務においては、その場所その時の行動の要求する正しさ、適切さがあり、それは別の天体、別天地のおきてのような完全に独立したものでないにしても、独自の事の正しさ、行為の見事さ、人間の心情の純潔というものを求めるものであったとおもいます。

そういうただしさが第三中隊の中にありました。同僚の山本さんの殉職の尊さは軍務だったからでなく、軍務以外のおよそ人間の勤務のあり方としても、私には忘れられないことです。これは日本の軍隊だから当然のこととしてすますものでなく、持場をもつ一人の人間としてひじょうに尊いことでした。極端な言い方でしょうが、戦争の勝敗にかかわりなく、いや勝敗と無関係であっても、同僚として傍で見られた山本さんの勤務は立派でした。山本さんがその死によって私の生命を与えてくれたとさえ想うことがあります。

ボジャの密林での演習の時、私の区隊の一人が円匙（携帯用スコップ―引用者）を密林に置き忘れてきたことがありました。気が弱くて密林を出発するときにいえなかったのでしょう。帰隊してから私にいってきました。私はこれは兵器の異常ですから中隊長に報告しました。牧野さんは厳正にさがしてこいといいました。そして賄部の梅木中尉に連絡をとってトラックを使えといってくれました。私は二人の候補生とボジャに取ってかえしてさがしたところ、候補生の覚えのところに円匙はありました。降っていた雨があがっていました。密林は明るい林となりました。円匙一個が戦局に影響はないものの、それをいい加減に取扱うかどうかは、戦争戦闘の場面では重大な状況となることです。

私がスマランに行ったのは一九四四年春おそくであり四五年夏早くにはそこを発っています。短い一年間でしたが軍隊の勤務として裏表のない人の働きが充ちていました。日曜日などスマランの市中に出て、大好きになったナシゴレンをもって時間を気にして帰隊したのは、ナシゴレンがうっかりしているといたむからだけではなかったのです。表裏のない真面目さがあの教官室に充ちていました。それは私の青年時代のおわりの時期でした。戦局は正確にはわかりませんでしたが、うすうすはわかっていました。スマランへ向う途中、一日ジャカルタの将校集会所で「偕行社記事」の、スターリングラード攻防戦の記事を読み感じることもあったのでした。戦局の中でスマランの生活は外の戦場とは比較にならないほど恵まれていました。それだからこそというのか、それにもかかわらずというべきなのか、一年間の第三中隊における私の生活は引きしまったものであり、私たち同僚の間に自分だけ楽をするとか、ずるけるということはありませんでした（そういう慾念はありましたが）。

私はこれをたんに追憶しているのでなく、スマランを発って、シンガポールの第七方面軍司令部で原隊の全滅を知らされて後、その参謀部で働いていたほぼ一年間に幾度も痛感したのでした。もし私が元の一一九連隊の第三中隊第三小隊の兵隊たちと天国で昔話しをするとき、私が話せるのはスマラン第三中隊のことです。

和気あいあいとまでは申さなくても、あまり裏表のない、みにくさのない一年の勤務でした。そしてそれの生活でした。その中に一筋のきびしさが、軍隊だからというだけのものでないものがありました。ある日、どういう事情によるのか、牧野さんは見習士官だったか、少尉になったばかりの斉藤君を叱っていました。その烈しさ、そのきびしさ、妥協のない叱り方は目をみはらせるものでした。しかし、その中に斉藤君に対する心配（その叱責の原因の元となるものへの）と、同時に斉藤君にたいする牧野さんの烈しい信頼のようなものを私はしみじみと感じていました。私はこの私の青年期の一年にたいして、こういうことで忘れがたい感謝を抱いているし、今後もそうでしょう。スマラン市の人にたいする陳謝は胸の奥にしまっておきます。

「日本の政治と軍」には歴史の「審判」が下されることは自覚するが、スマランの軍隊においては「独自の事の正しさ、行為の見事さ、人間の心情の純潔というものを求めるもの」があったという記述は弁明や美化ではない（「審判」は五十嵐の最後の論考の表題でもある）。これは、たとえ「非のうちどころのない」者でも「なぐった」ことを「厳正」に処罰した等の事実に基づいている。

「その場所その時…適切さ」は積極的な意味での「現存在」認識である。

「心情の純潔」は先の「尽忠の至誠」と密接に関連している。

さらに「厳正」だけではない。牧野中隊長の叱責・処罰にも部下への「心配」や「烈しい信頼」があった。即ち「円匙一個が戦局に影響はないものの、それをいい加減に取扱うかどうかは、戦争戦闘の場面では重大な状況となる」との認識に基づく「厳正」な対応においても暖かな情義が認められる。牧野中隊長は「トラックを使え」と指示し、また五十嵐は「気が弱くて密林を出発するときにいえなかったのでしょう」と察した。そして「円匙」を見つけた時に「降っていた雨があがっていました。密林は明るい林となりました」と書き加えた。そこには詩的な感性もうかがえる。

これはまた、兵器の部品一個でもおろそかにしない軍紀の意味も十分に伝えている。それは旧軍でしばしば指摘されるサディスティクで陰湿な「いじめ」ではない。

結びの「陳謝は胸の奥にしまっておく」ということは、加害者としての自分について深く反省しつつ「わだつみのこえ」に耳を澄ましたと言える。

D　矛盾―闘志、浪漫、慾―

抑留期、一九四六年六月九日、五十嵐は日誌に「国ノ政治ノ下ニアル人、ソノ国ノ敗レシヲ恥ズルガヨイ／聖帝ノ神々ニシテ亦人間、決意ニ邁進スルガヨイ、何処ノ生ノ充実ガナイノデアルカ」と書いた後、一行あけて「止メントシテ、止マザルモノ。柔和ナルオトガヒ、仏様ノ如キ眼ノ輝、豊カナル髪。男ハ遂ニ、常ニ矛盾ヲ含ム」と続けている。

また先述の「革マル」の後には「春ゴロモ白衣ニ秘メテヒソカニモ遠ツ辺戀フラシタ雲ニ立ツキリノ如　望郷ノ念止ミガタシ初メテ君ト會ヒシ日近キモ」と記されている。後者はいずれも青春のロマンティクな慕情の表現である。戦う／闘う五十嵐はまたロマンティストでもあり、「慾多」き青年でもあった。

E　知性―日本語、ドイツ語、英語による記述―

先に引用した日本語の文章の前後にドイツ語と英語のメモもある。その中でニーチェ、シェーラー、ランプレヒト、ブルクハルト、カントについて書かれている。

「革マル」の五行前（前日の一二日）には、“it was no longer a quite hopeless Unrest, it had at least a fixed center revalue round, p.108”と記されている。

インターネットで検索すると前半は幾つもサイトからトーマス・カーライル（Thomas Carlyle）の文言であると分かるが、後半は不明である。p.108と付記されているので、抑留生活の中で五十嵐が読んでいた文献が分かると明確になるだろう。

さらに先述した『ファウスト』の原文の詩句もある。

木村の部隊における「社会科学研究会」と合わせて日本軍の知的レベルが示されている。精神主義の側面だけで臆断すべきではない。

第三項　成人期―マルクス主義教育学者―

（一）戦後改革と教育研究運動

大日本帝国議会で大日本帝国憲法が大改定され、一九四六年一一月三日に日本国憲法が公布され、翌四七年五月三日に施行された。その間、四七年三月三一日に、帝国憲法下において教育基本法が制定・施行された。暴力革命なしに日本は総力戦の全体主義軍国主義から民主主義平和主義へと転換した。

一九四五年一一月、矢内原は東大経済学部に復職した。そして『嘉信』一二月号掲載「戦の跡」の結びに近い箇所で、彼は「大学教授としての私の地位と仕事とが福音伝道の妨げとならず、かえって真理証明の武器として神の祝用を蒙るよう、切に祈り希う」と表明した(42)。

一九四八年二月九日、国立国会図書館法が制定された。その前文では「真理がわれらを自由にする」と謳われ、これは東京本館のホールに、大改定時に憲法担当国務大臣で初代館長になった金森徳次郎の筆跡で刻まれた（副館長は中井）。この「真理がわれらを自由にする」は国会図書館創設で中心的な役割を果たした羽仁（参議院図書館運営委員長）がドイツ留学中にキャンパスで見た銘文に由る。それは「真理はあなたたちを自由にする」（「ヨハネ福音書」八章三二節）に近似するため政教分離に抵触すると批判されたが、特定の宗教ではなくヘブライズムの伝統的な精神の表現として認められた(43)。

一九五一年一一月に教育研究全国集会が始められ、矢内原は第二回（一九五三年一月）で講演した。第三回（五四年一月）ではキリスト者で憲法改定時に貴族院議員・東京帝大総長であった南原繁が講演し、宮原は講師団を代表して意見を発表した（より詳しくは『平和教育の思想と実践』第一章）。そして、一九五七年七月二七日、国民教育研究所（民研）が実践に根ざした教育科学の発展を目指して設立され、南原は「真理こそ我等の武器なり」の祝辞を寄せた。(44)

このような教育の民主化において宮原は大きな役割を果たした。彼は戦前からの実践に基づきマルクス主義の意義とともに問題も十分に認識し、独立不羈の「ラディカル・リベラリズム(45)」の立場で共産党や社会党などとの共同に努めた。彼は、人民戦線（戦前）や統一戦線（戦後）による広範な人々の結集を目指し、党を「前衛」などと別格に据えてはいなかった。

このような状況において、五十嵐は一九四六年七月に復員し、同年一一月に国立教育研修所研究嘱託、翌年三月に同所文部教官となり、五一年四月に東大教育学部講師となった。そして「いくさから還ってからずっとずっと後」に、同窓の奥野の惨烈な死を知った（先述）。軍人であったこと、敗北したことに加えて、「社会科学派」の同窓が思想に殉じたことは、「文学派」から「社会科学派」のマルクス主義者へと変わりつつあった五十嵐に重層的な意味で反省を迫ったと言える。しかも当時、マルクス主義がダイナミックに台頭していた。

（二）同時代の思想的動勢

A　マルクス主義の台頭

資本主義は帝国主義へと突き進み、世界大戦を二度も引き起こした。他方、一九一七年のロシア革命、四九年の中国革命、五九年のキューバ革命、一九七五～七六年のベトナム革命（米軍撤退～ベトナム社会主義共和国成立）とマルクス主義を国是に位置づける社会主義国家はユーラシア大陸からラテン・アメリカまで広がり、史的唯物論の妥当性が繰り返し実証されたと思われた。

カーが「予言においてマルクス以上に見通しがよかった人は少な」かったと評価（先述）しただけでなく、ジャン＝ポール・サルトルまで「マルクス主義は乗り越えられていない」と述べた。これは単なる肯定ではなく、巧に批判も伴わせていたが、その影響は大きかった（サルトルと三木の比較考察は「三木清の生と死」で詳論）。アルベルト・アインシュタインでさえ「なぜ私は社会主義を支持するか」と提起し、その理由に「歴史伝統は、いわば昨日のことに属しています」と述べ、ソースティン・ヴェブレンを引き、「人間発展の『掠奪時代』と呼んだものを、我々は真に克服していない」と指摘した(46)。資本主義の搾取や帝国主義の戦争を「克服」する展望を社会主義に求めたのである。ただし、彼は社会主義は「社会倫理的目的」にも関わり、「計画経済はまだ社会主義ではない」、「計画経済そのものは、個人の完全な奴隷化を随伴」すると指摘した(47)。これは最優秀の理性の「晩年」における認識であり、発達の途上で将来を夢見る青年にとっては人間の発達と社会の発展のロマンに惹かれて当然であった（私もその末席を汚した）。

さらにマルクス主義の趨勢はキリスト教にまで及び、社会的抑圧や経済的搾取と闘う解放の神学が現れた。キリスト教社会主義の一形態と言えるが、しかし、解放の神学では暴力革命論と密接不可分の階級闘争論への指向、或いは容認がうかがえる。このような神学が、聖書で「復讐してはならない。民の人々に恨みを抱いてはならない。自分自身を愛するように隣人を愛しなさい。わたしは主である」（「レビ記」一九章）、「復讐するは我（神）にあり」（「ローマの信徒への手紙」一二章）、「敵を愛せ」（「マタイ福音書」第五章、「ルカ福音書」第六章）と説かれるキリスト教で一定の位置を占める程になったのである。

無論、作用があれば反作用がある。解放の神学にはマルクス・レーニン主義への批判の要素もある。フェルナンダ・ナヴァロはアルチュセールの「解放の神学」へのアプローチをレーニンに「反対」したルクセンブルクと重ね合わせている(48)。

時代に強烈な影響を及ぼしたとは言え、それが思想的正当性を証明することにはならない。むしろ影響力に比例して問題も重大であった。プロレタリア独裁の名の下で繰り返された思想信条による迫害、特に大粛清、文革、天安門事件などによる犠牲や被害は巨大である（しかも文革や天安門事件は今でも共産党一党独裁体制により厳重に封印されている）。

B　外への平和革命と内での民主集中制

一九六〇年代末から西欧（フランス、イタリア、スペイン等）の共産党は暴力革命・プロレタリア独裁・民主集中制と分派禁止規定の路線を止め、自由と民主主義の擁護や複数政党制の容認を表明し、ユーロ・コミュニズムと呼ばれた。

日本共産党は一九五五年の第六回全国協議会（六全協）で武装闘争方針を止めていたが、ユーロ・コミュニズムの動きとともに議会制民主主義を通した多数者の合意による平和革命を標榜するようになった。ただし、日本共産党中央委員会理論政治誌の名称は『前衛』で、これは党が社会を先導するというプロレタリア独裁に通じる。党内では民主集中制が組織原則とされたままである。

即ち、外に向けては民主主義を遵守する平和革命をアピールするが、内では独裁体制に通じる民主集中制が存続していた。民主集中制はまず「民主」が出されるが、基本は「集中」で「民主」が制約される。

（三）一九六〇年代における五十嵐の研究や実践

研究では、五十嵐は一九六一年の『岩波講座現代教育学・三』の「教育費と社会」において「分肢化」を論じ、宮原の「再分肢」教育論を応用した。[49] さらに五十嵐は「学校教育は軍事教育をふくんでいるといえた時期もあったのである」と戦前の教育の実態について注意を喚起した。実際、学校で軍事教育が実践されたのであるから子供はそのように学ぶ。「真正直」な子供ほど軍事教育を素直に受けて軍国少年となった。[50] これは学徒兵の研究でも看過できない。

次に教育実践では、黒崎は五十嵐の「教育財政学の講義」が「『資本論』の意義の説き起こしから始」められたと述べている。[51] ただし、それは『資本論』を教え込むのではなく、教材として使い、体制の諸「分肢」の教育的機能を分析するためであった。五十嵐は『資本論』を研究し、その成果を教育実践に取り入れたと言える。

マルクス主義者としては、六〇年安保闘争で、五十嵐は東大の隊列の先頭を進んだ。そして一九六八〜六九年の東大闘争でも重要な役割を果たした。一九六〇年代、五十嵐が五〇代前後の壮年、川上が二〇代の青年の時、二人は東大教育学部で出逢い、共に闘った。一九六六年に中国で文化大革命が起き、六八年には新左翼セクトを中心に全学共闘会議（全共闘）運動が広がった（その関連については別の機会に考察）。その間の一九六七年、五十嵐は「マルクス・レーニンの学説の戦斗的ひびきのうちに、バイブル以上の人生の洞察をくみとっている」（先述）と記した。

新左翼・全共闘のゲバルト（暴力）路線に多くの学生・教職員が流されたため本郷キャンパスでは教育学部棟の他は殆ど全共闘に制圧された。新左翼・全共闘、暴力革命、大学解体に対する日本共産党・民主青年同盟（民青）、平和革命、大学改革という布陣において、後者は教育学部棟を謂わば〝孤塁〟にしてゲバルトと闘った。東大闘争の激化の中で五十嵐は教育学部教授会では批判されたが（事なかれ主義による）、宮原は援護し、また、宮原研究室の学生は川上と共に闘った。[52] 五十嵐の宮原への高い評価は、〝孤塁〟という極めてクリティカルな状況下でゲバルトに怯まず毅然と闘い、知行合一を示したことによると言える。
五十嵐の反省と自己との闘いは、全共闘が呼号した「自己批判」や「自己否定」よりはるかに厳しいものであった。宮原も自己に厳しかった。それは治安維持法の時代からであった。さらに、戦後も起きたクリティカルな状況下における宮原の出処進退について、伊ヶ崎は次のように述べた(53)。

一九五八年、福岡県警の不当捜査《ママ》が民研にも及び右翼の跳梁が激しく、六〇年前後いつ暴力にさらされるかわからないような緊迫した時、夜を徹して飲み明かしながら、私と友人の二人の前で戦時中検挙されて当時のことを語気強く話されたことがありました。何故検挙されたのか、決して人を利用したり裏切ってはならないということでした。オフレコに属しますが。

これらの闘争で鍛え抜かれた宮原が学生のゲバルトに妥協することなどなかったであろう。また「オフレコ」とされた点について、私は同年一一月一日に伊ヶ崎の自宅で直接説明を得ることができた。そのように付記した理由は、〝戦前、教科研が弾圧され、その運動の中核にいた者が宮原の名前を自白させられ、それが検挙の有力な証拠となったが、その人は、戦後、地域の教育運動を地道に続けていたからだ〟という内容であった。これは伊ヶ崎の判断だけでなく、語った時の宮原の意向でもあった。まことに裏切りや日和見主義などの対極で高潔に信義を貫いた。それが東大闘争においても実践されたのである。
私は伊ヶ崎に、機会を得たときに個人が特定されないように配慮して発表したいと述べ、了承を得た。以後、十年以上も経過したのでここに紹介した。

さらに、全共闘が安田講堂から排除され、入試中止が決まり、東大闘争が終息し、学生運動が高揚から沈静に転じる中でも五十嵐は闘う姿勢を堅持していた。川上は「最も実践的な末端といえば、……大管法のときだったか、学内でしょぼいデモがあったときです。職員の参加数が少なく、旗のほうが人間より多かった。五十嵐先生は両手に旗を持ち、タスキを十字に掛け、鉢巻をして」行進したと述べた(54)。彼は絶筆でも「五十嵐一人が両襷、両手に旗二本持ってデモしていたのが記憶にある」と記している(55)。川上の心に深く刻印されていたのである。

以上を通して五十嵐は宮原を高く評価した。特に宮原に関するノート（『平和教育の思想と実践』第五章第一節第一項で全文を紹介し考察）は一九七七年であり、一九六八〜六九年の東大闘争を経た後という点が重要である。即ち、五十嵐は東大闘争を踏まえて宮原の評価を高めたのである。

(四)　一九七〇年代における五十嵐の研究や実践

五十嵐は『国家と教育』（前掲）において「国民」の立場から「国家と教育」の問題を論じた。その構成はⅠ「国民教育について」、「社会教育と国家」、Ⅱ「教育における帝国主義の観点」、「教育基本法と学力調査の問題」、Ⅲ「教育を受ける権利と公教育費および教育費」、「国民教育の主体」、「民主教育の展望」、「教育学における国家と教育との関係」等となっている。「教育費と社会」研究の発展において、五十嵐は社会を構成し、かつ変革する主体としての「国民」にアプローチした。同じ「国民教育の主体」という表題に「国民教育運動を展望するために」の副題を付けた論文を『教育』一九六六年三月号で発表してもいた。

文教政策を批判する教育学者は多いが、「国家」を主題に掲げ、明確に取り組んだ者は少ない。さらに支配体制としての「国家」と「主体」としての「国民」の矛盾、それを契機にした発展まで論じた者はより少ない。またさらに

「帝国主義」を問い「国民教育と民主主義教育の国際的連帯」を提起したのは一層少ない（帝国主義批判は戦争と平和を介して「わだつみのこえ」研究に繋がる）。

「国民教育について」では「近代教育のカテゴリー批判」がなされ、それは宮原の教育の「原形態」としての社会教育〜近代の制度化された学校教育〜高次の教育の「原形態」としての社会教育という教育発展史観に相応する。「国民」と「国家」が総合的に考察されているのは宮原的な「下から」と「上から」の要求の合流・混在、「再分肢」教育論の展開と言える。

そして、五十嵐はこれを自分自身の課題として論じている。決して自分を傍観者的な位置には置いていない。だが、キャンパスの状況は変化していた。全共闘のシンパはまだ存在していたが、運動が再建されることはなく、新左翼諸セクトはゲバルトを過激化させ、内ゲバで殺人まで犯した。一九七二年の連合赤軍リンチ殺人事件・あさま山荘事件は象徴的であった。また同年、共産党・民青では「新日和見主義」というレッテルを貼られ川上はじめ二千から三千人の活動家が粛清された。それぞれ最大一万人規模の動員で闘いあった双方で、形態は異なるものの、力が弱まり、学生運動は低落の一途を辿った。

五十嵐はそれを見つめつつ川上と実意・信義ある絆を保ち続けた。そして、東大を退職する二年前、一九七五年一月二日（仕事始めの前）、五十嵐は「教育の物質的基礎」の表題でＢ４二枚に研究構想を書きとめた。これが挟まれた「教育の物質的基礎　とくにＮｏｉｒｅのノート」と記されたノートでは、以下のように記されている。

75.5.8

重要なメモ

これまでまったく気がついていなかったわけではないが、ともすると忘れがちとなる問題――それは私の公費教育論が塩の味を失うものとなるかもしれない事柄――同時、それは公費教育論――［教育の物質的基礎およびその現代的体現たる教育費の点から現代教育を分析し、現代教育の中に潜んでいて《しかも現代教育の矛盾（発展可能性と現実態との矛盾）として》現代教育を克服させる矛盾を herausgreifen して、現代教育の方向を探求する方法論をもつものでなければならない」の第二章　教育の物質的基礎の基礎的文献である。

上田耕一郎論文「生活の問題」（岩波『現代』講座第Ⅰ巻）
この論文を分析して研究項目をたてること。＆山形調査
たとえば、一五一ページ「今日の変化した物質的土台」とはなにか？

ノートの表題のルドウィッグ・ノワレ（Ludwig Noiré）に関して、三木は『構想力の論理』第三章「技術」で論じていた。これは二人の思想的連関を示している。二人が自由に研究を発展させたならば、ノワレを連結点として繋がったであろう。

また、上田は日本共産党の副委員長（当時）であったが、民主集中制においても統制的教条的なところは相対的に少なかった。川上も『査問』一一九～一二一頁で、党指導部の中では、比較的に話ができる人物として言及していた（弟の不破哲三＝上田建二郎との対比も貴重）。この脈絡で「矛盾を herausgreifen（選び取る、掴み取る）」に注目すると、それは「物質的基礎」、「物質的土台」が上部構造を決定することではなく、その矛盾を析出することを意味している。上部構造の構成要素の一つに宗教を含む精神的活動がある。

そして「塩の味を失うものとなる」という記述は聖書の「地の塩」の「塩味」(「マタイ福音書」五章一三節、「マルコ福音書」九章四九節)に関連する。「ともするとと忘れがち」であったキリスト教的な精神が意識化されていると言える。八年前に「マルクス・レーニンの学説の戦斗的ひびきのうちに、バイブル以上の人生の洞察をくみとっている」(先述)と記したことから変化している。青年期のキリスト教への関心、成人期の「マルクス・レーニンの学説」による「バイブル」の凌駕、そして再度のキリスト教への志向という変化の過程である。これは五十嵐におけるキリスト教志向の否定の否定の弁証法であり、それはアイデンティティの形成、再形成、再再形成の一環と分析できる。前期青年期に「エマースン」を引いて記した「人間性から神性にゆく道程」に即せば、五十嵐はその「道程」を苦闘しながら進んだのである。

そして、一九七七年二月、退職の一カ月前、五十嵐は宮原に関するノートを書いた。特に、三枚目の最後の「メモ('77.2.17　於東大病院外来受付ベンチ)」は研究と実践、さらには生き方として重要である。即ち、五十嵐は退職に病魔という二重(少なくとも)のクライシスにおいてなお寸暇を惜しんで研究に努めていたのである。病魔には狭心症、動脈硬化、動脈瘤、胃癌などがあった。

翌年、五十嵐は一九五九年の「社会教育と国家—教育認識の問題として—」(日本社会教育学会編『社会教育行政の理論—日本の社会教育・第四集』国土社の巻頭論文)に一九七八年二月付で「追記」を加筆している[56]。そこで五十嵐は宮原の形成と教育を論じ、一九四九年の「教育の本質」から「文化は無から生じるのではなく、歴史的に発展する。この過程をつうじて、支配階級が被支配階級に現状保存の手段としてあたえた、あるいはゆるした教育が、被支配階級による現状批判の手段に転化する」を引用した上で[57]、「文化の『転化』が課題になっている時代・時期に見合った論点へと、小論は事を究明できなかった」と自己批判した。ただし、結びに際してレーニンの『青年同盟の任務』の趣旨が「学んで批判的につくりかえる」ということであると付記しており、五十嵐は「転化」について十分に理解していたと言える。これは「再分肢」教育論の本旨にも合う。それでも「究明できなかった」というのは、安保闘争や三池闘争などで「被支配階級」が現状の問題を認識して起ち上がり日本革命を達成するまで論じ得なかったという実践的な自己批判と言える。

また、戦争責任を研究したノート（遺稿）「国民の教養と青年教育の目的　雑記帳」では、一頁目に「粗稿下書き」、「78.8.17」と記されている。そして、下書きやメモが綴られ、六頁目に「青年学生／戦没学生が残したものの洞察」と書かれ、その後は「教育の大衆化」のメモとなっている。

表紙には何も書かれていない小さなノートの一頁目には「国防義務」（320）なぜ陸軍は教育、青少年を統制するか。―ファッショであるから―」と記されている。その後は何も書かれていなく、右上に「赤木先生と」と線で囲ったメモに、『稜線』創刊号、一九八一年十月の詩に関するメモが記された用紙が挟まれているだけである。なお、赤木に関する資料もあり、分厚い封筒に入っていいるが、未読で今後の課題である。別のやはり表紙には何も書かれていないノートに、中島秋男『弟よ安らかに眠るな』栄光出版社、角田房子『責任―今村均』新潮社のメモがある。そして「はるかなる山河」ノートがあり、最も詳しい。これに関しては後で考察する。

なお、この時期、五十嵐より六歳若い碓井も宮原の継承に努めていた。彼は宮原の「理論と実践」について「社会教育論者とその生」として、次のようにまとめた[58]。

> 人の自己教育は、この世に生きぬいていこうとする、かれの生きかたにかかわる。そのような自己教育を本旨とする社会教育について、深く論じようとすれば、論者は、まずみずからの生きかたを直視せざるをえないであ

ろうし、深く底に秘めて成り立っていく。

宮原の「理論と実践」は彼の生（life）と密接不可分であり、従ってアクション・リサーチも単なる研究方法ではなく知行合一の生き方として捉えなければならない。この論考の初出は『社会教育』一九七九年六月号であり、碓井はこれを私（当時は院生）に直接手渡し、よく読むようにと指導した。

第四項　老年期―ライフサイクルの完結に向けて―

遺稿や日誌、『雲山万里』とともに『教育実践』第三八号（一九八三年春、日本民間教育研究団体連絡会編集、民衆社）が遺されていた。一九八三年の刊行後も大切に身近に置いていたと言える。

これには五十嵐の「教育実践についての考察―生活綴方における時間の問題―」（中の2）が掲載されており、「どの教育実践の過程にも教育と社会との関係の歴史が背景をなしております」、「『子どもが自分で自由をつかんでいく』あるいは『自分を自由にしていくことのきびしさ』という考えは、戦後教育改革が空洞化したこんにちの状況をふまえたうえで私はそれを重要視しています」と書かれている（一二二頁、一二五頁）。「教育と社会との関係の歴史」においても「自由」とともに「きびしさ」が論じられており、これは青年期の軍隊生活における「あまり裏表のない、みにくさのない」「厳正」に積み重ねられた成人期のマルクス主義的な必然性としての自由の展開であると捉えられる。

この自由の厳しさを思いつつ五十嵐は「わだつみのこえ」や矢内原の研究を深めていく。宮原の研究から離れたと言えるが、それは「守破離」の実践であった。矢内原と宮原には思想的実践的に重なり合う。

これはまたマルクス主義からの「守破離」でもあった。ところが、先述したように、かなりの「門下生」が「晩年と東大教員時代の」五十嵐には「乖離」があると捉えていた。だが、これは水準が低い。川上や黒崎は「乖離」とは見なさないが、このような者は少数である。何故なら、五十嵐を理解するには思想的実践的に高い水準に達しなければならないからである。

ここで五十嵐の変化を考えるために一九八〇年代半ばに注目する。八〇年代前半、彼は「平和・民主主義・革新統一をすすめる全国懇話会」や「日本共産党を後援する全国学者・研究者の会」の世話人となった。

一九八四年、原水禁運動をめぐり古在由重が共産党から除籍された。これは五十嵐に間接的に関係する。具体的に言えば、原水爆禁止日本協議会（原水協）の活動をめぐる事件が起きた。原水協と日本共産党は別組織だが、古在は党から除籍されただけでなく、運動からも排除された。言説では様々に説明するが、党が党員でない一般市民も加わる組織に影響力を行使したのであり、それは前衛党は大衆組織を指導せねばならず、大衆組織の中の党組織は除籍された者を大衆組織からも排除するというプロレタリア独裁と民主集中制の現れであった。だが川上は古在との関係を保った（版の会編『コーヒータイムの哲学塾』同時代社、一九八七年）。

そして一九九〇年三月六日に古在が死去すると、川上は葬儀委員会の事務局長を引き受けたが、これにより「新日和見」事件での「査問」にも関わらず一九年間も守り続けた党員の資格を失うことになった（川上は「離脱」と表記）。この場合は市民運動どころか、葬儀という私的な儀式である。まさに党がプライバシーまで追及したのである。これは、程度の差こそあれ、根本では家宅捜索で没収した日記などを理由に処罰したソ連や中国など共産党一党独裁体制と同様である。しかも、この葬儀はベルリンの壁の崩壊後であった（同時代社は一九九一年に『古在由重―人・行動・思想―』、二〇〇一年に『暗き時代の抵抗者たち―対談　古在由重・丸山眞男』を出版）。

このような過程で五十嵐は「マルキシズムも良し……如何なるものも良し」という木村の研究を進め、またキリスト者矢内原の位置づけを高めていった。この変化をレベルの低い者は「乖離」と見なすが、内実は学習と発達であり、マルクス主義教育学に二つの研究を積み重ねたのである。

五十嵐は、一九八六年一〇月二九日、名古屋大学教育学部会議室で開催された名古屋大学教育改革研究会（第一四回）において「戦後教育改革の精神―矢内原忠雄にそくして―」を報告した。[59]また、矢内原訳のクリスティー著『奉天三十年』（岩波新書、一九三八年）に関するメモや引用を書き始めていた。「矢内原ノート　『国家の理想』」第三〇頁において、五十嵐は次のように記している（以後はない）。

'87.9.30

金田隆一著『戦時下キリスト教の抵抗と挫折―日本キリスト教史双書5』

矢内原忠雄―今の自分にとってもっとも重要な道しるべである。ひじょうに重要なることがかかれている。信仰と科学との矢内原における両者の関連についての著者の考察は重要。ボンヘッファーとの交錯するところ。

『戦時下キリスト教の抵抗と挫折』は新教出版社から一九八五年に出版された。ディートリッヒ・ボンヘッファーはドイツの牧師・神学者で、ヒトラーを公然と批判し、マルティン・ニーメラーたちキリスト者とナチに抵抗する「告白教会」に加わるが、米国に亡命した。だが、自分の安全を顧みずドイツを信仰の自由が保障される国とするために帰国し、抵抗を再開するが捕えられ、終戦の一カ月前に処刑された。

キリスト教への志向に戦争責任研究が加わり、五十嵐は木村の「わだつみのこえ」を考察する中で「ボンヘッファー　神を信ずることの篤きほど、おののきは強いということを探求せよ」と注記した。[60]これは「わだつみのこえ」が死者の声なき声であることにおいて重要である。「わだつみ」が海神（霊）であることの意味の重さにも関わる。合理性を浅薄に排せず、非合理性の追究を通して両者の止揚に努めるべきである。死者の「こえ」の認識は実証主義では不可能である。

また、ナチへの抵抗との関連では、老年期にアウシュヴィッツを心に刻み伝えることが極めて重要な位置を占めていたことは『平和教育の思想と実践』第五、六章で述べた。ここではさらに、次の具体例を紹介する。心に刻むアウシュヴィッツ名古屋展の時、一九八八年一一月二日「中日新聞」朝刊と付記されて実行委員会ニュースレターに掲載された記事の写真には五十嵐の姿が見える。ただし、再確認のため国会図書館にこの日付の紙面の複写を依頼したところ、それはないと回答された。国会図書館収蔵の版にはないのか、それとも実行委員会の誤記かは未詳だが、この写真の表情や姿勢は五十嵐が一市民として実践していたことを示している（記事と写真は『社会教育学研究』第四一号、二〇一八年二月、五二頁に再掲）。

これは『平和教育の思想と実践』第六章第三節第二項の考察を補強する。そこで記した「大学の先生」の呼び方は周囲が用いていただけで、五十嵐自身が求めたのではないだろう。名古屋展の多くの資料には「五十嵐」という名前は全くなく、ただこの写真でしか存在は分からない。まことに五十嵐は「地の塩」の如く実践していた。

そして一九九一年、五十嵐は川上に『中京大学社会学部紀要』第五巻第二号（一九九一年二月）掲載の「『きけわだつみのこえ』をいかに聴くか」の抜き刷りを書簡（三月二二日付）とともに送った。そこでは、次のように書かれている。

ことしは、私はお年賀をどなたにも差上げることなく印刷したお年賀のはがきを横においたまま、拙い小文をかいておりました。若く征き、逝った戦友、学友、肉親の身に降りていってそこからもう一度微力をふりしぼって、私の教養と日本の文化とを、正直、正確、鋭く、なにものをもおそれず吟味していこうとしております。これはその序文です。

「なにものもおそれず」とは、闘い続けてきたからこそ得られた境地と言える。それは自己との闘いも含む極めて厳しい苦闘であった。木村への批判も、この厳しさの故であった。

第五項　最晩年―「過現未」の苦闘―

(一) 病と闘い、老いと闘い、自己と闘い、歴史と闘う生涯発達

五十嵐は川上徹・蓉子夫妻宛の書信（日付は一九九五年三月三日、消印は三月五日、名古屋[61]）で、次のように述べた。

私は二十年来の動脈硬化症（狭心症）と二度の胃癌手術のため、おしもおされぬ病持ちですが、日常の生活はできるので、ほんのわずかか、ささやかな読書執筆にて「きけわだつみのこえ」をいかに聴くかというこころ構えにて、勉強の時をおくっております。そしてそれは私の最高の幸福であり、若く逝った戦友同僚に申し訳ない気持ちでもあります。同封の小文（「『わだつみのこえ』をいかに聴くか―国民・国家の責任と人間の罪との間―」―引用者）は三上昭彦さんのすすめで書く機会を（＝発表の）あたえられたものです。戦争責任は私らの世代にはまぬかれない重大事―私がご夫妻と東京での交際のとき、東大在職中はこの重大事にふたをして、ほほかぶりをして民主主義、民主教育のために働いていた（と考えていたのです）。しかし歴史にしても、個人にしても、私らの

世代のものは、自分一個としても、国民としても、人間としても（普遍的な）、戦争と侵略、侵略戦争協力への責任を不問にしておいては、民主主義はから元気になります。私は一人の人間の生命の問題と、歴史の問題とを離さないで考えたいのです。

五十嵐は「一人の人間の生命の問題と、歴史の問題とを離さない」という表現でアイデンティティと歴史の交錯、それぞれのクライシスを乗り越えるライフ・ヒストリーとヒストリーのダイナミクスを研究し、かつそれを自分自身に応用した。しかも、これを私信で行っている。それは常に既に行住坐臥、知行合一を実践していたことの証左である。

しかも、病と老いの生活でこれを実践している。それは闘志の生涯発達の現れである。五十嵐は学問と実践で病と闘い、老いと闘い、自己と闘い、歴史と闘った。

また「ご夫妻と東京での交際」という表現は、川上徹は自分が指導した学生だが、卒業後は対等の存在としたことを示している。ここに五十嵐の人徳を認めることができる。

そして大田直子の「推察」に拠れば、五十嵐は「夜寝る暇も惜しんでその（「わだつみのこえ」関連）資料を読んでい」た[62]。彼女への書信で五十嵐は「生死の問題から戦争責任の問題へ行く義務と義理（わだつみの同僚戦友に対する）へ展開していくよう微力を注ごうとがんばっています。朝未明に起きて机に向かうときは、吾が命のすこやかにあるのを上天に感謝し、ゆっくりペンをにぎります」と述べ、「四高同窓会例会での原稿にあらたに書き込みされたもの」を「同封」した。文中の「上天」は矢内原との関連でキリスト教への志向性が読み取れるが、それも含む「神性」、「アルゲマイネ・ダス・ハイリーゲ（聖の遍在）」に通じると、私は捉える。

(二) ライフサイクルの完結におけるライフ・ヒストリーとヒストリカル・モメント

五十嵐は最晩年でも「いそがしい[63]」状況にあった。それは「体は一つなのに、一九九五年の生活と、一九二九年以降十五年戦争の時期の生活とが重なっている状況」だったからである。「一九二九年以降十五年戦争の時期の生活」とは「小学校を卒業していくつかの学校を経て入隊し、五年の軍隊を経て南方軍から還ってくるまでの、一九二九年から一九四五年のあいだの歴史」である。人生(ライフ・ヒストリー)と現代史(ヒストリー)が重なりあい、交叉している。

五十嵐は「重なっている」と述べただけだが、私は歴史との格闘を通したアイデンティティの再形成の最終局面に凝縮された「過現未」を認識する。このような意味で「重なっている」にはライフサイクルの完結におけるライフ・ヒストリーとヒストリカル・モメントが鮮明に表現されている。

これが書かれた「審判」は短い文章だが、内容が濃く、しかも表題の通り緊迫している。法廷闘争というとおり、審判は勝敗の決する時空間である。五十嵐は最晩年でも闘い続け、その段階にまで発達した闘志を以て「わだつみのこえ」に耳を澄ませていた。言い換えれば「わだつみのこえ」に叱咤激励され、最後の最後まで闘い続けた。そして、私は五十嵐を通して「わだつみのこえ」に耳を澄まし、己を叱咤激励する。

(三) 「老人といえども生きて、強く、耐えねばならない」

「審判」の初出は『教育学年報・4—個性という幻想—』(世織書房、一九九五年九月)の附録リーフレットである(一~三頁に掲載)。この『教育学年報・4』には、私の「ハビトゥス変換に向けた批判的自省と危機=批判を回避する自省」も収録されている。

最初に「審判」を読んだ時は「エリクソンのライフ・ヒストリーとヒストリカル・モメントに通じる観点があるかな」と感じた程度であった。当時は、人間と社会の統合的な認識に、心理的にはエリクソンから、社会的にはブルデュからアプローチして人間発達と社会発展を連動させる教育論の研究に集中していた。戦争や平和への問題意識はあったが、本格的に取り組むべき課題であると意識するのは翌年からであった。

その二十年後、先述したように「はるかなる山河」ノートの中で「『ライフサイクル、その完結』(The Life Cycle Completed)」や「Life History and the Historical Moment」が目に入った。私の第一印象が的外れではなかったので感無量であった。そして「わだつみのこえ」研究には五十嵐の生（life）が集約されていることを再確認した。

この「審判」で、五十嵐は「老人といえども生きて、強く、耐えねばならない」と結ぶ。しかし、同年同月の一七日、高校生に「わだつみのこえ」についてを語るという平和のための「戦場（Kampfplatz、champ de bataille）」で絶句し倒れた。若い世代はさらに「強く」生きて、「わだつみのこえ」を伝え続けねばならない。

(四)「歴史の『審判』はつづいている」

五十嵐は「歴史の『審判』はつづいている」と記しているが、最早できなくなった。後進はこれを受け継ぎ、研究・実践することが求められる。

この「歴史の『審判』はつづいている」には、二重の意味や要因が内包されていると私は捉える。一つは戦争犯罪・責任の追及が不十分であること、もう一つは勝者の「審判」であり、法治主義が徹底されず、法の下の平等が確保されていなかったことである。それぞれは別々ではなく、相互に重なり合い、絡み合っている。このような意味で「審判」には「再審」も内包されていたと考えさせられる。

五十嵐は「私たちが先に『殺した』」ことを「事実」と書いた。また彼は「すべての人が何かの役を持っている」とも述べた。ここには米国人も英国人も中国人も「役を持ってい」たことが含まれる。確かに、巨視的に見れば日本帝国主義がアジア諸国を「先に」侵略したが、その前に米英仏独露の帝国主義が戦争を繰り広げ、アジアを含め世界各地を侵略したのであった。

木村の「わだつみのこえ」に関わり、五十嵐は「はるかなる山河」ノートで「国家の侵略」と知識人の問題という文脈で「§J. S. Mill and India」と注記していた。これは大英帝国の帝国主義と植民地支配を問う文献である。実際、帝国主義は日本より英国の方が早く、その範囲は最大であった（太陽の沈まぬ帝国）。そして、カーニコバル島を含むインドは英国からの独立を求め闘っていた。

しかし、勝者を問うことは、敗者の評価を改め、その戦争責任の再評価にもなる。責任は確かにあるが「遠い責任」であり、死刑は重すぎたということは一事例である。この事例研究はさらに東京裁判はじめ一連の軍事裁判の再検討＝再審にも連動する。「おさまり」をつけるためには、それが求められる。

だが、五十嵐は自分の人生を振り返ると、陸軍将校であった責任を痛感し、新たに出発し、マルクス主義者となった。それをまた再考し、否定することは〝結局は陸軍将校であり、マルクス主義者はかりそめであった〟などと誤解・曲解されかねない。

日本の思想や実践のレベルが五十嵐のダイナミックな発達を理解するレベルに達しておらず（黒崎、川上たちは少数）、それ故、尚更、五十嵐は「生涯苦吟」した。「なにものもおそれず」とは書いたが、やはりためらい続け、最後に「おさまりがついていないんだ」と発し、絶句して倒れたのである。

だが、このためらったことも厳正な反省の故である。これをより深く理解するために、次節で五十嵐の矢内原研究を考察する。

第七節　矢内原研究の意義―再審のために―

第一項　原罪と贖罪―キリスト教への接近―

四高時代から五十嵐の内心には矢内原を通して「国家以上のものがあるということ」が「深く沈殿」してきた。抑留期のクライシスにおいて五十嵐は聖書を読み、メモした。その後、マルクス主義者となったが、ライフサイクルの完結においてキリスト教の精神的位置づけが高まった。五十嵐は次ぎのように詠う。(64)

友よ
頭をたれて私はおもう
底知れぬ人間の受苦のみが犯した人間の罪に光をあてることができるのではないかと
それのみが罪の告白をきびしくききわけて
ゆるしへの道を切りひらくのではないかと

神を信ずる人の言葉では「心に刻むというのは、歴史における神のみ業を目のあたりに経験すること」（ヴァイツゼッカー）であろうかと

「底知れぬ人間の受苦」から「ゆるし」へ到るという詩句は聖書的である。それを五十嵐は心魂を詠う詩で用いた。

さらにこれを「神のみ業」へと繋げており、そこには人間の原罪による苦悩、神による贖罪と救いというキリスト教信仰の核心が凝縮されている。「言葉」の主体が「神を信ずる人」で、結びが「あろうか」という表現だが、五十嵐がそれに接近しようとしていることが読みとれる。

そして、神は人間を超越していることから「罪に光をあてる」や「ゆるしへの道を切りひらく」は五十嵐のみならず木村、さらに学徒兵、日本兵へと展開し得る。これは安直な一般化ではなく、絶対的な個別と普遍の統合である。

次にヴァイツゼッカーの名前が括弧付きで挙げられている点に注目する。五十嵐の引用した文章は永井清彦訳「ヴァイツゼッカー大統領演説全文―一九八五年五月八日」にある。[65] ヴァイツゼッカーは「心に刻むというのは、ある出来事が自らの内面の一部となるよう、これを誠実かつ純粋に思い浮かべることであります」と述べ、他にも「心に刻む」について説明しているが、[66] 五十嵐はこれではなく前記引用文を選んだ。即ち、「内面」、「誠実かつ純粋」という一般的な説明ではなく、「歴史における神のみ業を目のあたりに経験すること」という「神を信ずる人の言葉」、即ち信仰者の言葉を選び、用いたのである。言葉の彫琢を使命とする詩人が、これを選んだことの重さと深さを考えなければならない。

さらに、五十嵐は「オシフィエンチムとトウキョウとのあいだ」[67] では、他の収容者の身代わりに餓死刑に処せられた「マクシミリアン・マリヤ・コルベ司祭」を取り上げ、「一九四一年八月十四日オシフィエンチムの地下房で昇天した一すじの蛍光」と詠唱する。[68] 司祭の死を「昇天」と表現していることは、文学的だけでなく思想的な意味が込められていると言える。無論、五十嵐がキリスト教を信じたのではなく、思想的に接近し、マルクス主義の唯物論無神論との矛盾を契機にしてより高い次元に発達したと捉えるべきである。

第二項　ライフサイクルの完結における矢内原への投企的被投企／被投企的投企

キリスト教への接近は青年期から「沈殿」していた矢内原への志向性の到達点とも言える。五十嵐は矢内原に向けて投企し、かつ彼に導かれ被投企し、老年期に到った。そして「わだつみのこえ」に耳を澄ませつつ、彼の植民／殖民政策論を研究した。

五十嵐は『「わだつみのこえ」を聴く』では、矢内原を「侵略主義を批判した思想」の一つとして取り上げ[69]、一九四〇年に朝鮮半島に渡り、聖書を講義した実践を植民地支配下で強化されている皇民化政策への抵抗であったと論じた。さらに五十嵐は矢内原が朝鮮独立こそが「植民政策の成功」と論じたことに注目した。

植民／殖民政策において侵略支配だけでなく、近代国家への発展と独立の側面も合わせて多面的に考察することは、学徒兵について被害だけでなく加害からも多角的に研究することに関連する。次項でこれについて考察する。

第三項　矢内原や新渡戸の植民／殖民政策論

矢内原の全集第二巻（岩波書店、一九六三年）には朝鮮、台湾、満州の植民／殖民政策論が収録されている。全集第二三巻（一九六五年）にも朝鮮、台湾、満州に関する評論がある。

朝鮮に関して、矢内原は「新しき社会は朝鮮人の自ら建つべき社会である。故に朝鮮人にとりて必要なるは自立の精神である。精神的奮起である。朝鮮人にとり有害なるは依頼心である。自卑心である」と指摘した[70]。「自立」を提起しているからこそ、「依頼心」や「自卑心」を鋭く批判するのである。そして近代化を阻害する要因には封建支配のみならず、自分で判断できず上位に自ら服従する卑屈な「自発的隷従」もある。また台湾について、彼は「資本主義の発展は隠れもなき事実である」と評価しつつ、政治は「想像以上に専制的」であると批判し、「政治的自由」を提起している。[71]事変勃発後の満州に関しては「経済がやや活況を帯ぶるであろうことは推察せられないではない」と慎重な表現で評価しつつ、「安定」、「能う限りの平和的手段」の「願望」を表明している。[72]総じて、彼はそれぞれの現状を踏まえ、努力すれば実現可能な課題や目標を提示している。

それは思弁だけでなく、現実の危機的な経験にも基づいていた。矢内原は満州の新京（当時の首都で現在の長春）からハルピンまで列車で移動する途中、匪賊に襲われ、「生命の危険にさらされたことが二、三度」あり、特に自分の「部屋だけが全く無事」であった時は「特に痛切に神の守り」を感じ、それ以来「少しなりとも自分の生涯を世のため、殊に世の中のしいたげられたる人々、弱い人々のために少しでも使おうと」思った。[73]彼もまた限界状況を体験したのである。

そして戦後、矢内原は「日本はもはや植民地を領有する帝国主義勢力ではなくなった。しかし国際経済に依存する必要は一層大になった。……植民地を喪失したことを嘆くべきでなく、平和を愛する自由国民となることに努力すべきであろう」と提起した。[74]さらに「国際移民」を論じ、その「問題は平和的に処理すべきであって、これを戦争への刺戟としてはならない」と指摘した。[75]

このように矢内原の植民／殖民政策論は戦後の民主化でも耐え得、「国際経済」や「国際移民」へと展開できた。言い換えれば、彼は戦前と戦後を貫く観点や思想を有しており、それとキリスト教信仰は密接に関連しているのである。

さらに矢内原に先行する新渡戸は「植民政策講義及論文集」において英国の植民地（米国等）に即して「自治植民地（Self-governing Colony）」や「独立」を論じていた。[76]そして「植民の終極目的」の結びで「土地を最も深く愛する者こそ土地の主となるべけれ」と述べ、白居易（白楽天）の「勝地本来無定主、大都山属愛山人」を引いた。[77]これは

『白氏文集』「雲居寺に遊ぶ」の詩句で、勝地（景色のよい美しい自然）はもともと誰のものでもなく、それを愛する人のものだという意味である。

新渡戸のイギリス植民／殖民政策に対する評価は、香港の陳雲他『殖民地美学』（次文化堂、二〇一五年、香港）で補強される。その序言では、英国の香港に対する殖民政策はカナダ、オーストラリア、ニュージーランドのように「自治」に到るはずだったと述べられている。これは香港が中華人民共和国に返還された後の見解である。

以上は矢内原や新渡戸の植民／殖民政策論である。しかし、現実は異なるのではないかという疑問が出されよう。この点について次項で検討する。

第四項　日本の植民／殖民地統治―多角的な考察のために―

（一）植民／殖民政策―自立・独立との関連―

台湾では、日本統治時代から画壇で活躍した許深洲が、戦後、大陸から逃れてきた蒋介石政権による二・二八事件に端を発した白色テロの続く一九五〇年に「自立」という作品を日本画的な技法で描いた。そこではすっくと立つ女性（母に見える）が「自立晩報」という新聞紙の束を抱えている。彼女は纏足である。横の娘に見える少女も新聞の束を抱えているが、サンダルから見える足指は纏足ではない。「自立晩報」は独立系の新聞であった（後に停刊）。白色テロでは日本の帝展に幾度も入選した陳登波が虐殺されていた。それにも関わらず許深洲は「自立」を創作したのである。彼は日本統治の台湾で育った画家である。

朝鮮では、一九四五年九月四日付「朝日新聞」の「日本へ感謝の半島青年」という記事に拠れば「三人はシャツの袖をまくりあげ、ズボンを膝まであげて何か昂奮を抑えきれないようで」、「朝鮮の独立の秋が来たのです。これをわれわれは喜ばずにはいられません。でもこれに有頂天になってお祭り騒ぎをする気にもなれないのです。独立の魅力と、日本への感謝と将来の不安とが混ざりあった―それがわれわれの偽らざる気持ちです」と「口を揃えていった」。「朝日新聞」は日本のマスメディアであるという点を考慮しても、この具体的事例は矢内原の植民／殖民政策論に適合しており、全否定すべきではない。しかもポツダム宣言受諾から半月以上も後で、日本敗北が明白となった時期の記事である。

満州では、五味川純平が『人間の条件』の主人公（梶）で描いたように苦悩の中で植民地支配や戦争に引き込まれた者がいた。『人間の条件』は小説（ロマン）だが、梶のモデルと伝えられている隅谷三喜男は実在した。

彼は、一九三七年に東京帝国大学経済学部に入学し、一九四〇年に治安維持法違反容疑で三カ月間拘留され、一九四一年に卒業すると抑圧・搾取される者のために働きたいと希望し満州の昭和製鋼所に勤務し、満州労働問題を調査研究する中で五味川に出会った。戦後は東大経済学部の教員となり、再建された東大セツルメントの顧問にもなった。

私は隅谷から直接話を聞く機会は少なかったが、キリスト者としての研究（特に職業訓練）と実践で教示を与えられた。小著『アイデンティティと戦争』（グリーンピース出版会、二〇〇二年）の出版で会った時、私は「『人間の条件』の主人公、梶のモデルと言われているが、いかがお考えですか」と質問した。隅谷は「五味川さんは大変ご苦労され、戦後ご自宅にたどり着いたとたんに倒れられたそうだ」と答えた（『人間の条件』では最後に梶は妻の美千子のもとへ生きて帰ろうとするが倒れる）。直接の回答になってはいないが、自分と五味川本人の複合的な存在が梶だと示唆したと言える。このような意味で『人間の条件』には文学的リアリティがあり、心理歴史的研究として取り上げる意義は大きい。

次に「五族協和」の理想を実現すべく開学した満州建国大学を取りあげる。「幻影」や「虹」など評価は様々だが、(78)上層の戦略・政略と学徒の希望や期待は識別しなければならない。具体的に、朝鮮出身（慶州から北西の慶尚北道尚州郡外西面に生まれ）の学徒・呉昌禄について、前川恵司の研究から摘記していく。(79)

まず、呉昌禄と「枕を並べて寝ていた」関野長は次のように述べた。

「呉昌禄がテーマにした『満州土地政策の根本課題』は、ほんとうに厄介な問題だった。歴史的に見て、満州はロシアや満州族、漢民族、朝鮮族が絡み合い取り合ってきた土地で、だれの言い分が正義だといえるような単純な代物ではなかった。呉昌禄は卒論で、歴史的に見れば、そのなかでは日本人が一番、満州に関係のない民族であったことをほのめかそうとしたのじゃないかな」

「彼は、でしゃばってくる男ではなかった。読書家で、よく勉強していた。一歩退いて考えるタイプの物静かな、秀才タイプの男だった」

「建国大学は、外の世界とは隔絶していた。建学の精神からマルクスも許された。しかし、学内では五族協和であっても学外に一歩出れば、現実の満州はどうなのか、と日本人以外の学生は憤っていた。日本人の僕らは、あの大学に入るまで本当に無知で幼かった。呉昌禄ら、苦労していた他民族の学生の方が大人だった。塾でずうっと毎晩、隣蒲団で寝起きしていた仲だったけれども、呉昌禄が本当に何を思って寝ていたのか。朝鮮の独立をどう考えていたか、それはわからないし、第一、そのころの私は、そんなことにも気づかなかったのが本当のところです。そんな話題は、塾のなかでも絶対に触れなかったし、とくに彼は表立って朝鮮独立を叫ぶような方ではなかったから」

「呉昌禄が日本について心の奥では本当にどう思っていたか、と今になるとふと考えてしまう時があるよ。日本で暮らしたいというようなことは一言も口にしなかった男だった。もしかしたら、日本を許さない気持をどこかにずうっと持っていたかもしれない」

呉昌禄自身は、次のように語った。

「中学から満州の建国大学に入学したはじめのころまでは、自分の民族のことを忘れていました。しかし建国大学で……やはり感じることがあるようになった」

「おかしな学校でしたよ」、「なにしろ、成績表も期末試験もなかったのです。その代わりというか、塾の討論というのはまぁ、毎晩でした」

「お互いが自由に個性を伸ばすためなのだから、何一つ遠慮するなと、ずいぶんやりあったものです。自分が反省すべきことを出してもいいし、不合理だと思うことを批判するのもいい、議論のテーマは何でもかんでもでした。民族が違い、お互いを何も知らないまま最初は一緒くたになっただけだったのですが、異邦人同士が枕を並べて寝る生活を続けているなかで、いつのまにか恥ずかしさが消えてしまうのですよ。お前は何民族だというのがなくなって、自分の思っているまま何でも口にだせるようになるし、その代わりけんかにもなりました」

「何度も繰り返すようですが、大学のなかは自由そのもので、(日本国内のような)取締りもなく、思想に対しても解放されたところでした。図書館には共産主義やマルクスの本もそろっていましたし、何の制限もなく読めました。マルクスの本を読めなかったら、共産主義批判の観点もあったものではないでしょう」

さらに呉は「図書館で、朝鮮の思想史や歴史、当時の上海にあった朝鮮独立運動家による上海臨時政府の文献などまでがずらりと並んでいたのを目にし」て驚いたと述べ、次のように続けた。

「実のところ、私がウリマル（韓国・朝鮮語のこと）で書かれた本を読んだのは、建国大学に入ってからです。言葉だってね、私は子供のころから日本語でばかり話していたから、ウリマルではそんなにしゃべれなかったです。あの当時の『内鮮一体』はもうそこまでいっていたのですよ。建大でね、ウリマルの本を一心不乱に読んで、朝鮮語をおぼえたものです。いやぁ、最初は、身につけるのに苦労しました」

そして前川は、以下のようにまとめた。

「皇民化」教育がすべてになった朝鮮半島の学校では、建国大学が開学した年には、教室で朝鮮語をしゃべるのも禁止された。だが、禁止するまでもなく現実には、朝鮮語が分からない子どもたちが珍しくなくなっていたのだ。支配のなかで暮らす怖さとはそういうものなのだ。頭がよく、将来が嘱望されるような子どもほど、朝鮮語から遠くなっていたに違いないと、呉昌禄さんの吐き出したタバコの煙を目で追いながら思った。

ところが建国大学の学内では、朝鮮半島出身でも中国人の学生でも、自由に、何のとがめもなく母国語がまかり通った。ウリマルで堂々とおおっぴらにしゃべられる生活は、ひとしおの開放感を呉昌禄さんたちにもたらした。名前も、日本名ではなく創氏改名以前の本来の姓名で呼びあってかまわなかった。ただし、読み方は漢字の音訓読みだった。たとえば、呉昌禄さんは、本来は「オ・チャンノク」なのだが、日本人学生は「ご・しようろく」と日本の漢字の読み方そのままで、「おーい、ご君……」という具合に呼んだ。

土曜日には武道訓練があった。剣道や柔道を通じて精神を修養し、日本精神をはぐくむねらいで、武道訓練は正規の授業だった。呉昌禄さんは、剣道三段だった。ゆったり構えて面を攻めてくるのが得意技だった、と同窓生の一人が回想する。

「民族協和」を標榜しながら「大学から一歩外に出れば、新京の街は、国内や朝鮮と変わらない弾圧と統制、そして五族協和とは言葉だけと実感させる世界」であり、呉は「日本人は、人道主義的な支配者ではなかったのです」と語った。

「民族協和」は矛盾を抱え、満州建国大学はそれを糊塗する役割があったとは言え、理想を追求する側面も看過すべきではない。前川の次の指摘は重要である。


呉昌禄さん自身がその内面で、優等生であった朝鮮では忘れていた「民族」を、「五族協和」を理想とした大学生活のなかで取り戻していたとしたら、それは、もしかしたら満州国の欺瞞の幻想が残した、わずかな真実のひとつかもしれないように私には思えるのだった。

とりわけ多感な時代に呉昌禄さんは、故国では気づかなかった真実を、歪んだというより日本人の支配を補完する手段でしかなかった「協和態勢」のなかで気づかせられたのだろう。「呉昌禄」がなぜ、「福田昌禄」であるのかを。

無論、これは極めて少数のエリートに限られており、大多数の民衆においては民族差別が厳然として存在していた。だが、それを理由に「民族協和」の理想を実現しようとした努力があったことを全否定すべきでない。それは少数例だが、史実である。

同時に、漢民族の民族差別も見過ごしてはならない。中国共産党は漢民族中心で、その一党独裁体制の中華人民共和国において少数民族地域では物理的虐殺・破壊が繰り返され、さらに開発独裁により文化的ジェノサイドが進行している。その状況について、日本語文献では、チベットに関してはオーセルたちの『殺劫―チベットの文化大革命―』（集広舎、二〇〇九年）や『チベットの秘密』（集広舎、二〇一二年）、内（南）モンゴルは楊海英の『墓標なき草原』（上下続、岩波書店、二〇〇九〜一一年）、ウイグルは王力雄の『私の西域、君の東トルキスタン』（集広舎、二〇一一年）などがある。特に満州は、孫文の「滅満興漢」から毛沢東と蒋介石ともどもの偽満州の漢奸（売国奴）粛清を通して、現在では満州語を日常的に使う者はいなくなった（複数の満州民族知識人より）。確かに孫文は革命活動を通して「五族共和」を提唱するようになったが途上で没し、それはスローガンに止まった。この点で「五族共和」と「五族協和」は共通している。

戦後、長春で生まれ育った漢民族の劉暁波は、次のように述べた(80)。

日本の殖民主義についていては、いっそう具体的に評価を定めなければならない。即ち、日本の台湾と満州における殖民地政策は、国際情勢の変化を受け、客観的に見れば慈恵的になった側面もあり、制度や経済の近代化に貢献した側面もある。日本が支援した汪精衛政権も、重慶の蒋介石政権よりガバナンス上の効率が優れていた。

一九四〇年代初期、普通の庶民の生活においては、台湾や満州、或いは汪精衛統治下の中国東南部の方が、重慶の蒋介石政権や延安の毛沢東政権の下よりも比較的治安が保たれていた。

五十嵐がこれを読めば、戦争責任研究がより深まったと言える。確かに問題は複雑である。朝鮮や満州をめぐるソ連・コミンテルンや中国共産党も含めたパワーポリティクス、日ソ中立条約が有効でありながらソ連が奇襲攻撃で侵略したこと、日本軍が即座に司令部を新京から通化（朝鮮に近接）に移して事実上開拓民を見棄てたこと、「傀儡」とは言え存在していた満州国が日本軍の撤退に伴い消滅し、中華人民共和国では満州語さえ存在の危機に瀕している現状などに即して具体的かつ多角的に研究しなければならない。

（二）文化政策―東亜協同体における―

三木は文化政策論を満州に応用した。この文化政策論に関しては宮原との関連で『平和教育の思想と実践』で詳論した。これに立脚し、満州に即した文化政策論について考察していく。

一九三七年七月七日に盧溝橋事件が起きた。翌三八年一〇月一日、三木は「事変の進歩的意義」（読売新聞連載「現代の記録」の一つ）において「東亜協同体の思想」を取りあげ、「新しい理論的基礎が与えられねばならぬ。日本が世界史的に進歩的役割を演ずることなしにはこの事変の発展的解決は不可能」である」と論じた。[81]表題や字句は戦意高揚を印象づけるが、「新しい理論」、「進歩的役割を演ずること」という条件がつけられ、それがなければ「発展的解決は不可能」と指摘しており、批判と変革が内包されている。そして「偏狭な思想ほど今日有害なものはな」く、むしろ「進んで協力しようとする人々を広く包容し得るやうな大思想なしには新秩序の建設は不可能である」と結ぶ。

「偏狭な思想」を国家主義や民族主義に、逆の「大思想」を協和・共和の国際主義と読みとることができる。

『中央公論』一九三九年一二月号掲載「汪兆銘氏に寄す」では「あらゆる言説にも拘わらず中国人によって日本がなほ侵略主義と見做されてゐるとすれば、日本としてもみづから反省すべきものがあ」り、「東亜新秩序の建設のためには日本国内の革新が必要である」と提起されている。(82)「東亜新秩序」という国策的表現の後にやはり「国内の革新」が出されている。

一九四〇年一月九日、十日の「都新聞」の「思想確立の基礎」では「日本においても今度の事変は、残存せる封建的なものの精算といふ重要な意味をもつてゐる」と論じている。(83)「残存せる封建的なものの精算」も変革を意味している。

一九四一年一〇月五日「名古屋新聞」のコラム「一朝一夕」では「今日、重要なことは、政治家はもちろん、すべての國民が戰爭の眞の見方を知つてゐることである。個々のニュースに徒らに心を奪はれることなく、戰爭を全體の立場から正しくみることを知つてゐるといふことは、高度國防に協力するために極めて大切なことである」と述べている。(84)「高度國防に協力」とともに出されている「戰爭を全體の立場から正しくみる」「戰爭の眞の見方」は戦争指導層の最も注意すべきことで、実態が大義のない侵略戦争であれば、それを隠すために弾圧しなければならない。「高度」にも現行の「國防」の否定が含意され、高次元の協和・共和に資する、西洋列強の帝国主義・覇道に対する防衛が内包されている。

しかも三木は戦意昂揚で使われる言説と組み合わせて批判や変革を説いているため、読者への教育的効果がある（広義の社会教育）。逆に体制から見れば反戦・厭戦への巧妙な誘導であり、許しがたい。このような脈絡において、三木は東亜協同体に文化政策を応用する。彼は「文化政策の新しさ」として次のように論じる。(85)

新体制も次第に具体化してゆく。永い間理論に過ぎなかったものが愈々現実となることになったのである。（略）新國民組織と共に要求されるのは新しい政治である。新しい政治は種々の方面から考へられるであらう。しかし政治の新しさにとって今日最も考慮すべきものは文化政策である。外国の新しい政治をみても文化政策には大いに力をいれてゐるのであるが、我が國においては今特にそれが肝要であると思ふ。

元来、日本の政治は久しく文化政策に対する理解を欠きこれを無視乃至軽視してきたのである。文化政策といふと単なる取締に堕したり一面的に思想対策に偏したりする傾向があった。故にもし今日の新体制が文化政策に対して真に積極的であるならば政治に全く新しいものを加へ、政治を魅力あるものにすることができる。文化政策にとつて基本的な條件は、文化といふものの豊富さを理解することである。この理解があつて初めて真の文化政策が行はれ政治に明朗性と滋味とを与えることになる。文化政策の貧困は最も根本的には文化の豊富さについての無理解から来るのである。

日本の新体制に対しては満洲國の協和會なども大きな開心を示してゐるが、その満洲國では最近次第に文化政策の重要性が理解されてきたやうだ。ことに私が深く興味を覚えたのは満洲國でも地方にゐて満系に接触することの最も多い人々が文化政策の必要を最も痛切に感じてゐるといふことである。この人々は例へば満系のための讀物がないことをうつたへてゐる。実際、新京あたりの満人街などでも路傍で講談式のものを賣つてゐる所に洋車曳きがうづくまつて讀み耽ってゐるのを見ると、その意見の適切であることがわかる。面白い讀み物を通して日本の文化に接触させることは、抽象的な満洲建國精神論をきかせることよりも遙かに有益であらう。それは満系の国民學校教師の日本視察旅行が大きな効果を収めてゐることからも察知され得るのである。新体制の新しさを文化政策に求めることは努力に値することである。

「新体制」の「具体化」として満州国が取りあげられている。特に「満洲國でも地方にゐて満系に接触することの最も多い人々が文化政策の必要を最も痛切に感じてゐる」は「最も実践的な末端」への志向性の表れである。これは「協和と指導」でも同様であり[86]、三木は満州国の理念であった五族協和を切口に以下のように論じている。

もし協和ということがただ合議的に多数決にでもよってやってゆくというが如きことであるとすれば、それは明かにそうした非難に値いするであろう。今日そのような自由主義的な考え方が止揚されねばならぬことは当然である。東亜の新秩序は日本民族の指導のもとに建設さるべきものである。しかしながらそれは民族的エゴイズムであってはならず、指導の目標はどこまでも民族協和でなければならぬ。

そして指導において大切なのは指導する者が実際にその資格を具えているということである。ただ命令によって服従させるというのでなく実力によって信従させるというのでなければならない。しかも最も肝要なことは単にイデオロギーをもって指導するというのでなく寧ろ実践を通じて指導してゆくということである。満州においてほんとに民族協和に成功してゐる日本人の例をみても、それは例えば農業の技術を自分にもっていてその土地の農民から信頼され、彼等を生活的に指導している人々なのである。抽象的なイデオロギーを詰め込んだ人間でなく技術を身につけた人間を、大陸は求めているのである。

指導というとただ号令で人を動かすことであるかのように考えるのは外国の全体主義の悪い影響に過ぎないであろう。東洋古来の政治思想は一種の指導政治の思想であるが、しかしそれれば修身齊家というやうに、指導者として立ち得る資格を先づ自分に養い、そして実生活に即して身近かなところから実践してゆくということを本質としているのである。西洋に見られるが如き超越的な権威主義は東洋思想の伝統のうちにはなく、却ってここでは人性の自然に従うということを重んじたのである。

西洋流の自由主義を止揚した協和と、西洋流の全体主義を止揚した指導とは、根本において一致するのである。

「民族的エゴイズム」を指摘すると同時に「東亜の新秩序は日本民族の指導のもとに建設さるべき」という点は注意しなければならない。「指導」は、指導する・教える力量のある者が、それを求める者に働きかけて発達させつつ、自分も発達する教育的実践である。指導される者の立場では受動性が強い被投企的投企であり、指導する者では能動性の強い投企的被投企である。そして、能動性と受動性は近代化のための「技術」という指標において優劣となる。これに基づいて比較すると、当時、近代化を進めていた「日本民族」はアジアの他民族に比べて優っていた。これは現実であった。従って近代化の当事者能力があるか否かで考えれば、日本が最高であり、その役割にふさわしかった。

次に地政学的に見ると、ロシア帝国主義からスターリニズムと現象形態は変わっても、覇権主義的侵略の本質は変わっていなかった。その脅威に対して近代化は喫緊の課題であり、「民族協和」において、それを担う責任が日本にあった（現実を無視した硬直的な悪平等は無用）。三木のいう「実力によって信従させる」、「実践」、「技術」もこの文脈で理解すべきである。それは自由と臣従の実践的な止揚と言える。

同様の観点から三木は「人材」についても論じている。[87] 彼は、まず「満州国でも日本と同じに人材の不足が嘆ぜられている」と書き出し「新体制」に引きつけて「いはゆる人物払底は、実際に人がいないのではなく、あっても用いないところから生じている」と指摘する。それは逆選抜への批判を内包している。偏狭なイデオロギーにより自由な競争と公平な評価による選抜や能力の発揮が阻害されていたからである（再確認するが硬直した悪平等は無用）。

偏狭なイデオロギーは「日満支一体」[88]でも批判されている。三木は「日本と支那が共に民族主義を持して」いれば「両国は永久に相争うのほかない」と指摘し、「日満支一体の思想は単なる民族主義を超えた原理によって東洋に新しい秩序が建設されることを要求して」おり、「すでに満州国では五族協和を理想としている」ことから「外地は内地の革新の推進力となるのであり、またならねばならぬ」と提起している。「外地」の満州が「内地」の日本列島を「革新」するという論理は日本中心主義と逆であり、まさに革命的である。しかも満州はソ連に近いため、地政学的にはコミンテルンの世界革命戦略と方向性が同じになる。

しかし、三木は共産主義者ではない。彼は白系ロシア人の地域を訪れた時の聞き取りから、次のような「意見」を導き出している。

中堅層であるべき二十代の青年がいちばん駄目だということであった。というのは、これらの青年は親たちのようにボルシェヴィキから実際に迫害された経験がないためにそれに対する敵愾心も乏しく、また彼等は親たちが逃げ廻っている間に大きくなったため教育を受けておらず、教育がないために宣伝に乗り易いというのである。満州国としては、彼等よりも現在国民学校で教育されつつある少年たちに期待しなければならぬという意見であった。

「ボルシェビキの迫害」はスターリニズムの大粛清であり、これに対する教育の角度からの批判である。つまり三木は民族主義だけでなくスターリニズムも批判しており、独創的で独立不羈の立場を堅持している（羽仁「オリジナリティの問題」『三木清全集』第一巻「月報」参考）。先の「外地」から「内地」を変革することは、周辺から中心を捉え返すというマージナルな意義の認識として捉えるべきである。

そして、彼は「人材」について次のように述べる(89)。

ところで今満州国を旅行して私の感じたことは、人材がないといわれるこの国においても地方へ行くと、なかなか立派な日本人がいるということである。彼等の多くは建国当時から或いはそれ以前から地方にいて真剣に民衆のために働き民衆から愛敬されてゐる。彼等の地についた仕事を見るとき、ほんとに頭がさがるのである。私は主として学校を見て歩いているが、その感想を率直に述べるならば、概して下級の学校の教員ほど善く、高等の学校の教師ほど駄目なような観がある。そして私のおそれるのは、かように地方にいて真剣に働いている人々の努力が、地方の実情に疎い中央の官吏の一片の命令で台無しにされてしまうようなことがありはしないかということである。実際、その例がなくもないのを聞くのである。

ここでも逆選抜が指摘されている。また具体例は、宮原が『文化政策論稿』で述べた「最も実践的な末端」で働く「学校使丁」、「小使いさん」と呼応している(90)。

小使いさんは実は先生と学校経営の上で対等の同僚であるべき筈で、先生から顎で使ひ走りを命ぜられたり、字義通り賤民的な待遇を与えられたりしてゐることは、ずゐぶんをかしな話しなのだ。小使いさんに思はしからぬ人物の少なくないことは事実だが、それは決して小使いさんといふ職分の本質的な低さや卑しさを意味するものではなく、むしろその職分の高さや重要性を認識しえないで、どこの馬の骨を引張ってきても事足りるぐらゐに考へ、小使いさんの人格や知識や技能の向上についての考慮を怠つてゐた教育当局者の非常識を物語るだけのものである。

「どこの馬の骨を引張ってきても事足りる」という表現自体が庶民的であり、「最も実践的な末端」の立場に合致している。宮原はこれを「教育当局者」批判へと展開する。この点でも三木と宮原は共振している。三木は「私など田舎で生れ田舎で育つた者でありながら、とかく地方を忘れがちであつたことを今更の如く感じるのである」と自省しつつ、「地方の人材が真剣に築いてきたものに対して謙遜な態度をもって臨み、これを命令一つで毀してしまうようなことのないことが望ましいのである。統制時代においても謙遜が徳であることに変りはないのである」と結ぶ。[91] やはり当局への批判が提出されている。

さらに「新体制と青年」において、三木は満州国では「官吏の多くが若」く、「物わかりが速く、万事てきぱきして」おり、「気持ちが好い」と評価し、次のような青年論を提出する。[92]

最初から新体制で出発したこの国の発展には青年の力が必要であった。むろん単なる年齢が問題であるのではない。世の中には青年らしくない青年があり、年をとっても青年らしい人間もいる。青年とは一つの世代を意味するとすれば、世代を形成するのは単なる年齢でなく、その年齢の人間が経験する社会的、文化的環境がそれに大きな関係を有するのである。

この青年論は満州に理想を夢見た若き隅谷（梶）を想起させる。言い換えれば、そのような青年への励ましになっている。

また、三木は「単に年齢が問題であるのではない」と再確認した上で、「その具体的な歴史的性格」を問う。これはアイデンティティと歴史のダイナミクスに向けられている。青年が未来を創り、それが歴史となり、社会が「未成年」段階から脱け出るように、新たな満州国を「民族協和」で創るか否かに即して「青年」であることを問うているのである。

従って「東亜協同体」論により彼が日本の帝国主義的侵略・支配に賛同・協力したという捉え方は誤りであることが分かる。むしろ、彼はそれを転換させようとしたのであり、だからこそ獄死に至らしめられたのである。

これは、同じ近衛新体制のブレイン・トラスト昭和研究会で重要な役割を果たしたが、処刑された尾崎秀実にも通底する。(93) 二人は思想や立場は異なるが、複雑で困難な状況下で模索・苦闘し、弾圧された。平貞蔵も加えて(94)、三人を比較考察すると理解が深まるが、これは別の機会に試みる。ここでは、中島健蔵が「戦争直前の『文化人』」で述べたことを紹介するに止める。(95)

初期の「翼賛」運動の中には、明らかに近衛文麿を中心として、軍部の圧力に対抗しようという絶望的な努力があった。それがむだであるかどうかなどと迷っている余裕はなかった。真珠湾攻撃の報道を受けるまで、さまざまな屈折をへながら、この努力はつづけられた。早くあきらめてしまった人間はともかくとして、何らかの形であがきつづけた人間は、開戦によって、はじめて決定的に挫折を感じた。そして、「死」を感じたのである。

「絶望的」なまでに「あがき」続けたのは「卑怯」ではなく、「真理の勇気」を堅持したからである。「真珠湾攻撃」による戦争の拡大＝日中戦争の世界大戦化により「挫折」し、さらに「死」を感得しても、諦めなかった。

しかも、三木は開戦以前にその徴候を察知し、正対し、ハイデガーを応用して「死について」や「死と教養について――出陣する或る学徒に答う――」を発表していた。予見できたのだから、要領よく立ち回ることもできたが、彼は真正直に闘い「あがき」続けた。

以上から、三木の東亜協同体論と矢内原の植民／殖民政策論とを組み合わせることで、それぞれの意義がより明らかになると言うことができる。

第五項　キリスト教とマルクス主義

矢内原はマルクス主義を理解した上でキリスト教の意義を論じた[96]。戦後はマルクス主義者も含む教育科学運動に関わり、さらにマルクス主義者が主導した学生自治会に対して対話的な立場を保ち続けた（大学自治をめぐる「矢内原三原則」は、これが争点となった東大闘争と東大教育学という主題で別に考察）。

これはご都合主義や折衷論ではない。矢内原に限らず、無神論のマルクス主義とキリスト教とは重なり合うところがある。キリスト教社会主義については先述したが、さらに聖書に即して考察を加えていく。

（一）聖書に即して

キリスト教のみならずユダヤ教やイスラム教も聖典とする「創世記」、「出エジプト記」、「詩篇」、預言書などの時代から、主なる神の下で信者が共に生産し、分かちあうことが説かれている。その鍵概念が「契約」である。「契約」

は神と人間との間で結ばれるが（キリスト教では旧約と新約、「主は言われる、見よ、我はイスラエルの家とユダの家に新しき契約を立てる日が来る」エレミヤ書三一章三一節）、当然、神に倣い人間同士の関係も「契約」を基本としなければならず、神の下でみなが平等に存在する。

だが現実の社会では格差が生じる。これに対して、例えば「ゼカリヤ書」七章九～十節では「万軍の主はこう仰せられる、真実のさばきを行い、互に相いつくしみ、相あわれみ、やもめ、みなしご、寄留の他国人および貧しい人を虐げてはならない。互に人を害することを心に図ってはならない」と命じられる。さらに「使徒行伝」二章四四～四五節では「信者たちはみなともにいて、すべての物を共有にし、資産や持ち物を売っては、必要に応じてみなで分かちあった」と記されている。これは原始共産制のヘブライズム的形態と言える。

資本家批判に通じる記述もある。「アモス書」八章五～六節では「新月はいつ過ぎ去るだろう。そうしたら、われわれは穀物を売ろう。安息日はいつ過ぎ去るだろう。そうしたら、われわれは麦を売り出そう。われわれはエパを小さくし、シケルを大きくし、偽りのはかりをもって欺き、乏しい者を金で買い、貧しい者を靴一足で買いとり、また、くず麦を売ろう」という暴利を貪る悪徳商人や人買いについて記されている。

他方、資本の有効活用も説かれている。「マタイ福音書」二五章では「タラントン」の喩えで「誰でも持っている者は更に与えられて豊かになるが、持っていない者は持っているものまで取りあげられる」と諭される。これはキリスト以前から伝えられるヘブライズム的教訓と言える。

さらに財産の横領の肯定どころか「不義の富をもって友をつくれ」とまで説かれるが、その後で「二人の主人に仕えることはできない。……神と富に仕えることはできない」とも訓戒される（「ルカ福音書」一六章）。まことに絶対矛盾的自己同一である。

また「働きたくない者は、食べてはならない」と怠惰が戒められる（「テサロニケの信徒への手紙・二」三章十節）。「働かない」、「働けない」ではなく「働きたくない」という点が重要である。これは労働の推奨に通じ、それと資本の活用が組み合わされれば資本主義に適合する。その発展の一形態として、ウェーバーの「プロテスタンティズムの倫理と資本主義の精神」があると捉えられる。

(二) マルクス主義によるキリスト教徒迫害―「阿片」をめぐり―

唯物論無神論のマルクス主義は宗教に民衆の「阿片」というレッテルを貼った（先述）。雄弁に説かれた理想と浪漫は信仰による救済の代替となり、それに魅了された党員は宗教を旧弊と決めつけ、思想改造という名目で内心の自由を侵害し、信仰を守る信徒には危害さえ加えた。

政権を奪取できなかった西欧・北米・日本などのマルクス主義政党はマルクスの書いた「阿片」について様々に弁明するが、社会主義一党独裁体制は宗教を「阿片」の如き偽りで有害な快楽と決めつけ、それを民衆が必要とするのは現実の社会が苦悩に満ちているからであり、前衛党の指導するプロレタリア独裁で反革命的な反動を抑え込み、階級支配がなくなる共産主義社会を実現すれば暴力装置としての国家は不要となるので死滅し、それに伴い宗教もなくなると主張し[97]、これを根拠に聖職者や信徒を拘束・処刑・追放し、会堂を破壊し、資産を没収した。無神論で天罰・仏罰など信じないことが罪悪感を希薄化し、暴力を助長した。

この有害な阿片を、帝国主義は搾取や支配の手段とし、その害悪は、身体を損ない、依存症にして弱化させ、貧困に陥れるというように問題は重層的になっていた。最強の帝国主義国家において資本家エンゲルスの支援を得て亡命生活を送っていたマルクスは『資本論』で阿片貿易により社会に深刻な問題が広がり「インドやシナがイギリスにどんな仕返しをしているかがわかるであろう」と指摘したが[98]、取りあげたのは阿片の害毒の問題だけであり、大英帝国の起こした阿片戦争への批判は明示的ではない。彼はウィリアム・グラッドストンが英国議会で阿片戦争は「永久の恥さらし」だと反対したことを知らなかったか、或いは忘れたか、いずれにせよ問題意識は低い（阿片戦争は一八四〇～四二年で、『資本論』第一巻は一八六七年刊）。

このことは、エンゲルスがこのような世界の「内」で資本家となっていたことと組み合わせて熟考すべきである。エンゲルスが阿片貿易から直接暴利を貪ったというのではなく、帝国主義へと向かう資本の自己増殖過程の「内」で彼の工場や資本が作動し、そこから彼は利益を得て、マルクスを支援していたということである。

(三) アルチュセールの同一性におけるパスカルの意味―愛の位置づけ―

カトリシズムからマルクシズムに進み、パスカルに注目したアルチュセールのライフ・ヒストリーは、矢内原を深く「沈殿」させつつマルクス主義教育学者となり、晩年に矢内原を研究した五十嵐のそれを考察するための参考になる。

アルチュセールは、可視の現象ではキリスト教からマルクス・レーニン主義へと、真理・摂理から必然性へと変わったが、不可視の内実では一貫していた。彼の師たるジャン・ギトンは、アルチュセールが「intimite（私生活、内心の奥底）において変わったか?」と自問し、「profondement（奥深いところで）彼は彼自身同一であった」と総括した[99]。奥深いところで「同一であった」ことはまた、生（vie）の水準が極めて高く、鮮烈であったことでもある。

この同一性を認識するためにはパスカルが鍵になる。アルチュセールはパスカルを「科学的天才」、「巨人」、「非常に偉大な学者であり、またきわめて稀なことですが（考えてみるべきひとつの逆説）、準―唯物論的な、科学的実践の驚くべき哲学者」と述べ、「逆説的であるが故に興味深い例だ。彼の提起する宗教的諸問題を通して、認識論的問題、科学史論の問題、社会関係の理論もまた現れる。……イデオロギーの理論、誤認（meconnaissance）と再認（reconnaissance）の理論は全て、既にパスカルの中にある」と論じた[100]。

ただし、アルチュセールが「称賛すべきもろもろのテクスト（数学や科学的実験について）と並んで、一種の宗教的哲学にかんする文集をわれわれに残しました。そして、この宗教的哲学は、当時の諸科学の大きな理論的『諸矛盾』を、諸科学にとって外在的な、護教的目的に利用するためのものであった、と言わざるをえないのです」と言う点には異論がある[101]。私は、パスカルは「護教的」というよりも、教権と教化に抗して事実を超えた真理を無限に追究する中でキリスト教を論じたと考える。パスカルはキリスト教の核心に愛（charité）を認識し、それは身体を無限に超える精神を「無限に無限（infiniment plus infinie）」に超える次元に位置づけていた（『パンセ』断章七九三）。

この点に注意してアルチュセールを評価すると、愛の信仰による救いから世界革命による解放へと現象形態は変わったが、内心の深層では「同一」であり、彼は被抑圧者の側に立ち、マルクス主義の共産党に加わり、抑圧者と闘い続けた。この生き方はサルトルがマルクス主義は乗り越え不可能だといいながら党にアンガジェ（engager）しなかったことと対照的であり[102]、そこに「真正直」、「決死」、「苦吟」などを見出すことができる。

だが、アルチュセールはマルクス、レーニン、グラムシたちを「正しい」と見なし、「哲学は搾取と階級支配を終わらせ、人びとを解放することに役立つことができる」と述べて[103]、愛には論及しない。愛よりも哲学、科学を重視したことは、精神が錯乱して心神耗弱で妻を殺害した実践の要因として一考に値する。

（四）愛—合理性と非合理性の止揚—

以上から聖書には共産主義から資本主義までの原形態や始原的精神が内包されているということができる。その上で、キリスト教の特徴、即ち福音書や使徒たちの文書（キリスト者の立場では「新約」聖書）の鍵概念たる「愛」が重要となる。何故なら、資本主義的な搾取や支配に対するマルクス主義の意義は大きいが、階級闘争、暴力革命、プロレタリア独裁・民主集中制などの問題が重大だからである。これを乗り越えて搾取と階級支配を終わらせることが求められ、そのためには哲学や科学だけでなく、非暴力の「人間的強さ」たる愛も必要である。むしろ哲学や科学が近代以降であり、愛はそれ以前から存在していたことを考えれば、愛を基盤としなければならない。

ただし愛は合理主義では捉えきれない。それ故、合理性と非合理性を止揚した次元への到達が求められる。五十嵐の矢内原研究はこの次元に位置づけられる。

さらに、フロイトやエリクソンは異なる角度から愛にアプローチした。そして五十嵐はエリクソンを研究していた。

注

（1）佐藤卓己『言論統制』中央公論新社、二〇〇四年、三四一頁。
（2）佐藤卓己「『欠落した日記』から読みとれるもの—再読・鈴木庫三日記3」『UP』二〇一五年六月、一七頁。
（3）野矢茂樹訳『論理哲学論考』岩波文庫、二〇〇三年、三九頁。
（4）前掲「三木清の生と死—聖の遍在（Allgemeine das Heilige）のもと時を生き死ぬ（zeitigen）—」も参照。
（5）七北数人編『堕落論・特攻隊に捧ぐ—無頼派作家の夜—』実業之日本社文庫、二〇一三年。
（6）前掲『「わだつみのこえ」を聴く』一三〇頁。
（7）同前『「わだつみのこえ」を聴く』一四四～一四五頁。以下同様。

（8）前掲「五十嵐顕の生涯になにを学ぶか―『「わだつみのこえ」を聴く』を読む―」一二八頁。
（9）黒崎「身心自在」前掲『五十嵐顕追悼集』三〇九頁。
（10）宮崎「何が終わり、何が残されるのか」前掲『川上徹《終末》日記』七～八頁。
（11）島『安田講堂 1968-1969』中公新書、二〇〇五年、三三五頁。
（12）藤田著、山田編『戦中戦後　少年の日記　一九四四～四五年』同時代社、二〇一四年。
（13）「自伝」『家永三郎集』第一六巻、岩波書店、一九九九年。
（14）エリクソンの鍵概念。*Insight and responsibility : lectures on the ethical implications of psychoanalytic insight*, W.W. Norton, 1964. 鑪幹八郎訳『洞察と責任―精神分析の臨床と倫理―』誠信書房、一九七一年。
（15）前掲『「わだつみのこえ」を聴く』五〇頁
（16）同前『「わだつみのこえ」を聴く』一三九頁、一四四頁。
（17）『「わだつみのこえ」を聴く』一四五頁、及び黒崎「五十嵐顕・民主教育文庫資料1―『木村久夫の手記』ノート―『きけわだつみのこえ―日本戦没学生の手記』から）」『人文学報』第二七九号、東京都立大学人文学部、一九九七年三月、一一四頁。
（18）四高時代の五十嵐の「読書録（昭和十年十一月二十四日／昭和十一年七月迄）」（遺稿）に「神性」と記されている。
（19）Erik Erikson, *Life History and the Historical Moment*, Norton, New York, 1975.
（20）星野美賀子訳『ガンディーの真理―戦闘的非暴力の起原―』みすず書房、一九七三～七四年、第一巻、二六九頁。
（21）蝋山芳郎訳『自叙伝』（世界の名著77―ガンジー　ネルー）中央公論社、一九七七年、六八頁。以下同様。
（22）ワン・ジョンはジェレミー・バルメに拠り、毛沢東が国交正常化で訪中した田中角栄に弁証法と皮肉を交えて「われわれは日本に謝意を表明しなければなりません。日本が中国を侵略しなかったら、国民党と共産党の協力は決して実現しなかったでしょう。われわれは決して発展できなかったでしょうし、やがてみずから政権を奪取することもできなかったでしょう。こうしてこの北京でお会いできるのも日本の手助けのおかげなのです」と語ったと述べている（『中国の歴史認識はどう作られたのか』伊藤真訳、東洋経済新報社、二〇一四年、一三一頁、注三二頁、以下同様）。同様の発言は、それ以前の訪中団にも繰り返されており、毛の「自説」と言える。これは別の機会に詳論。

（23）上田「連帯」『稜線』一九八六年三月号、二〇〜二二頁。以下同様。傍点は原文。

（24）植民と殖民は英語のコロニー（colony）やセツルメント（settlement）を参考に文脈に応じて使い分ける。前者の語源のラテン語 colonia には移住や開拓が内包され、後者は社会教育、社会福祉、医療衛生、殖産事業などの先駆であった。

（25）前掲黒崎「あとがき」二三九頁。

（26）前掲『川上徹《終末》日記』三〇八頁。

（27）初田「戦友としての五十嵐さん」前掲『五十嵐顕追悼集』四二〜四三頁。以下同様。

（28）私が読んだ文集は五十嵐自身が保存し、同時代社に収蔵されているもの。

（29）「北方行」『中島敦全集』筑摩書房、一九七六年、第二巻、一一六頁。

（30）前掲『「わだつみのこえ」を聴く』ではⅡとⅢで木村が、Ⅳで中村が論じられている。

（31）エリクソンの鍵概念（特に op. cit., *Insight and responsibility.* 前掲『洞察と責任』）。私はこれを小著『アイデンティティと時代』などで応用し、ここでも行う。

（32）ブラック・ユーモアを込めたブルジョワ批判だが、婦人共有への批判は明確ではない。より詳しくは「複合的暴力に対する自己教育の思想と実践に関する研究（Ⅴ）―エロスとタナトスの複合の心理歴史的研究（2）―」『大阪教育大学紀要』第Ⅳ部門教育科学、第六三巻第二号、二〇一五年二月。

（33）カール・レヴィット著、柴田治三郎訳『パスカルとハイデッガー―実存主義の歴史的背景―』未来社、一九六七年、七〇頁以降を参照。

（34）五月二九日付「ハガキ」。和辻照『和辻哲郎とともに』新潮社、一九六六年、二八六頁。

(35) 多賀敏行『エコノミック・アニマル」は褒め言葉だった―誤解と誤訳の近現代史―』新潮新書、二〇〇四年、第一章、付録1参照。以下同様。
(36) 初田「戦友としての五十嵐さん」、及び城丸「五十嵐顕の死にかかわって」前掲『五十嵐顕追悼集』四一頁、五三頁。
(37) 前掲「第三中隊の日々」。以下同様。
(38) 劉燕子「中国現代文学のポテンシャリティと日本―『温故一九四二』が有する〝もう一つの史実〟を提出する文学の力―」『交感するアジアと日本』静岡大学人文社会学部、同アジア研究センター、二〇一五年。劉震雲著、劉燕子訳『人間の条件1942』集広舎、二〇一六年。
(39) 光敏明『七歳の捕虜―ある中国少年にとっての『戦争と平和』―』社会思想社、現代教養文庫、一九九三年。
(40) 大賀文太郎『死線を越えて』大盛印刷、二〇〇四年、二七〜二八頁。
(41) 前掲『戦中戦後　少年の日記　一九四四〜四五年』五六頁。
(42) 日高六郎編集・解説『戦後思想の出発―戦後日本思想体系1』筑摩書房、一九六八年、三三五〜三三六頁。
(43) 詳しくは小論「歴史の共通認識と国立国会図書館の役割―「戦争被害調査会法を実現する市民会議」の生成と展開―」『日本図書館情報学会誌』第四八巻第四号、二〇〇三年。
(44) 国民教育研究所『民研三〇年のあゆみ―国民教育の創造をめざして―』(『年報』別冊) 一九八八年、九頁。
(45) 大田堯が宮原から直接聞いたという。二〇〇七年六月二十日、『平和教育の思想と実践』出版に際し、川上を介して大田に電話で挨拶した中での発言。奥付と電話の日付が同じなのは、その前に謹呈していたため
(46) アインシュタイン著、中村誠太郎・南部陽一郎・市井三郎訳『晩年に想う』講談社文庫、一九七一年、一四八頁以降。
(47) 同前『晩年に想う』一四八頁、一五六頁。
(48) op. cit.,*Sur la philosophie*, p.24. 前掲『哲学について』序文、一九頁。
(49) 『岩波講座現代教育学・三』一六六頁。以下同様。前掲『平和教育の思想と実践』も参照（特に第五章第二節)。
(50) 藤田の自己分析を参照（前掲『戦中戦後　少年の日記　一九四四〜四五年』)。

(51) 前掲「身心自在」三〇七頁。
(52) 川上徹『もう一度、船をだせ』花伝社、一九八五年、一八六頁、及び川上の談。また、碓井は大学院のゼミで「教授会で、五十嵐さんは遅れると、真面目に一々丁寧に釈明するが、それで時間が余計にとられたものだ」と苦笑いしながら語った。
(53) 私宛の二〇〇二年一〇月二四日付書信。当時の状況は「特別報告・民研不当捜査にかんする経過報告」『国民教育研究所年報』(一九五八年度)、「研究・教育の自由を確立するために—民研不当捜査に対する最高裁への特別抗告理由補充書—」『国民教育の諸問題』(国民教育研究所論稿第2号)一九六〇年などに記録されている。前掲「記憶の風化と歴史認識に関する心理歴史的研究—抵抗と転向の転倒—」も参照。
(54) 二〇〇八年三月一〇日の筆者宛メール。「大管法」は大学の運営に関する臨時措置法の略称で、一九六九年八月に制定(一九九一年一月廃止)。早くも五十嵐は「大学管理制度の焦点」(『法律時報』第三四巻第九号、一九六二年九月号)で「大学管理」を論じていた。
(55) 前掲『川上徹《終末》日記』三〇八頁。これは戦中の軍人と戦後の共産主義者が「つながっている」の後に書かれている。
(56) 島田修一編『社会教育の自由』学陽書房、一九七八年、八六〜八七頁。以下同様。
(57) 当該箇所は『宮原誠一教育論集』第一巻、国土社、一九七六年、一九頁。また、形成と教育について五十嵐は宮原が「明確」に「弁別」したと評価。碓井も「明快な区分」と述べるが、その上で「宮原の社会教育発達形態論は、歴史の事実のとりあつかいかたに、なお難を残していた」とも指摘(「宮原誠一—その理論と実践と—」全日本社会教育連合会『社会教育論者の群像』一九八三年、二八六〜二八七頁)。これは唯物史観の批判に関わり、本書は碓井の指摘も承けている。
(58) 前掲「宮原誠一—その理論と実践と—」二八一頁。
(59) 名古屋大学教育学部『教育改革研究』第六号、一九八七年。

(60) 前掲『「わだつみのこえ」を聴く』一四六頁。
(61) 先の一九九一年三月二二日付書簡とともに、川上はこのコピーを私に提供した。私は託されたと自覚している。
(62) 大田「五十嵐先生の最後のお仕事」前掲『五十嵐顕追悼集』四二三頁。以下同様。
(63) 五十嵐「審判」前掲『「わだつみのこえ」を聴く』二二六〜二二九頁。以下同様。
(64) 前掲『日日の想い』一六四頁。
(65)『荒れ野の四〇年』岩波ブックレット55、一九八六年、一八頁。
(66) 同前『荒れ野の四〇年』一一頁。
(67) ナチドイツは占領期にアウシュヴィッツをドイツ語風のオシフィエンチムに改名。
(68) 前掲『日日の想い』一五〇頁。
(69) 前掲『「わだつみのこえ」を聴く』一八八頁以降。
(70)「小なる感情と大なる感情」『矢内原忠雄全集』、三四二頁。
(71)「台湾に於ける政治的自由」『矢内原忠雄全集』第二三巻、五二〇〜五二三頁。
(72)「満州国・一九三三年」『矢内原忠雄全集』第二三巻、五五三〜五五七頁。
(73)「愛について」『矢内原忠雄全集』第二三巻、四五九〜四六一頁。
(74)『国際経済論』一九五五年。引用は全集第五巻、一九六三年、八〜九頁。
(75) 同前『国際経済論』五〇頁。
(76)『新渡戸稲造全集』第四巻、教文館、一九六九年、一一七〜一二一頁。初出は矢内原忠雄編『新渡戸博士植民政策講義及論文集』岩波書店、一九四三年。
(77)『新渡戸稲造全集』第四巻、三七一〜三七二頁。
(78) 水口春喜『大いなる幻影―満州・建国大学―』光陽出版社、一九九八年、三浦英之『五色の虹―満州建国大学卒業生たちの戦後―』集英社、二〇一五年。

(79) 前川『帰郷―満州建国大学朝鮮人学徒　青春と戦争―』三一書房、二〇〇八年、一九～二八頁。以下同様。
(80) 余傑著、劉燕子編訳『劉暁波伝』集広舎、二〇一八年、四五七頁。
(81)『三木清全集』第一六巻、三五二～三五四頁。以下同様。
(82)『三木清全集』第一五巻、三九五頁。
(83)『三木清全集』第一九巻、七三七頁。
(84)『三木清全集』第一六巻、五九三頁。
(85)『三木清全集』第一六巻、五〇九～五一一頁。
(86)『三木清全集』第一六巻、五〇七～五〇九頁。
(87)『三木清全集』第一六巻、五一一～五一三頁。
(88)『三木清全集』第一六巻、五一九～五二一頁。以下同様。
(89)『三木清全集』第一六巻、五一一～五一三頁。
(90)『文化政策論稿』新経済社（配給元日本出版配給株式会社）、一九四三年、八五～八八頁。以下同様。より詳しくは『平和教育の思想と実践』第三章第六節。
(91)『三木清全集』第一六巻、五一一～五一三頁。
(92)『三木清全集』第一六巻、五一四～五一六頁。
(93)「東亜新秩序論の現在及び将来―東亜協同体論を中心に」（東亜問題昭和十四年四月創刊号、『尾崎秀実著作集』第二巻、勁草書房、一九七七年）等。
(94) 鈴木麻雄「平貞蔵の大東亜共栄圏論」中村勝範編『帝大新人会研究』慶應義塾大学出版会、一九九七年、補篇第七章。
(95)『文学』一九六一年八月号、一五頁。以下同様。
(96)『マルクス主義とキリスト教』（角川文庫、一九五六年）、「内村先生対社会主義」『内村鑑三とともに』（東京大学出版会、一九六二年）。

（97）国家の死滅・消滅の議論に関しては、エンゲルス『反デューリング論』やレーニン『国家と革命』等参照（版・訳は多数）。
（98）前掲『資本論』第一巻第一分冊、五二〇～五一一頁。
（99）Guitton, Jean, *Un siecle, une vie*, Robert Laffont, Paris, 1988, p.160.
（100）アルチュセール著、西川長夫、阪上孝、塩沢由典訳『科学者のための哲学講義』福村出版、一九七七年、九五～九六頁。及び前掲『哲学について』六〇頁。
（101）前掲『科学者のための哲学講義』九六頁。
（102）サルトルの評価に関しては『平和教育の思想と実践』終章を変更・発展させた。
（103）op. cit., *Sur la philosophie*, 178p. 前掲『哲学について』二二三頁。

第四章　「はるかなる山河」ノートを読み、考える

第一節　五十嵐の生（life）における日誌や遺稿の意義

五十嵐の『「わだつみのこえ」を聴く』に収録されていた遺稿は「書斎にのこされ」ていた。[1] ただし彼の遺稿はこれだけでなく、日誌とともにより身近なところに置かれていたものもあった。このことは、五十嵐がそれらを最も大切にしていたと推論できる。何より抑留時代の日誌とともにあったからである。五十嵐は日誌を手許に置き、己の過去を反省しつつ「わだつみのこえ」に耳を澄まし、研究に努めていた。過去を振り返り、現在の課題と正対し、未来に向けて何を為すべきか、そのために何を伝えるべきかと熟考していたと言える。

現在、日誌などは同時代社で保管されている。川上が五十嵐の次女・森輝子や黒崎と相談して引き受けた。[2] 川上はまた、蔵書は日本共産党関係の研究機関に寄贈され、それ以外の文献・資料は黒崎が遺族と相談して引き継いだと述べた。前者に関しては「あそこに置いても、どうしようもないだろうに……」とつぶやいた。確かに、五十嵐の蔵書を活用した研究は現れていない。

黒崎の没後、彼が引き継いだ文献・資料は神山正弘がさらに引き継いだ。

ノート（遺稿）の記述は断片的だが、そこには五十嵐の研究・苦吟が凝縮されている。本章では、これまでの考察

に立ち本章で「はるかなる山河」ノートを掲載し、この意義を明らかにしていく。

第二節　「はるかなる山河」ノートを読む

以下は「はるかなる山河」ノートの全文である。

中村徳郎　きけわだつみ（I）一七〇ページ〜

　はるかなる　一三六ページ

中村君（大正七年一九一八年）の手記を読みてのメモ、感想

敗戦[3]□□の認識

手記は昭和一八年一月二一日からはじまる。五月一五日の手記に敗戦認識はないか。

九月九日「伊太利の降伏が報ぜられた」

一九四三年のこと

岩波総合年表[4]によれば　一九四三年（昭和一八年）一月八日、ソ連、スターリングラードの独軍に降伏を勧告。

一月三一日東部戦線の独南方部隊（司令官パウルス）ソ連に降伏。二月二日北方部隊も降伏（スターリングラード攻防戦終る）。九月八日イタリアの無条件降伏（バドリオ政権）

私のこと

ジャカルタ市の将校集会所で陸軍士官学校偕行社記事にてスターリングラード攻防戦の戦火を読んだはいつ

だったか。

中村徳朗　調べること(5)

三谷先生の御逝去（二月二二日）(6)　三谷隆正にたいする中村の傾倒

一七日（一九四四年二月一七日）「河合栄治郎教授の逝去を知った」(7)　五四歳

中村徳朗の考え方（思想）について

彼は昭和一八年五月一五日　日本人論の基礎となる国家論をのべている。戦争敗北と国家の〝人格〟について。

一四〇ページ（はるか）

不敗国であるとてこれを誇りに思って済まして居られるであろうか～。然し問題は、如何に敗れて惨澹たる悲境に陥っても、常に旺盛なる民族精神の昂揚を見、決してあさましい末路を辿らず、益々どん底から盛上る実力を示し得たか。

一四六～七ページ

三谷先生、河合教授の逝去を知って二月二二日の手記の残した文章は人格にふれている。昭和一八年五月一五日と昭和一九年二月二二日の手記の関連性を考察すること。

真に内的苦悩を経験して偉大なる人格を得るし、真に内的苦悩を経験しない民族も亦決して偉大な民族と言うことは出来ない。

調べること

「岩元先生の葬儀に於ける先生の弔辞」（一四七ページ）

国家、民族、人格（個性）　重要項目(8)

←
三月五日の手記
「真理への思慕を喪って国家(9)の隆昌はない」
三月一二日
「民族(10)の偉大さは，真にかかる如き（ショパン、キュリー夫人）人類の生活の根底を豊かに富ます様な機縁ともなるべき人材を産む事によって価値づけられると言ってよい。」（一四八ページ）
六月二〇日
一五五ページ　国威を輝かすことについて
きけわだつみのこえ（こえ第一集）のカテゴリー
A　個人的　人格、死生（観）、神
B　社会的　民族、国家、多民族
C　文化　芸術、文学、歌
学問
死
海上春雄一五九（は）
松吉正資一六〇（は）
深澤恒雄一六〇（は）
亥角泰彦一七七〜一七八（は）
井上　長（ひさし）一九八〜一九九（は）――その雑詠に心ひかれること切なり

「ひややけき瓶の水吸いひそやかにひたすらに生くさざんかの花」

国家、祖国、愛

　　住吉胡之吉　国家と祖国愛　２０１（は）

　　　　　　　　国家批判　　２０７（は）

　　　　　　　　国家国体　　２０８〜２０９（は）

「日本人一人一人がもっと立派にならなくては。……」

　五月六日の日記の矛盾

「又萬世一系の皇統を云々する心微塵もない。――軍部がわるい。」

　住吉は国体じたいを批判するのではないとしている。軍部、固陋なる愛国主義者――彼らが御稜威をさまたげたのである（二〇九ページ）。

佐々木八郎

　宮沢賢治『烏の北斗七星』

戦争の意義について

「国民としての立場を超えた世界史的観点においてわれわれの努力は、世界史の発展を約束するであろうという事のみである。」

軍批判

　軍指導者の言ふことは、単なる民衆扇動の空念仏としか響かない。

なぜたたかうか

	はるかなる山河	きけわだつみⅠ			
佐々木　八郎	○	○	三崎　邦之助	○	
大井　栄光	○	○	和田　稔	○	
目黒　晃	○		中村　徳郎	○	○
岩井　譲	○		海上　春雄	○	○
菊山　裕生	○	○	松吉　正資	○	
竹田　喜義	○	○	深澤　恒雄	○	
江口　昌男	○		伊瀬　輝男	○	
来海　宏	○		中尾　武徳	○	○
森脇　富爾夫	○		澤田　泰男	○	
山根　明	○	○	玄角　泰彦	○	
松岡　欣平	○	○	西村　秀八	○	
有坂　長生	○		蜂谷　博史	○	
坂巻　豊	○		長坂　信	○	
小森　寿一	○		杉村　裕	○	○
山中　忠信	○	○	井上　長	○	○
山岸　久雄	○	○	住吉　胡之吉	○	○
森本　浩文	○		鈴木　実	○	○
山隅　観	○		稲垣　光夫	○	○
篠塚　龍則	○				

何の為に今僕は、海鷲を志願するのか。

感想　メモ

佐々木の文章には，考えには　その主張の根拠を十全にしていないところからくる性急さがみえる。

軍部の戦争指導　せまい愛国主義を明白に批判している。

「偶然置かれたこの日本の土地」（一六ページ）

「運命の命ずるままに」（一七ページ）

リアリストたることをつらぬく力が欠けている。

その批判のゆえに、かえって根拠を欠いた主張が悲しい。

大井秀光（ひでみつ）

クリスチャンとしての大井を外のクリスチャンといっしょに考察すること(11)

信仰者として

―「戦争に打ちかてる者になろうと努力して居ります。」

「見えざる神の意志の支配に全幅な信頼を置いて」（母への手紙、二〇ページ）

人間的やさしさ

　二〇ページ　スケッチbookをもって出かけたようにおもってほしい。

信仰

「唯基督による救いという事が動かぬ世界への唯一の希望のかけはしとして残されている」（母への手紙、二一ページ）

軍隊
　二二一ページ
私のメモ
生還、戦死　そのいずれの場合をも予想しつつも、その双方をこえたところに信頼信仰を置いている。「死すればそれは又主の御旨ですから」[12]（二二一ページ）
信仰の立場と戦争について考えること。
日本の社会について認識を語らない。
目黒晃
死への準備
「死ぬことに一顧の悔も残さないで昔の武士が潔く臨んだ様に、そんな風に、私は此の戦に臨む準備を致しました」（三四ページ）
岩田譲
死
「征く事は，直ちに死ぬ事である」「七生報国」[13]（三九ページ）
「陛下の赤子として戦線の野に倒れた事を孝行とお思い下さい。」（四〇ページ）
私のメモ
岩田の「七生報国、赤子孝行」にたいして菊山裕生の日記（昭和一八年一〇月一一日）は、全く対照的対立的である。[14]

◎⑮菊山裕生

『人間の発見』

人間について―『何物を以てしても破壊することの出来ない人間の力』⑯

菊山はドストエフスキーの『死の家の記録』の中に人間の発見を見出す。軍隊の中で菊山はこれを体験したのか。

菊山はドストエフスキーの『死の家の記録』の中にいかなる人生的意義を見出したのか。四九ページは重要である。

◎⑰竹田喜義

菊山と同じく、竹田もまた当時の状況の中で一大学生一青年が可能とされるかぎりの人間考察をしんけんにおこなっている。

竹田喜義

福田歓一　近代の政治思想

H・マウ・H・クラウスニック（内山）ナチスの時代⑱

川島武宜　日本人の法意識

小田実　われ―われの哲学（三四一）

南　博　日本人の心理

「ドストエフスキー　死の家の記録」

菊山裕生のschuift⑲を読みあかすためにドストエフスキーを読まなければならない。

自己を守ること＝人間が生きること⑳
彼は自己錯覚をきらって用心している。『海軍の士官という閉じ込められた世界の問題ばかりでなく、一人の人間が生きるといふことを真面目に考える時だ。最後まで生き抜いた自己を、大切にまもること—』（五三ページ）
山根明
『はるかなる山河に』の記事は良くない。選択の目がおかしい。山根明のこころは『きけわだつみのこえ』の手紙によく示されている。
「私の生活と学校と国家と三者の分離—これがこの時期のなやみでした」と山根はのべている。
学生の自然観の分析のために—示唆
福田歓一『近代の政治思想』（岩波新書）二〇ページ
近代のメルクマール〜「はなはだ人間くさい自然ではない、非常な一つのメカニズムとして、人間の感情や道徳意識とかかわりのない自然を明確に析出して、この自然を認識する科学を方法化すると同時に、自然ときっぱり切り離されて、自然に還元できないものとしての人間の人格の世界、人間の自由の世界、そして人間の思想によって支えられ、思想によって変えることのできる社会を見出していったのであります。」（二〇ページ）
こういう自然観こういう人間観（double）は青年学生にあったか。
三崎邦之助（きけわだつみのこえ九〇〜ページ）
井上長
国家　家族　自己
普遍的原理

葛藤
Ｅ・Ｈ・エリクソン『ライフサイクル　その完結』(The Life Cycle Completed)[21]
メモ　かれらの（戦没学生）の家族の者とのまじわり―相互活性化の生態学（エコロジー）があきらかにされねばならない。信頼のきずな人倫の美しさが描き出されなければならない。誰か人倫において国家権力の優位をうめることができるのか。(The Life Cycle.p.19)[22]
「漸成」(epigenesis) p.29-36
戦没学生の国家意識の漸成さ考えてみよ。
ロマン・ロランのおしえること―
「文化の諸パターンに内在するある内的論理」(四一ページ)
戦争期（一九二九〜一九四五）における人間形成はしんに（は）研究されていない。
移動について（体の、精神の）
青年が軍隊という環境へ移ったとき（学校（国）から軍隊へ移されたという事実□は、青年が学校からひじょうに直接的な国家的施設へ移された体験である）……物質的意味
この移動をどのように自己解釈するのか　自覚するのか。
最低限の生きた関与（vital involvement）p.82[23]
戦没学生の生きた関与はどのような形で示されたか。
Ｅ・Ｈ・エリクソン『児童期と子ども[24]』(２)
二二一ページ　「子どもの自我の同一性の真の強さ[25]」

同上　個人と社会の相互作用／相互確認｝によって規定される。

個人が社会に無条件に順応することによってではない。

二二四ページ　希望　→戦没学生の[26]

二二七ページ　忠誠（fidelity）[27]以下――解説

「献身という強さ」――

§①――三一七頁～　人間の八つの発達段階

←――――――

ここ一四行分の文章の趣旨をどのようにして戦没学生に適応できるか。かれらの忠誠は何に向けられていたのか。

これらの問題を考えてみたいとする私の意図の彼方に、大岡昇平の『野火』、『俘虜記』がある。青年期の「同一性の危機」（エリクソン）について中野重治の文学。宮本百合子の『伸子』漱石『こころ』。

そして、文学が提出した同一性の危機のリアリティ提出を経てまた戦没学生の手記にむかうこと。

ふとおもったこと。日本国家は日本の青年に忠誠を強要する。朝鮮の青年は、日本の青年がある忠誠を強要されて献身をするように、自らの意思で彼らの忠誠の対象を選びこれに献身することがどうしてゆるされないのか。日本国家は朝鮮青年の忠誠を放棄せよという。忠誠の強要と忠誠の放棄の強要――この矛盾を合理化できるものは、ただ国家の欲望だということである。

エリクソンのモラトリアムと戦没学生――戦没学生の真の意味　戦没学徒ないし学徒兵という言葉のおそるべき矛

盾。―(2)二三三ページ解説文を見よ。[28]
徴兵延期制度→『青年は、本質的傾向として、』
青年の「排他的集団的同一性」(二三五ページ解説[29])
ヒトラーの青年、エリクソンの後期の論文― "Life History and the Historical Moment, 1975 のなかで疑似種的同一性といわれている。
E・H・エリクソン 幼児期と社会(仁科訳)(2)
第九章「ヒトラーの児童期の伝説。」から
注意すべき言葉
①青年期の葛藤を処理してきた文化的制度(八六ページ[30])
②「青年」九六ページ 一九三〇年代の青年論・学生論[31]→考案の項目
日本の青年論・学生論において朝鮮・中国認識の位置、日本の青年はどれだけ朝鮮・中国を考えることを学んでいたか。学生論。
§百合子 百合子の伸子が二つの庭に中国人留学生のことが描かれてはいなかったか。
E・H・エリクソン(岩瀬庸理訳)アイデンティティ 青年と危機
九ページ「これこそがほんとうの真実のわたしだ!」―叫ぶ内なるこえ。
九~一〇ページ「能動的緊張[32]」
一三ページ「フロイドのいう『内的アイデンティティの意識』には,長い迫害の歴史を通して追い払われ、軽蔑されてきた民族が抱きつづけてきた、にがい自尊心の感じが含まれている」

上記を読むとき私は戦没学生が問うた自己本質の追求よりは、朝鮮人学生―それが挫折させられたことをおしみつつ、朝鮮人学生の自尊心を感じるのである。

野上弥生子の『迷路』の主人公

一六～一七ページによって suggested[33]

百合子の伸子、弥生子の真知子、武郎の「星座」

重治の「むらぎも」……と一五年戦争下の青年

文学におけるアイデンティティ探求

三二ページ　非人格的な技術的服従

死について　～　日本人の死生観（上）（岩波新書）

死そのものが迫ったとき、彼は死について考えることも、かくことも、ある態度をとることはできなかったろう。――大岡の俘虜記、野火によってたしかめたい――手記のみによって私らが考えることの出来るのは、彼らの死についての考えである。そして生についての凝集された考えである。

自我の永遠を欲しているかどうか。

何を永遠化しようとしているのか。

どんな原理と結びついているか――人間の原理、教養の

「歴史の特定の時点における個人的な文化として」（序章―五ページ）

こんなに幾万，幾十万という人間の死への強迫があったことはなかった。――統計があるといい。

加藤周一が乃木の死によせた文章の趣旨はきけわだつみのこえにあてはまるか。（八九ページ）

「天皇のために死ぬこと」はそんなに定着したことなのか。

死について語っているのは少なくないといえるが、その少数であることを通して、それが教養ある青年であったればこそ、死への語らいを与えられたのである。農民兵士は自己の死について語ることができたか。

中村徳郎の手紙　昭和一九年六月二〇日

文庫一九〇　14（ライン4）

「ささやかであるが美しく、純粋な好意」についてかいている。

拒否の精神——を示している。

『一切が納得が行かず、肯定が出来ないからです』—生死→啼→生き方の原理を示している。

本来の使命に努力したい

戦勝や占領よりも国威をあげる

自己の生き方の原理と国家（or 国家の要求）（国家の欲望）との二つを立てて、その一方を自己の意思で拒否しているのである。

こうした意志的な行為はきわめて尊い。一九一～一九二ページ

同じく中村徳郎

「真理への思慕を喪って国家の隆昌はない」（一八三ページ）

菊山裕生

一三五ページ　死を賭するということはわからない

一二六ページ　死そのものがはっきりした形をもっていない

『きけわだつみのこえ』Ⅰを読んだ。その総括を学者として試みよう。自分自身のために。

一九八九年七月二九日　Ⅰから何を問題にするのか

第三節　考える―「何を問題にするか」を承けて―

第一項　五十嵐の声なき声に耳を澄ます

『「わだつみのこえ」を聴く』のためのノートであるが、「はるかなる山河」の表題のとおり京大生の木村については書かれていない。それでも、木村の「わだつみのこえ」の研究にとっても基礎となる視座、論理、思想・詩想として注目すべきことが多い。

最後の日付は一九八九年七月二九日で、天安門事件の後、ベルリンの壁の崩壊の前である。その後、九〇年代から五十嵐は「わだつみのこえ」に関する論考を発表し始める。それは「何を問題とするか」に対する「問に充ちた答」であったと言える。

当時の思潮や動勢について概観すると、スターリニズムや毛沢東主義に重大な問題があろうともマルクス主義は違うと、ネオ・マルクス主義、マルクス・ルネサンスが現れたが、中国では人民解放軍が人民に発砲し（天安門事件）、東欧・ソ連ではベルリンの壁の崩壊で一党独裁体制が次々に倒され、社会主義共産主義のイデオロギー的権威は低落し続けた。

この現実に対して五十嵐はどのように正対したか？　明示的ではないが、彼の「わだつみのこえ」研究は間接的なメッセージ＝声なき声＝沈黙となっていた。五十嵐は、日本と己の戦争責任を問いつつ、学徒兵の書き遺した「わだつみのこえ」の意義を提出し、その中で陸軍を「世界最強」と評した。それは背反していない。五十嵐はアイデンティティと歴史の交錯における矛盾と格闘し、マルクス主義教育学者からさらに発達した。彼の「わだつみのこえ」研究は日本や中国の共産党の公式見解や欽定歴史観と異なり、従って間接的な批判となっていた。それではノートに即して具体的に述べていく。

第二項　信仰による「純正な生き方」と「学問における真理愛」

「クリスチャンとしての大井を外のクリスチャンといっしょに考察すること」という記述から「クリスチャン」に即した戦争と平和の研究が目指されたことが分かる。矢内原の研究は、その基礎として位置づけられると言える。

この脈絡において、中村が三谷（内村に師事し一高の良心と呼ばれた）について書いたことをメモした意味が読みとれる。五十嵐は「中村徳郎の軍隊日記—もうひとつの戦い—」で「中村が三谷への敬愛と追慕という内心の真実を示しつつ、日本の民族のあり方に想いをいたしていることに注目し」、さらに「神への信仰にもとづく純正な生き方と、学問における真理愛は、三谷の個人的理由のために直接の国家批判の形をとることはなかったにもかかわらず、およそ国の内外を問わず人間の生命、人格の尊厳を侵害していた日本国家・政府が根本的におそれる立場であった」と述べ、これを南原や矢内原を引いて深めている(34)。

またノートで二度も引用されている「真理への思慕を喪って国家の隆昌はない」は「中村徳郎の軍隊日記」の結びに向かうところでも引かれている。そして、五十嵐は中村が「弾丸をもってする戦争の下での精神をもってする戦い」を行ったと総括している。

第三項　加藤周一への問いかけ

五十嵐は加藤周一たちの『日本人の死生観』を手がかりに「死について」考え、「加藤周一が乃木の死によせた文章の趣旨はきけわだつみのこえにあてはまるか。……農民兵士は自己の死について語ることができたか」と問うている。ここで『日本人の死生観』第一章「乃木希典—天皇の武士—」を読むと、「明治日本の世俗化した世界では、人が自ら進んで死を選ぶとすれば、それは神のためでも、抽象的な大義のためでもなく、恋人、家族、主人のため、あるいはまた、天皇のためであるほかはなかった。……抽象的なイデオロギーよりも、具体的な共同体の方を重視するこの一般的な原理は、乃木の殉死に共感した日本人の心を支配していたばかりでなく、また今日の日本人の圧倒的多数のなかにも生きている。（K）」と書かれている。[35]この中の「具体的な共同体の方を重視するこの一般的な原理」という日本人論について考えると、加藤は二〇〇七年七月九日の講演では「文学を通して日本の思想史を見て、日本人の心の底に何があるかを見極めようとしました。次に美術史を通して日本文化を見、最後に時間と空間を通して日本文化の特質を見ようとしました」、「時間は『今』に関心があって、空間は『ここ』に関心がある。だから『今＝ここ』という場所が勝負のしどころで、ほかのことには二次的興味しかないというのが、日本の特徴です。……『雑種文化』は事実問題です。それから、『今＝ここ』の文化であることも事実問題であり、……良いか悪いかという話になれば、それは必ず『良くて悪い』です。日本に限ったことではなく、どこの国だってそうです」と述べている。[36]「具体的な共同体の方を重視するこの一般的な原理」が「『今＝ここ』という場所が勝負のしどころ」と言い換えられているが本旨は同じであり、加藤の持論と言える。

「雑種文化」は『雑種文化—日本の小さな希望—』（講談社、一九五六年）で表現されているとおり「希望」を示しながら「雑種」や「小さな」と低い評価も下している。知識人としての批判は必要だが、そこには評論家的な皮肉も込められている。だが、自分も日本人であるため「雑種」で「小さ」いとなるが、そのような自覚は読み取れない。彼は自分を評論の「外」に置いて孤高的にシニカルに日本人を論じる（高踏的なシニシズム程ではない）。ただし、ある程度はそれを自省できる（青年期までのライフ・ストーリーの自己分析『羊の歌』正続など）。彼は確かに卓越した批判的知識人である。この認識に立ち、私は加藤の「雑種」を「一即多、多即一」の弁証法、現代の用語では多文化共生として捉え直すことで発展させられると考え、「今＝ここ」を取りあげる。

これはハイデガーの「現存在」に通じるが、加藤はそうではなく「勝負のしどころ」という「特徴」へと展開している。この点で武士の「一所懸命」が想起される。それは「具体的な共同体」の存在する土地に命を懸けることから「今＝ここ」で己のなすべきことに全力を尽くす武士道となり、その精神は茶道など文化教養では「一期一会」、野球では「一球入魂」として活かされている。

だが日本では「今＝ここ」だけでなく、様々な抗争や紆余曲折がありながらも天皇制が長く続いている歴史があり、この側面も考えねばならない。それは天皇制の肯定・否定ではなく、史実に即した「事実問題」である。

以上を踏まえて五十嵐の問いについて考える。「具体的な共同体」、「今＝ここ」の観点から言えば「天皇」も具体的な存在である。だが、乃木は具体的な天皇のために殉死したのか？　日露戦争、特に旅順攻略戦において自分が指揮した作戦で戦死した無数の将兵のことは思わなかったのか？　自分の命を懸けるだけでなく、他者の命（しかも無数）を懸けさせることは極めて重大である。それは「具体的」な次元では済ませられない。乃木の作戦能力への批判はあるが、それでも彼が尊敬されるのは私心がなかったからである。そのような乃木にとって天皇は具体的であるとともに抽象的であった。彼は天皇を具体と抽象を統合した次元で捉えていたと言える。従って彼の殉死もその次元で考えねばならない。

そして「わだつみのこえ」を遺した学徒兵は「教養ある青年」であった。具体的な死に直面する戦場で抽象的に思考できる能力があり、十分ではないにせよ（監視や検閲のため）、死について他者に伝えることができた。このような「わだつみのこえ」は、乃木について理解が不足しているとしたら、やはり捉えきれないだろう。言い換えれば、加藤の乃木論は「わだつみのこえ」研究の参考としては不十分であると言わざるを得ない。

第四項　農民兵士の「わだつみのこえ」―教養の問題との関連で―

五十嵐は加藤、「少数」の「教養ある青年」に続けて「農民兵士は自己の死について語ることができたか」とも問いかけている。これを敷衍すると、それらは農民兵士の死について参考となるかという問いかけになる。

加藤は確かに優れた知性を有しており、私は高校時代に『羊の歌・正続』を熟読・再読して以来、多くを学んできた。だが、その過程で彼はシニカルな知識人・評論家であり、実践の場に身を置く者ではないと思わせられてきた。実践から離れて客観的に論評することも意義があるが、やはり限界がある。

知識人の限界は教養の問題に通じる。五十嵐は「昭和初期の教養（頭・内容）の弱点。国家の侵略……に対して知識人は盲目になっていた。§河合栄治郎 §J. S. Mill and India」と注記していた。[37]「J. S. Mill and India」は Lynn Zastoupil, *John Stuart Mill and India*, Stanford University, 1994 と考えられる。さらに五十嵐は次のように意識していた。[38]

木村久夫の手記における田辺元について。教養の問題について。教養の普遍性希求と歴史における実践の要求との、両者の矛盾――教養をつめば歴史の問題に取り組みたちうちできると思っていた。これは河合教養観の根底にあった。矢内原はこの教養を批判し、宗教を強調している。

五十嵐が知識や教養を超えようとしていたのであり、ここから発した問いかけは、彼が農民兵士の「わだつみのこえ」も取り組むべき課題と自覚していたことの現れである。この傍証として、岩手県農村文化懇談会編『戦没農民兵士の手紙』（岩波新書、一九六一年）がある。その奥付では岩手県農村文化懇談会の事務局が岩手大学農学部石川武男研究室に置かれていると記されている。石川の研究や実践については社会教育で注目されており、五十嵐も知ってい た可能性は高い。五十嵐と宮原の関係だけでなく、宮原研究室出身者には農村で社会教育を実践する者が幾人もいたからである。川上は「自分はたぶん職業革命家になるだろう、いやならざるをえないだろう」と想うと同時に「教育学部、とくに『社会教育』の先輩、友人たちの多くは、地方の公民館主事に就職する者が多かった。自分は卒業したら赤いひとつぶの『種子』になるのだと、何のてらいもなく、本気で思っていた。……そして、どの友人も、いつの日か、革命運動の側から求められたら、即座に身をなげうってでも『一兵卒』として求められた部署にはせ参じよう、と決意を語った」と述べている。[39] 実際「セツルメントの扉は宮原研究室へ、宮原研究室の扉は農村へ」と語り伝えられた（私の知る限り一九九一年三月まで）。

戦中、大学進学率は極めて低く、学徒兵は社会階層の上に存在していた。従って「わだつみのこえ」は無数の無告の民の代弁とまでは言い難いが、何も書き遺せなかった者の声なき声にアプローチするための糸口になり得る。そして、五十嵐は帝大卒の東大教授であったが、実戦・実践の場に身を置き続け、その視角は学徒兵とは対照的な農民兵にも及んでいた。これは教養主義や傍観者的評論への批判と裏腹である。

この観点から、戦没学徒兵の遺稿が「わだつみのこえ」として広く知られていながら、岩波書店が戦没農民兵士の遺稿を「手紙」と表記したことも考えさせられる。戦没学徒兵との違いを示すためであったか否か、いずれにせよ、死は学徒も農民も変わらない。

第五項　朝鮮人青年学生への視点―アイデンティティ、忠誠との関連で―

五十嵐はエリクソンのアイデンティティ、徳＝活力たる「忠誠（fidelity）」の研究に基づいて「朝鮮の青年は、日本の青年がある忠誠を強要されて献身をするように、自らの意思で彼らの忠誠の対象を選びこれに献身することがどうしてゆるされないのか……忠誠の強要と忠誠の放棄の強要」、「日本の青年論・学生論において朝鮮・中国認識の位置」、「私は戦没学生が問うた自己本質の追求よりは、朝鮮人学生―それが挫折させられたことをおしみつつ、朝鮮人学生の自尊心を感じるのである」と述べるなど、繰り返し朝鮮人青年学生について論じている。ここでは五十嵐がノート以外にも植民地支配や民族差別を問うていたことを述べておく。

一九六〇年代、彼は日本で生成した「生活綴方」の意義を示す中で「自主学校」、「在日朝鮮人の自主的教育」を提示し、それに内包された「批判の力」により日本の教育を捉え返しつつ「日本人・朝鮮人の連帯性」を発展させることを論じた(40)。また七〇年代、前掲『国家と教育』でも、帝国主義の考察において植民地支配の歴史とともに「在日朝鮮人」の現状が取りあげられた。この人民の「連帯」を基礎にした日本と朝鮮をめぐる問題意識を以て矢内原の研究を進めたことは日本の植民／殖民政策の評価に関して重要である。

真理探究に努めた新渡戸や矢内原が植民／殖民政策に独立を定置させていたことは既述した。合わせて朝鮮人兵士は日本人に対しては被害側だが、戦場の住民とっては加害側であったことも認識しなければならない。朝鮮人学徒兵・李佳炯の『怒りの河―ビルマ戦線狼山砲第二大隊朝鮮人学徒志願兵の記録―』（連合出版、一九九五年）は貴重である。李は『怒りの河』を「小説」としているが、それは学者としての良心の故である。「戦友たちの名誉をおとしめ」ないように幾人かは「仮名」を用い、また「あまりにもたくさんの記憶が失われて」いたため、「会話など細かい部分については想像で補うしかなかった」からである。[41] しかし「それは事実のリアリティを少しでも補う限りにおいてなされたものであり、事実そのものを曲げることは一切していな」く、彼は「この目で見、この身をもって体験した〈戦争の真実〉を、ひたすら真摯に語りたかっただけなのである」。

ただし、五十嵐の遺稿には『怒りの河』に関する記述は見出せない。この出版は一九九五年三月で、五十嵐の急逝は九月であった。

また、姜徳相『朝鮮人学徒出陣―もう一つのわだつみのこえ―』（岩波書店）が一九九七年に出版されたが、五十嵐が生きていれば熟読したであろう。

第六項　エリクソン研究

(一) 重要かつ重大な意義

五十嵐は「わだつみのこえ」研究の論考ではエリクソンを明示していない。しかし、ノートではかなりエリクソンを読み込んでいたことが分かる。それでは何故、論及しなかったのか？

まず、五十嵐は紹介や評釈ではなく応用していたためと私は考える。彼は現実と格闘する実践的な研究者であり、エリクソン独特の表現や文体はそれにそぐわないところがある。次に、そぐわなくても重要なら丁寧に説明すればいいが、それでは議論がエリクソンへと流されかねない。それだけ重要な意義がエリクソンの概念や理論には内包されている。第三に、それは重要である故、「わだつみのこえ」研究にとって重大になる。アイデンティティには民族のアイデンティティもある。また、忠誠は徳＝活力であり、それをエリクソンは発達論の概念として提出している。つまり、エリクソンを応用して学徒兵のアイデンティティや忠誠を考究すると民族主義と民族的アイデンティティの識別や抽象的象徴的存在たる天皇の機能（五十嵐の書いた「自己なし」や「上御一人」）が絡んでくる。平和な時代に安全な場で民族主義や天皇制を批判することはたやすいが、当時の限界状況において、それらが学徒兵に生きる力を与えていたことは厳粛に考えるべきである。そして、五十嵐は「その場所その時の行動の要求する正しさ、適切さがあり、それは別の天体、別天地のおきてのような完全に独立したものでないにしても、独自の事の正しさ、行為の見事さ、人間の心情の純潔というものを求めるものであった」（先述）と書いたとおり、このことを十二分に認識していた。重要のみならず重大だからこそ、安易にエリクソンを論じることができなかったと私は理解する。このことを心に刻み、「真理の勇気」を以て五十嵐のエリクソン研究に迫っていく。

短い注記はノートの該当箇所に付してあり、繰り返さない。ライフ・ヒストリーとヒストリカル・モメントも論じてきたので再論しない。それらを踏まえてアイデンティティ、忠誠（fidelity）、「疑似種」、「非人格的な技術的服従」に即して考察していく。

（二）アイデンティティの探究―他者分析と自己分析の統合―

五十嵐は岩瀬訳『アイデンティティ』[42]から「これこそがほんとうの真実のわたしだ！」を書きとめ「叫ぶ内なるこえ」と注記している。岩瀬訳では「これこそが真実のわたしだ！」であり、五十嵐は「ほんとうの」を加えている。それだけ強調したと言える。

そして、ノートの結びでは「自分自身のために」、「何を問題にするのか」と記されている。まさに「わだつみのこえ」研究は五十嵐自身のアイデンティティの探究でもあった。

これは絶えざる運動であり、岩瀬訳『アイデンティティ』一六～一七頁では「人間がどこからどこへ向かって発達するのかを解明する発達理論」、「アイデンティティとは、パーソナリティ特性とか、または、何か静態的で不変なものの形をした『成果』として『達成』されるようなものでは、決してない」と書かれている。

また、エリクソンは自己分析も実践している。『子供期と社会』から『ライフサイクル　その完結』まで、彼は他者の内心を分析する自分自身をも対象化し、その分析を公開して他者が考察・批判できるようにしている。それは主観と客観の統合であるだけでなく他者の内心を「洞察」する者の「責任」や「倫理」の自覚的実践でもある。これを五十嵐は「わだつみのこえ」研究に応用したのである。

(三) 「忠誠」

五十嵐は国家への「忠誠」を問うが、それは単なる自己の全否定ではない。彼はかつて「自己なし」と明記したことを忘れても、隠してもいない。「忠誠」は卑屈な臣従や愚かな盲信ではなく、限界状況におけるクリティカルな葛藤・苦悩と、その超越でもある。その研究は厳密かつ厳粛であらねばならない。

五十嵐が「忠誠（fidelity）」や「献身という強さ」に関して「一四行分の文章」と記したのは、次のとおりである。[43]

以上のように、青年期に至って、個人ははじめて同一性の危機を経験するが、同時にそれを克服する身体的、精神的、社会的条件もととのうのである。エリクソンはこの時期に生れる徳目を忠誠心と呼んでいる。青年には、忠誠を求める殆ど本能と呼んでもよいほどのものがあり、青年は忠実になれるイデオロギー的展望や人物を探し求める。忠誠の定義は、価値体系の矛盾にもかかわらず、青年が自ら選んだものに忠誠をつくす能力であるという。青年は自分の能力をためす経験に参加し、自分自身をはじめ、自分にとって意味ある人々、集団、その規律などに忠実に服することによって成熟する。また自ら選び、真理であるとみなすものを擁護するために全エネルギーを捧げる。その結果、献身という強さが生まれる。その場合、堅固なイデオロギーや信頼のできる友人がその源泉である。また価値ある忠誠の対象を青年に用意するのは大人の役割であることも、エリクソンはあわせて指摘している。

若い成年期においては、イデオロギー的確信や道徳的義務感のなかから倫理的強さが分化してくることが想定されている。すなわち、たとえ大きな妥協や犠牲を要求されたとしても、愛情や協力に自らをかかわらせていくという倫理的強さを発揮できるようになるのである。この段階の課題は親密性の獲得であるが、それは献身的になるときの滅私性、自己放棄の経験を前提とする。なぜなら、自分のなかの何かを失うのではないかという恐れなしに、自分の同一性と他者の同一性とを融合させることができて、はじめて真の意味において親密な関係を結ぶことが可能となるからである。したがって、確固たる同一性を獲得していなければ、親密性は得られないのである。

エリクソンは『洞察と責任』でも「避け得ざる価値体系の矛盾にもかかわらず、自ら自由に選んだものに忠誠(fiderity)を尽くす能力である。これこそ同一性の礎石であり、堅固なイデオロギーや信頼に足る友がらはその源泉である」と論じている。(44) 彼はまた「自由に選びながら一方では、のろわれた反逆者になっていくものに宿命的に強く結びつけられていること」とも説明している。仁科はこのアイデンティティ論の核心を取りあげて解説しており、それに五十嵐は注目したのである。

自由に忠誠を尽くす、自由であると同時に宿命的でもあるというように、エリクソンの概念や論理は多義的である。それは現実の社会もアイデンティティ形成も矛盾に満ちており、その矛盾を契機（モメント）に発展／発達が進むことを表しているからである。その究極は自由と臣従、自己と普遍の統合であり、限界状況に置かれた学徒兵は、卑怯でなく、真正直で真面目であれば否応なく、これを迫られた。

エリクソンの多義性は、カント的な「不明瞭」でも、当時流行していた一般理論（総合理論[45]）の痛みも痒みもない内容を学術的に装うレトリックでもない。エリクソン独特の文体や論理展開にもその傾向が見られるが、彼は具体的な症例を抽象的一般的な次元に位置づけて論じ得ている。

そして多義的である故に、エリクソンは戦争を一面的に批難していない。またフロイトも単純に戦争を否定していない（「文化への不満」等）。この点でもエリクソンはフロイトを継承し発展させている。

このようなエリクソンを学びつつ五十嵐は反省を以て深く鋭く自己を分析した。これを通して母との信愛、軍人としての「尽忠の至誠」、そして「忠誠（fiderity）」の考究へと生涯発達を遂げ、そこに川上や宮崎は「信義」が貫かれていると認識した。即ち、五十嵐の生涯発達はエリクソンの「信頼」～「忠誠」～「愛」などの漸成的発達論の具体例となっていると認識することができる。

（四）「疑似種」

「疑似種（*pseudo-species*）」の訳語には「擬種」、「疑似種」、「疑似種族」などがある[46]。私はエリクソンの独創的な概念を簡明に表す「擬種」とするが、ここでは五十嵐の用いる「疑似種」に合わせる。

五十嵐は青年の「排他的集団的同一性」、「ヒトラーの青年」とメモしている。全体主義で全員加入が義務化されたヒトラー・ユーゲントでは軍事教練とともに愛国主義・民族主義が教え込まれた。同時に青年はワイマール体制を変革し、保守革命を押し進める上で大きな役割を果たした。それは独裁と自発的隷従との相互活性化（mutual activation）の暴力的現象形態と捉えられる。

エリクソンは『子供期と社会』においてヒトラーを心理歴史的に研究し、ライフ・ヒストリーとヒストリカル・モメントの病理的で暴力的な事例として提出した。これを理解したからこそ五十嵐はノートに *Life History and the Historical Moment* や「疑似種的同一性」と書き留めている。

この「疑似種（*pseudospecies*）」の意味について、エリクソンは「集団的アイデンティティ」においてのみ「真の権威が存在」し、これはアイデンティティ形成と不可分であるが、しかし、世界大戦を経てなお原爆という全般的クライシスが深刻化する状況において、それが問われるようになり、「種としての人類は、私は疑似種（pseudospecies）と呼ぶものに分裂することで生きのびてきた」と、その意義を論じると同時に「全てのアイデンティティには、個人を危険にさらす『擬似的』な側面がある」と問題も指摘した[(47)]。この肯定面と否定面の統合的な考察によりエリクソンは「全人類的アイデンティティ（all-human identity）」を提出する。その論理は次のとおりである。

彼は「新しい『人間主義的』青年」に注目するが、その「新人間主義（ネオヒューマニズム）」には「きわめて旧式な感情や理想」もあり、「技術主義的見解とは互いに対立し、反撥しあう」ものの、「実際には兄弟かもしれず、友人かもしれず、個人の一生涯の異なった段階においては、まさに自分自身であるかもしれない」と論じる[(48)]。やはり肯定否定を統合的に論じている。その中で彼はガンディーの非暴力不服従（戦闘的非暴力）、「平和部隊や公民権運動」にも言及するものの、いずれも絶対化していない。

そして彼は論点を「全人類的アイデンティティ」へと進め、それは「不可避のゴールとなっている」が「人間主義やリベラリズム（libertarianisms）の復活した形態」ではできないと指摘する[49]。何故なら、その思想が現れた時代は原爆（gigantic bomb）も経口避妊薬（tiny pill）[50]もなかったからである。gigantic と tiny、タナトスとエロスが対比されており、極大から極小まで、死から生まで全般的に時代は変わったことが示されている。

結論に当たる第八章「アイデンティティの拡大と民族」において、エリクソンはアメリカ黒人の「反抗」は「重要な反社会的要素」を含む「悲劇的な犠牲的行為」であったが、それは「歴史から抹殺され」ないために「自分たちに許されている唯一の方法」であったと述べ、その上で「真に人間主義的な青年は宗教的アイデンティティの要素（*religious identity element*）を人種の関係にまで拡大」し、「科学技術の努力と倫理的・究極的関心事（technological strivings and ethical and ultimate concerns）のバランス」や「疑似種の態度からは解放された人間の希みそのものを育んでいる新たな宗教的要因（*new religious element*）」を提起する[51]。核兵器（タナトス）と生命の抑止・性欲の充足（エロス）における近代科学の重大な問題を見据えるからこそ、それを超えた次元に高まらなければならず、そのために宗教へと「関心」が向けられる。五十嵐はこれを読みつつ矢内原を研究していたのである。

なお、これまでのところエリクソンの『玩具と理性—経験の儀式化の諸段階—』[52]に関するノートは見出せないが、五十嵐が発達と「儀式化」を研究したならば、さらに優れた成果を導き出したであろう（日本では多くが乳児期から老年期の発達段階論の紹介に止まっている）。

（五）「非人格的な技術的服従」と死

五十嵐のメモした「非人格的な技術的服従」について、エリクソンは次のように述べている[53]。

ベトナム戦争に反対すべきいかなる理由も見出せない大多数の青年は、一方では、世界大戦的愛国心や反共主義、徴兵や軍事訓練への従属心などの傾向をもっており、また他方では、同じ快楽を放棄し、同じ危険に立ち向い、同じ不愉快な命令に従わねばならなかった経験から生れてくるところの、あの不動の連帯感、同志愛をも持っている。しかし、これら全てのことには新しい要素がつけ加わったのである。それは、技術的イデオロギーから生ずるものであり、兵隊を専門家に仕立てあげるものである。つまり、兵隊の装備は機械化され、兵隊の忠誠心は、政策や戦略に対するほとんど非人格的な技術的服従と化し、しかもその政策や戦略はどういうものかといえば、手中にあるすばらしい武器の射程距離の範囲内に標的を定めるというものなのだ。明らかに、ある種の「性格構造」のみが、他の何物にも増して、そのような世界観に最もよく適合できるのであるが、しかし全体的にいえば、どの世代も、生涯を通してみれば、いくつかの異った統合された諸態度を同時に持つことができるものなのである。

しかし、新しい倫理がこの進歩に追いつくまでは、次のような危険を感じ続けざるをえないだろう。つまり、技術的拡張や国家的自己主張の限界は、既知の事実や倫理的考慮、一言でいえばアイデンティティの確信によって決定されることはなく、むしろ、人間の良心の大半を引き継いでゆく管理機構の範囲と限界とを、わざとふざけ半分に分析することによって決定されてしまうであろうという危険である。これは、全ての関係者にとって、豊かなる奴隷制度になるかもしれない。しかもこのことこそ、新しい「人間主義的」(new "humanist") 青年が、阻止しようとしているものである。そして彼らは、自分自身の存在を「オンライン」("on the line") の状態にしておき、自分の生活を維持できる最小限のものがあればよいのだと主張することによって、新しい奴隷制度の登場を阻止しているように思われるのである。

「同じ快楽を放棄し、同じ危険に立ち向い、同じ不愉快な命令に従わねばならなかった経験から生れてくるところの、あの不動の連帯感、同志愛」について、五十嵐は第三中隊の経験と照らし合わせて、どのように読んだのであろうか？　ノートでは未詳だが、この引用文と「その場所その時の行動の要求する正しさ、適切さがあり、それは別の天体、別天地のおきてのような完全に独立したものでないにしても、独自の事の正しさ、行為の見事さ、人間の心情の純潔というものを求めるものであった」という回想は内容的に重なり合う。

またエリクソンは近代の軍は技術の組織でもあることを取りあげる。近代戦は精神主義だけでは勝てない。また同時に精神を軽視すれば「非人格的」になる。無論、戦争を始めないことが何よりも重要であるが、それから逃れられない場合、人間の条件に関わる倫理や信仰が鍵となる。

先の引用文でエリクソンは「宗教」や「倫理」について論じていたが、ここでは「倫理」、「良心」、そして〝〟付きの on the line を提出している。〝〟は on the line に特別な意味を与えていることを示唆しており、それにはどっちつかず、即座に、懸けられて危うい等々が多義的に込められていると私は考える。どっちつかずは vs. の発達の弁証法（「アイデンティティ vs. アイデンティティの混乱」等）、危ういはアイデンティティ・クライシスに関連づけられる。

初歩的なレベルなら、vs. の弁証法的な発達を通してアイデンティティを確立するという説明になるが、ここではそれを超えて、確立しない、状況に即応して自由に変わり、「新しい奴隷制度」に絡め取られないことが提示されている。それはロバート・リフトンの「プロテウス的人間（革命における心理学的人間）[54]」に通じる。それは「人間が無限に人間を超えることを学べ」の学習論に相応する発達論と言える。

さらに、エリクソンは学習をも超えねばならないと、次のように論じる。(55)

自分らが、特別のものであるという誇りと確信とを持つ必要があった。この誇りと確信が、自分の選択したアイデンティティを確かに、わがものであると実感させるものであった。

しかしながら、人種的・国家的・階級的同一性は、他者を自分に反目する存在であるとみなすようにしむけ、極端な人にあっては、他者を敵として、過度に問題視し、動物世界にもみられない残忍さを発揮し、その敵を処理することすらある。技術的プライドと結びついた優越した地位と同一性の要求は、実に平然と他人を利用し、抹殺してしまう。

……

技術主義の無制限の発展を示す現代にあって問わねばならない問題は、人は何をなし得るかであり、何を用いないか、何を発明しないか、何を利用しないかを決することである。――その上で、しかもなお、自らのアイデンティティを維持し得ることは、何かを考えることである。

「発明しない」ことは学習を抑えるのではなく、超えることである。「しない」ことはすることの超越である。これが無限に発展しようとする技術主義に対して求められている。

このようなエリクソンの提起を五十嵐はどのように読み、熟考したであろうか？　やはり五十嵐の『洞察と責任』に関するノートは見つからないが、あれば、より豊かな研究成果をもたらすであろう。改めて継承の必要性を自覚し、発展、そして飛躍を試みる。

注

（1）前掲黒崎「あとがき」二四六頁。
（2）川上は二〇〇四年六月一九日に私を森に引き合わせた（前掲『川上徹《終末》日記』八八頁）。その後、川上は五十嵐研究を含む私の学位論文（後に小著『平和教育の思想と実践』へと発展）も彼女に渡した。それを読んだ森の書信は同書四七七頁で紹介した。
（3）二文字判読不能。以下同様。
（4）一九九一年刊『近代日本総合年表』と思われる。
（5）朱色の下線。
（6）逝去は二月一七日。
（7）逝去は二月一五日。
（8）四文字は朱色。
（9）朱色の下線。
（10）朱色の下線。
（11）この文章は朱色。
（12）朱色の下線。
（13）朱色の傍点。
（14）岩田の「七生報国、赤子孝行」は問うが、その前の目黒の「昔の武士が潔く臨んだ様に」には不問であることは「武士道」との関わりで注目する。
（15）朱色の二重丸。
（16）朱色の下線。

（17）朱色の二重丸。

（18）朱色の下線。

（19）「書かれたこと」を意味するドイツ語を使ったことは五十嵐が特に注目したと言える。

（20）朱色の下線。

（21）The life cycle completed は Norton より一九八二年に出版され、一九九七年に増補版。日本語版は村瀬孝雄、近藤邦夫訳でみすず書房よりそれぞれ一九八九年、二〇〇一年に出版。後述の「相互活性化の生態学（エコロジー）」や「生きた関与（vital involvement）」＝生き生きとした状況への関わり方の概念について、エリクソンは同一性（identity）を相互性（mutuality）との相関で考察し、その到達点（研究の「完結」）においてこれらを提出。

（22）一九八九年の日本語版の頁数で、一九八二年の原著の二一頁では an ecology of mutual activation。

（23）一九八九年の日本語版の八二頁では「生きた関与」に「いきがい」のルビがふられている。原著では六三頁。なお vital involvement は朝長正徳・梨枝子訳では「生きいきしたかかわりあい」である（Erikson et. als., *Vital involvement in Old Age*, Norton, 1986.『老年期―生きいきしたかかわりあい―』みすず書房、一九九〇年）。

（24）仁科弥生訳『幼児期と社会』（全二巻、みすず書房、一九七七〜八〇年）と考えられる。原著は *Childhood and society* で Childhood は「幼児期」より「児童期」、或いは「子ども期」の方がよく、そのためこのような表記になったので、単なる誤記ではないと捉える。私は「子供期」と訳してきた。

（25）仁科は解説で「文化のなかで意味のあることを成し遂げることが、誠意をもって、かつ終始一貫して認められることにより、子どもの自我の同一性は真の強さを獲得することができるからである。個人と社会の相互作用、相互確認如何によってその強さが規定される」と述べている。

（26）仁科は「希望を具体化していく過程で成功体験を得ると、それはさらに新しい希望を生み出し、次にたとえ失敗しても失望することなく、次のよりよい結果を目ざす努力を促す」と述べている。「戦没学生」に「↓」が付けられているのは、この解釈の発展を、即ち、五十嵐はそれに取り組んだことを意味していると言える。

(27) 私はfidelityを「忠義」と訳すが（義が重要と考えるため）、多くは「忠誠」であり、五十嵐もそうであるため，本書では「忠誠」に従う。
(28) 仁科は小此木啓吾の「モラトリアム人間」と関連づけている。五十嵐は「学徒」はモラトリアムに位置づけられながら「兵」という「猶予」の全くない存在にされたことで「おそるべき矛盾」と述べている。モラトリアムの剥奪である。他方、仁科が「真のモラトリアムには期限がある」と述べておるとおり（二三四頁）、モラトリアムを引き伸ばす「モラトリアム人間」は負の現象である。期限を終え、「精力的で、目的志向的行動の段階」に進むことが発達であり、その積極的機能はフッサール的な「エポケー（判断一時留保）」に通じると私は考える。
(29) 仁科はナチズムや「擬種」との関連で説明している。
(30) 前後を含めると「昔は遍歴（Wanderschaft）の習慣」があったが、そのような「伝統的――そして地域的な形で青年期の葛藤を処理してきた文化的制度が崩壊した」である。
(31) 下線と矢印は朱色。『幼児期と社会・2』の当該頁はアメリカやドイツの青年からナチズムと青年の関連へと考察が進められる起点となっている。
(32) 岩瀬訳では「能動的緊張感」。
(33) 「人格的成長と共同体の変化」、「発達的なものと歴史的なものとの間のすべての相互作用」について論じられている。
(34) 前掲『「わだつみのこえ」を聴く』一七〇～一七六頁。以下同様。
(35) 加藤周一、ミッチェル・ライシュ、ロバート・リフトン共著、矢島翠訳『日本人の死生観』岩波新書、一九七七年、上巻八九頁。
(36) 法政大学国際日本学研究所編『異文化としての日本―内外の視点―』二〇一〇年、二一四頁。
(37) 前掲『「わだつみのこえ」を聴く』一二六頁。
(38) 同前『「わだつみのこえ」を聴く』一四九頁。
(39) 川上徹『もう一度、船をだせ』花伝社、一九八五年、一八六頁。

（40）五十嵐「教育要求論と生活綴方」『生活綴方と現代教育・文化』講座生活綴方第五巻、百合出版、一九六三年、一六四～一六七頁。

（41）「あとがき」『怒りの河』三一二頁。以下同様。

（42）金沢文庫、一九七三年初版、八二年改訂版。

（43）前掲、仁科「解説」『幼児期と社会』2、三二七頁。

（44）op. cit., *Insight and responsibility*, p.125. 前掲『洞察と責任』一二二～一二三頁。なお訳文は変えているところがある。以下同様。

（45）一例として Talcott Parsons and Edward A. Shils, *Toward a General Theory of Action*, Harvard University Press, 1951（日本語版部分訳は永井道雄、作田啓一、橋本真による『行為の総合理論をめざして』日本評論新社、一九六〇年）。なお日本では流行が一九七〇年代まで続き、私は東大社会学科の教員たちから頻繁に「ジェネラル・セオリー」や「一般理論」の言葉を聞かされた（「総合理論」は少なかった）。

（46）河合雅雄『森林がサルを生んだ―原罪の自然誌―』一九七九年、平凡社、一四七～一四八頁。仁科「解説」『幼児期と社会・2』二三五頁、星野美賀子訳『ガンディーの真理―戦闘的非暴力の起源―2』みすず書房、一九七四年、二九六～二九九頁。

（47）*Identity : youth, and crisis*, Norton, 1968, p.41、岩瀬訳『アイデンティティ―青年と危機―』改訂版、四二～四三頁。pseudo（擬似的）に関して原著では〝〟、訳書では「」が付けられている。イタリック、傍点は原著、訳書。

（48）ibid., *Identity : youth, and crisis*, p.35、岩瀬訳改訂版、三三～三四頁。以下同様。なお原文の new "humanist" youth で、岩瀬は「人文主義」と訳すが、私は「人間主義」とする。

（49）ibid., *Identity : youth*, and crisis, p.40、岩瀬改訂版訳、四二頁。以下同様。libertarianisms を、岩瀬は「自由意志論」と訳すが、私は「リベラリズム」とする。

（50）ibid., *Identity : youth, and crisis*, p.41、岩瀬訳改訂版、四二頁。

（51）ibid., *Identity : youth, and crisis*, p.318、岩瀬改訂版訳、四五五頁。イタリック、傍点は原著、訳書。

（52）*Toys and reasons : stages in the ritualization of experience*, Norton, 1977. 近藤邦夫訳『玩具と理性―経験の儀式化の諸段階―』みすず書房、一九八一年。

（53）op.cit., *Identity : youth, and crisis*, pp.34-35。岩瀬訳改訂版、三二～三三頁。

（54）Robert Lifton, *Boundaries : psychological man in revolution*, Random House, 1969. 外林大作訳『誰が生き残るか―プロテウス的人間―』誠信書房、一九七一年。

（55）op. cit., *Insight and responsibility*, p.126. 前掲『洞察と責任』一二二～一二三頁。

第五章　ライフサイクルと世代のサイクル―継承、発展、飛躍―

第一節　「残された企画書」

『五十嵐顕追悼集』において、五十嵐茂は「残された企画書」を寄せ、「戦後教育改革の精神」から「戦争と平和における教育」へと出版企画の表題が変わったことを紹介した。[1] これは急逝により実現されなかった出版企画であったが、主題が「戦後教育改革の精神」から「戦争と平和における教育」に変えられたことは、これまでの考察と合っている。五十嵐は平和だけでなく「戦争と平和」において教育を論じようとしたのである。文字通り終生の課題として取り組んだ「わだつみのこえ」研究が大きな位置を占めていたに違いない。見方を変えれば「戦争と平和における教育」の中の一つが「わだつみのこえ」の研究としてまとめられたであろうと言える。

しかも、それは五十嵐の研究全体の氷山の一角の如き部分である。五十嵐は研究成果のほんの一部しか活字にしていない。謂わば「残された企画」は他にも多い。その一端の実現をここで試みる。五十嵐のように書けないとしても、彼の研究に学び、書くことはできる。

第二節　遅筆―高次の知行合一の故―

研究成果のわずかしか活字になっていないのは遅筆のためであった。『「わだつみのこえ」を聴く』と「はるかなる山河」ノートを読み合わせると、前者では「歴史」と「人格」の関連性まで書いていながら、エリクソンは論じていない。しかし、後者ではかなり書いている。文章化する前の研究ノートであり、深く繰り返し熟考しながら、重要なことを書き記していたのであろう。そのため遅筆になる。つまり、遅筆は不勉強の故ではなく、その逆であった。

遅筆は、五十嵐が実意を大切にして実直に熟考するだけでなく、多角的に検討・再検討し、より深く本質的な問題を考究し、しかも知行合一で終生戦い／闘い続けたからでもある。

前線で戦い、現場で闘う者は、自分自身の戦い／闘いについてなかなか書けない。それが終われば振り返って書けることもあるが、死ぬまで戦い／闘い続けた者は書く時間を捻出することさえ難しい。しかも、簡単なメモではなく、時間をかけて熟考に熟考を重ねて「生涯苦吟」する文章は尚更である。

碓井は五十嵐の論理展開を「止揚をためらう弁証法」と指摘した。(2) それは実意ある熟慮と「苦吟」の故と言える。「止揚」は高次の段階への発展をもたらすものであり、それは極めて困難である。元より高度な理論的思考は困難であり、その実践はさらに困難である。

これはまさに五十嵐の知行合一が高次元でなされたことを意味している。内容が高度な水準であり、それを書く時間が十分にとれないため書ききれなかったが、だからこそ、それを伝えきることが求められる。

第三節　ユネスコ「学習権宣言」との比較
―死者と対話して自分の世界を読みとり、歴史を綴り、未来を創る―

五十嵐の文章の紙背には〝ぼくは、ぼくらは、どこから来て、今、何故こうなのか、これからどこへ行くのか？〟という「過現未」の問いが通奏低音のように響いている。少なくとも私にはそのように聞こえる。

五十嵐はこの問いを木村に重ね合わせ、さらに学徒兵へと広げて「わだつみのこえ」に耳を澄ませた。

彼の「わだつみのこえ」研究は単なる歴史の理解に止まらない。五十嵐は常に未来に向けて現実＝その時々の現在と格闘していた。その対象は内なる自分自身と外の社会であり、彼は将来をよりよくしようと研究し、実践した。

これがグローバル・スタンダードでも高い評価を得られることは、ユネスコの「学習権宣言」（一九八五年）と比較することで明らかになる。学習権宣言では「自分自身の世界を読みとり、歴史を綴る権利」が謳われている。ここで五十嵐の研究と実践を参考にして加筆するならば「死者と対話して歴史を綴り、自分を含む生者の世界を読みとり、未来を創る権利」を導き出すことができる「過現未」の視座で世界を読みとることは、その時空間の構成を解き明かすことになり、それから教訓を得て将来の発達／発展に結実させることもできる。

死者との対話は実証主義や合理主義のレベルでは不可能だが、それを超えた次元に五十嵐は達していた。この次元は既に三木が『人生論ノート』「死について」（前掲）で、簡潔に説明している。

> 死者の生命を考へることは生者の生命を考へることよりも論理的に一層困難であることはあり得ないといふことである。死は観念である。それだから観念の力に頼つて人生を生きようとするものは死の思想を掴むことから

出發するのがつねである。すべての宗教がさうである。

これは「真に愛するもの」との「永生」という考え方と密接に関連する（前掲「死について」）。そして、死者に生命があれば対話できる。生者は死者に生命を認識する段階に到達すれば対話できる。五十嵐は三木に関するノートなど遺していないが（現在までは未見）、宮原や矢内原の研究を介して三木の思想に通底していた。

実際、五十嵐の「わだつみのこえ」研究は、まさに生命ある死者との対話であった。激動のヒストリーの意味と、激越な限界状況に置かれてもなお「あがき」続けた者のライフ・ヒストリーの意味を読みとり、伝え、平和をより強固にしようと苦闘した。

第四節　『五十嵐顕追悼集』とその後

五十嵐の没後、『五十嵐顕追悼集』が川上たちにより一九九六年八月に刊行された。

その巻末には著作目録が収録されているが、さらに黒崎は「五十嵐顕・民主教育文庫資料1「木村久夫の手記」ノート」（『人文学報』第二七九号、東京都立大学人文学部、一九九七年三月）、及び「五十嵐顕・論文目録」（同第二八九号、一九九八年三月）をまとめた。なお管見ながら「五十嵐顕・民主教育文庫資料」の2は未詳である。

その後も五十嵐の業績・足跡をまとめるために資料を集める努力が続けられた。『平和教育の思想と実践』第五章で考察した遺稿「教育費と社会」はその中で同時代社に寄贈された。

他にも無教会関連の資料がある。五十嵐を偲ぶキリスト者が川上に送ったと思われる。『石川県無教会小史―小さき旅人の群のあゆみ―』は全二〇頁で、文末の一九頁に「一九九七・三・一　金沢聖書集会　山下士郎記」と書かれている。その小項目を摘記する。

内村鑑三と金沢
金沢嘉信読者会
「白雨会」の星野鉄男
角間太郎と『嘉信』
北村重雄と東山荘聖書講習会
矢内原忠雄昇天一周年記念集会
金沢聖書集会の顔ぶれ
「嘉信読者会」での復活論争
その余の色々な歩み
友枝宗光と金沢聖書集会
神の民の群とその課題

また、一九九七年三月九日、交通ビル地階会議室にて開かれた「内村鑑三記念キリスト教講演会」（主催・名古屋無教会、名古屋聖書研究会）の讃美歌や「近県聖書集会案内」の印刷された式次第がある。そこでは、講演「カトリシズムと無教会のはざまにて―或る若き法律家の精神的遍歴より―山下薫」の下に手書きで「五十嵐の四高の後輩で東

大法学部卒業後　検事さんでした。」というメモが書かれていた。また、講演「福音のおとずれ　浅見方貴」の下には「労働基準局」ともメモされていた。

そして同じ表題と講演者名で「マタイ福音書」九章一八〜二六節が記されたB5サイズの紙の裏表に多くにメモが書かれていた。その筆跡は先の式次第のメモとは異なるように見える。以上から、少なくとも二人の関係者の持っていた資料が合わせて寄贈されたと推論できる。特に先の「福音のおとずれ　浅見方貴」の裏には、以下が書かれていた。

我身にすぎた恵の中にいる
世の人とのぞむところがことなる
罪ゆるさることの平安
天国を望む希望
問題はのこってもそれは第二・第三のこと
と解すると平安　これが本当にわかることが福音のおとづれと考える。

没後でもこのような関係性が続いていたことから、五十嵐と無教会のキリスト者との間には実意・信義ある固い相互主観／主体性があったことが分かる。それはまた矢内原研究が言葉だけでなく実践的であったことの傍証・補強になる。

第五節　東大教育学を軸にした世代のサイクル―宮原～五十嵐～川上―

第一項　学問・大学の問い直しとアクション・リサーチ―丸山の手記（遺稿）の意味―

一九六六年に毛沢東はプロレタリア文化大革命を発動し、紅衛兵運動は各国の学生運動に影響を及ぼし、日本でも六〇年安保の時代とは学生運動の質が変わった（特に新左翼のゲバルト）。一九六八～六九年に東大闘争が激化し、新左翼各セクトは全共闘で共同した。振り上げられるゲバ棒などに曝されて人格や徳＝活力の真価が問われるクリティカルな状況において、宮原、五十嵐、川上は暴力に反対しつつ東大を改革しようと学生とともに教育学部棟の孤塁を堅守した。

これは単なる政治路線の違いによる対立ではなかった。東大闘争では学問や大学のあり方が鋭く問われたが、アクション・リサーチはそれによく耐え得た。他方、象牙の塔の「内」で研究する教員は激化する現実に対応できず、また新左翼・全共闘は過激なゲバルトやスローガンと表裏一体で実践し得ない空論に流れた。

過激な空論でも支持を集めたのは隣国の中国ではより過激な文革が最高潮に達し、それが多大な影響を及ぼし、しかもマスメディアが肯定的に報道したからである。『毛沢東語録』だけでも、中国で出版された日本語版のみならず、中国人民解放軍総政治部編、社会主義研究所毛沢東語録研究会訳（宮川書房、一九六六年）、同改訂版（一九六七年）、和田武司、市川宏訳（河出書房新社、Kawade world books、一九六六年）、同改訂版（一九七一年）、毛沢東著作言語研究会編（大安、一九六八年、同研究会は一九六八年に『毛沢東語録テキスト版語彙索引』も）、竹内実訳（角川文庫、一九七一年、付「奪権闘争を論ず」、なお竹内実訳は平凡社ライブラリー、一九九五年も）、中島嶺雄訳（講談社文庫、一九七三年）と次々に出版され、出版元が不詳の海賊版もあった。解説などは無数だった。マスメディアでは「朝日新聞」、『朝日ジャーナル』、『週刊朝日』が積極的に報道し、朝日新聞社は『毛沢東の挑戦―文化大革命はどこへ行く―』（朝日新聞社調査研究室編、一九六七年）も出版した。

運動の過激化により問題がいくつも顕在化した。この側面も認識しておかねばならない。

東大闘争の発端は、医学部における学部生と研修医のインターン制度廃止など待遇改善運動に対する不当な処分に対する抵抗であり、これは他学部の学生・院生にも権利や大学の自治を意識化させた。

それに止まらず、国外ではベトナム戦争が泥沼化し、国内では公害が深刻化し、東大の学問はそれに荷担してはいないかが鋭く問われるようになった。「産学共同（産官学共同、軍産学共同）粉砕！」のスローガンはその象徴であった（七〇年代前半まで叫ばれていた）。そして、産・官・軍に統制されないためには学問の自由を守らねばならず、そのためには大学の自治を強固に確立せねばならぬと、「大学改革」、「帝大解体（大学解体）」が主張され、「矢内原三原則」が批判された。

その中で新左翼・全共闘系は「自己批判」も提起し、これは共産党・民青系にも一定の影響を及ぼし、全体として、学生のみならず教員も自らを省みるようになった。だが、新左翼セクトは専ら大学当局と教員を激しく批難して「自己批判」を求め、それを受けとめきれない教員の多くは巧妙に回避し、体制／大勢順応、日和見主義、敗北主義、逃避、背信などに走った。

新左翼・全共闘に期待し、誠実に対応しても耐えられずに倒れた者もいた。その一人の丸山の以下の三つの手記（遺稿）は、このような状況を考える上で参考になる。(3)

これほど「反体制」の言辞がブルジョワ出版物に氾濫し、これほど「反体制」を標榜する評論家・大学教授たちが、そういった言辞によって原稿料をかせぎ、すくなくともペンによって生きること——もっと現代的にはテレビ・タレントとなって生きること——の容易な国があるだろうか。（中略）けれども「反体制」の言辞がこれほど氾濫しながら、「現実」をかえる力がおどろくべくないという日本の反体制思想運動の歴史的な問題性を自分の問題として考えないで、いい気になって、マス・コミの需要に応じて注文生産している「自由」評論家や大学教授によって、日本の「現実」がただの一インチも変革されないことだけはたしかである。

昨年（一九六八年）秋、加藤執行部ができて、全共闘の要求して来た七項目のほとんどを容れるようになったころ、全共闘系から「問題は七項目をのむかどうかでなくてのみ方が《ママ》なのだ」ということを言い出した。今から思えば、あの時が、東大紛争の大きな転換期だった。つまり、東大紛争の擬似宗教革命的な性格はあの頃から露わになった。のみ方がいいかどうかは心構えや良心の問題であって、外部的行動では判定できない。したがって大衆運動ないし社会＝政治闘争の問題にはなりえない。「ポツダム宣言の受諾が問題でなくて受諾の仕方が問題なのだ」というのと同じだ。内面性と良心にかかわることをいともたやすく大衆の目前で告白を強いる「自己批判要求」ないし「果てしなき闘争」というまったく不毛な運動の思想形態はこうしてひろがって行った。それはノン・セクト・ラヂカルが安田城のヘゲモニーをにぎった時期とほぼ一致している。「良心の自由」の何たるかを知らない点だけでも、それは完全に戦前型を脱していない。一体何がニュー・レフトなのか！

私は、教育の理念にも制度にも、本来的に興味を示して来なかった。教育ときいただけで、何かウンザリしたものを感じる。このことを宮原君のような教育学者に、また家永君のような、教育問題に情熱的にとりくんで来た友人に、過去においていくたびか率直に話し、そのたびに叱られて来た。叱られるのはもっともだ。私自身、過去三〇年ちかく、研究とともに、職業としての教育に従事して来たのだから……。にもかかわらず、私の「教育」への冷淡な感情もまた消しがたい事実なのだ。そうしていま――まさに東大紛争において私は、こうした私の性向にたいする手痛い懲罰を受けている。私はこの懲罰にたいして誰をも恨むことができないだろう。

しかし果して本当に私は教育がきらいなのか。私の「指導」を受けた人々のなかには、この問いにためらわずにノンという人もいるだろう。私がきらいなのは実は教育よりも、教育の名における「インドクトリネーション」であり、また、意識的な教育熱心であり、また「子分づくり」なのだ。本当は、私はひとと会話する瞬間に、教育者になっているのだ――と。たしかに私のなかには矛盾した二つの面があるのかもしれない。

今度の紛争を通じて、私は学生と論争する機会を数多く持った。そうして、――いかにこういう言い方が傲慢にひびこうとも――学生の主張は、容易にその論理的、実証的な弱点をつきうるものか、それでなければ、事新しく感心するまでもないバナールな真理を出でなかった。そのなかで私の胸にぐさとつきささった数少い批判の一つは、「先生は東大をやめて丸山塾をひらくべきなのです」、あるいは、「先生の言葉は、丸山塾の塾頭としてなら納得します。が東大教官としては……」というたぐいのものであった！　私は軍人としての死期を失した乃木希典のような姿で、「東大教授」として今日までとどまって来た。いまその不決断のむくいが来たのだ。

一九六九年三月十六日（於武蔵野日赤）

全共闘は流行であり、それに乗じた「大学教授」たちへの批判に加えて、共産党民青に批判的で、全共闘に対話的であった丸山が、宮原たちから「叱られるのはもっともだ」と述べたことは重要である。記された内容のみならず、五十嵐と同様に病院の「内」でのノートであることの重さをも認識すべきである。その一方、闘争の終息後も、沈黙はまだしも、後知恵で責任を転嫁し、或いはノスタルジックに回想する中で甘い癒やしを施して人気を得る者がいた。東大「内」におけるその一端は『アイデンティティと時代』で述べたが、より詳しくは今後の課題とする。ただし、それは二次的な位置づけであり、主題は五十嵐から川上への継承、発展、飛躍である。歴史に刻むべきはこちらの方である。

第二項　「勝手に先生の教え子だと思っています」

私は五十嵐から直接指導を受けたことはない。彼の授業は一科目しか受講せず、しかもその時は文学部生としての他学部聴講であり、周辺的な存在であった。正式に履修登録したかどうかも記憶があやふやである。このような私が五十嵐の学問と実践を継承・発展させると言うのは恐縮と思うところもある。

だが、五十嵐の最後のメッセージを聞いた高校生が、九月一九日の「お通夜の会」で「とつとつと……先生のお話を最後まで聴くことができなかったことは残念ですが、私は勝手に先生の最後の教え子だと思っています」と述べたことを知り、勇気づけられた(4)。一期一会といい、「永遠の今」ともいう。たとえ一度でも極めて重要であり、それが続くのであれば、一科目では尚更である。私も「勝手に先生の教え子だと思っています」と言えるだろう。

また高校生の発言を記録した宍戸は東大・亀有セツルメントの先輩である。この繋がりからも、五十嵐の継承・発展が励まされる。

なお、宍戸からは、彼が保存していたセツルメント関連資料（一九五〇年代が主）を引き継ぎ、目録を作成し、『社会教育学研究』第三五号（二〇一五年一二月）六〇～八〇頁に掲載した。この考察は今後の課題である。

五十嵐の継承は川上の継承に連動する。私は塚田一敏の紹介で川上と出逢うことができた。『希望への扉―心に刻み伝えるアウシュヴィッツ―』（二〇〇四年）出版の相談のためだったが、それがすむと、川上は「五十嵐さんの遺稿があるけれど、どうだい」という感じで研究を勧めた。その時は意義など考えず、学生時代の懐かしさから引き受けた程度であった。ところが次第に内容の豊かさ、高さを知り、「川上さん、私のような者に勧めてくれてありがとう！」と内心で幾度も感謝した。五十嵐の直弟子は他に多くいると承知していたからである。

これは世代から世代への「世代のサイクル」のさらなる創出に資すると私は自覚する。塚田は、私に「五十嵐さんの資料を博士論文で生かしたのだから、川上君の一番弟子だ」という。川上は「列伝」で、私は「外伝の」程度だと思うが（『アイデンティティと時代』あとがき）、励まされる。

第六節　継承、発展、飛躍

第一項　世代のサイクルのさらなる創生

宮原からの継承と発展では藤田もいる。彼に関しては前掲『戦中戦後　少年の日記　一九四四―四五年』や「藤田秀雄ゼミの意義と継承―良知とアクション・リサーチ―」（『社会教育学研究』第三八号、二〇一七年五月）などで行った。

宮原～五十嵐～藤田に関して、日本社会教育学会編『社会教育行政の理論・日本の社会教育第四集』（国土社、一九五九年）は象徴的である。宮原は社会教育学会で中心的な役割を果たし、五十嵐は巻頭論文「社会教育と国家―教育認識の問題として―」（前出）を寄稿し、藤田は編集委員として「共同研究・一九五九年大会への提案」の一つ

「戦後社会教育の動き」を分担執筆した。この刊行の翌年四月に川上が東大に入学した。この年、安保闘争が国民的規模で高揚するが、日米安保条約は参議院の議決なしに六月一九日に自然成立した。

日本の独立や平和が鋭く問われた状況下、四人はそれぞれ平和のために闘った。それは平和を口実にした好戦主義でもなく、口先だけの平和主義でもない。私は東大教育学における平和のための「世代のサイクル」であると捉える。宮原と藤田については、戦中戦後の「激動の歴史の中で二人のアイデンティティが交叉した。そこでライフヒストリーとヒストリカル・モメント（回転の力学）、ライフサイクルと世代のサイクルのダイナミクスが作動した」と総括した。(5) 一九六〇年代において五十嵐と川上もそうであったが、これについては別に論じる。

ただし、これは学派ではない。彼らはそれぞれ独自の道を進んだからである。思想や実践はそれぞれ異なるが独立不羈や知行合一の良知で通底し、一定の系譜をなしており、だからこそ研究する意義がある。

これを自分自身の課題としても自覚し、私もその継承・発展、さらに「飛躍」に努める。「飛躍」は『川上徹《終末》日記』により気づかされた。

第二項　「終わり」に耳を澄ませる―「始まり」のために―

川上の《終末》日記の副題は「時代の終わりと僕らの終わり」である。確かに彼は「闘いを立派に闘いぬき、走るべき道を走り尽くした」。(6) その「終わり」を確かに認識する。

同時に、川上の最後のメッセージを読むと、決して終わらせようとはしていないことも分かる。彼は「若い人に考えてもらう、それっきゃない」と書いている。(7) さらに自分でも「四著者構想」の実現を目指している。五十嵐と同様に「おさまりがついていな」かったのである。

私は最早「若い人」ではないが、川上よりは若く、このメッセージを受けとめねばならない。そのためさらに生涯学習に努め、研鑽を積む。これは自己との闘いであることも自覚する。反省的な自己分析により己の主観を客観的な対象にして分析する。確かに、主観は常に既に後まで付きまとい、完全に客観的な境地には到り得ないが、己の「内」を出て「外」から分析するように努める。これは『アイデンティティと時代』で試みたが、さらにその発展に取り組む。

これにより東大教育学における知行合一の「世代のサイクル」のもう一つのサイクルの創生に資したい。「解決などありえない」を受け継ぎ、それを「問に充ちた答」と捉え直し、答を求めて問い続ける。先輩の「終わり」を私の「始まり」とする。

注

（1）五十嵐茂「残された企画書」前掲『五十嵐顕追悼集』三一三〜三一四頁。前掲『「わだつみのこえ」を聴く』二四四〜二四六頁も参照。
（2）前掲『五十嵐顕追悼集』三六四〜三六九頁。碓井は五十嵐が中村や木村に言及した書信を紹介し、また「詩的発想の論文」という捉え方を示している。なお、碓井教授は修士論文口述審査で私に「弁証法は発展するものだが、お前のは発展があるのか」と指摘され、私が苦し紛れに何とか答えた後、続いて試問された長澤雅男助教授（当時）は「よく考えているようだ」と助け船を出して下さり、ホッとしたことがある。
（3）丸山『自己内対話―三冊のノートから―』みすず書房、一九九八年、一一四〜一一五頁、一二九〜一三〇頁、一九一〜一九二頁。
（4）宍戸健夫「五十嵐先生を偲ぶ」『五十嵐顕追悼集』四四四頁。
（5）前掲「藤田秀雄ゼミの意義と継承」三頁。

（6）パウロの「テモテへの書簡・二」四章の援用。
（7）前掲『川上徹《終末》日記』三〇八〜三〇九頁。

終　章　飛躍に向けた結び

考察を結ぶ段階に到った。川上に習い、結びを飛躍に向けて行う。

第一節　飛躍の知行合一

第一項　論理の飛躍と飛躍の論理

飛躍は知行合一でなさねばならない。論理の飛躍が、実践から遊離しないためである。下の「最も実践的な末端」に立ちつつ論理を上へと飛躍させることが重要である。

論理の飛躍を全否定すべきではない。独創的な成果を得るためには一定の飛躍が必要である。だが飛躍しすぎて現実離れしてもならない。その見極めが肝要である。かねてからこう考えてきたが、川上が飛躍を繰り返し提起したので、勇気づけられた。

それでは、木村や五十嵐を三木に結びつけることは論理の飛躍だろうか？　そう思う者には、木村や五十嵐の真価は、三木を理解してこそ分かると説明する。逆に、五十嵐の木村研究により三木の理解が深まる（特に死者の生命や永生）。

論理を飛躍させ過ぎないためには知行合一が求められる。これにより論理の飛躍を実践の飛躍と連動させることができる。実践の飛躍は過激化ではなく、現状を乗り越えることである。それは破壊ではなく発達／発展（development）である。飛躍の知行合一により論理も実践も高次元へと飛躍させることができる。

哲学では三木の「構想力の論理」、発達論ではエリクソンのvs.の弁証法を参考にして、五十嵐はアイデンティティの形成、再形成、再再形成……を通して文学青年から軍人へ、マルクス主義教育学者へ、矢内原を研究し「わだつみのこえ」に耳を澄まし、伝える者へと飛躍を繰り返したことを論じた。

ここではさらに、五十嵐が教養をも乗り越えたことを述べておく。これも飛躍の知行合一の具体例である。

第二項　「教養は人生に於る戦い」を乗り越えて

五十嵐は物知りの後知恵ではなく、絶えず前進するために学習・研究した。それは教養に関しても同様であった。彼は最晩年に「昭和初期の教養（頭・内容）の弱点。国家の侵略……に対して知識人は盲目になっていた。§河合栄治郎§J. S. Mill and India」と注記した。

河合は単なる言論人ではなくファシズムに対して果敢に言論で闘った。彼は一九四〇年出版の『学生に与う』で教養闘争論を表明し、それは当時の学生に多大な影響を及ぼした(1)。

飛ぶ鳥は落ちるが飛ばざる鳥は落ちない。過ちの無いことを求めるならば、何事も為さないに限る。其の代りに人格の成長は停止する。

かくて教養は人生に於る戦いである。

当然、五十嵐もこれを学んだ。その上で彼は河合を批判したのである。それは「教養をつめば歴史の問題に取り組みたちうちできると思っていた」との反省に立っている。河合は確かに闘ったが、その方法は教養を積むことであった。それは重要で必要だが、さらに乗り越え、その上を目指さねばならない。その手がかりを五十嵐は矢内原に求めた。だがそれだけでない。

「J. S. Mill and India」が一九九四年出版の文献（先述）であるとすれば、最晩年において、当時の最新の、しかも海外の研究成果に学びつつ、河合について熟考している。五十嵐は教養を全否定してはおらず、むしろ教養を積み続ける中で教養闘争論を批判した。即ち、批判すれば決着がついたとして研究を止めるのではなく、河合についてなおも研究し続け、乗り越えることができた。それは知行合一により他者の批判と自己批判が統合されていたため、批判した自分を批判し、前者の批判を再検討したからである。これは教養に関する飛躍の知行合一と言える。

第二節　「おさまり」をつけない「問に充ちた答」

絶句の前の「おさまりがついていな」かったことは、見方を変えれば「おさまり」をつけなかったことでもあり、それは「問に充ちた答」の知行合一であった。これを承けて戦争の捉え方についてここでまとめてみる。これは五十嵐の前期青年期のアイデンティティ形成やその後の反省をいかに評価するかということにも関わる。

第一に、戦争と平和を比べれば絶対に平和を是としなければならない。

第二に、確かに大日本帝国は戦争を拡大したが、それ以前に、世界では西洋列強が地球の分割・再分割をめぐって帝国主義的戦争を繰り広げていた。

第三に、日本が戦ったのは米国、英国、仏国、ソ連、中華民国（蒋介石政権）等の連合国であった。中国共産党は政権の前段階であり、密かに日本軍と連絡・連携していた。[2] 連合国は自由や民主を抑圧するファシズム、ナチズム、軍国主義の枢軸国と戦ったことは定説であるが、それを連合国は絶対的に善で正しいと規定することに直結してはならない。米英仏は最強の帝国主義列強であり、ソ連はプロレタリア独裁（国家）・民主集中制（党内）の全体主義で、蒋介石も独裁体制を敷いた（内戦に敗れて逃れた台湾でも軍事政権で戒厳令を約四十年間も続けた）。反ファシズムと自由主義民主主義は同じではない。連合国は絶対的な善・正の聖戦を行い、枢軸国の日本は絶対的な悪であったわけではない。

第四に、中国大陸では蒋介石・国民党、毛沢東・共産党、汪兆銘・親日派、軍閥などが複雑に策動・抗争していた（第二次国共合作は成立していたが戦後に内戦が再発したとおり実際は敵対）。確かに日本と中国との戦争が基調だが、内実は複雑であった。

第五に、五十嵐が陸軍を「世界最強」と評価した点について述べると、敗北は圧倒的な物資と兵力のためであり、同じ条件であれば負けはしないという自負の表明と言える。極めつけは二度の非人道的原爆ジェノサイドで、マッカーサーを援用すれば、一二歳の少年が「そんなのナシだ！」と叫ぶような心情である。

第六に、陸軍に関して現実を無視した独走や暴走だけで評価するのは一面的である。五十嵐の日誌や木村の遺稿、それを理解した上官たち（軍隊内「社会科学研究会」）の水準の高さを認識する必要がある。この点は鈴木庫三の学位論文に即しても別の機会に研究を深める。

第七に、大戦（中国大陸から東南アジア、太平洋への戦争の拡大）を回避し、平和主義へと転換する可能性もあったが、アメリカ帝国主義の挑発もあった（特にハル・ノート）。これを看過して、日本軍国主義のみ追及するのは一面的で浅薄である。

第八に、国内での抵抗について考えれば、日本共産党はじめ軍国主義に反対する組織は壊滅していた。「社会科学派」の学生が残酷に弾圧されても何もできなかった。五十嵐が反省するのであれば、当時、獄中か亡命していた指導者たちは尚更反省せねばならない。

第九に「上御一人」への滅私について、エリクソンは滅私を全否定せず、徳＝活力たる忠誠と関連づけている。これは五十嵐についても当てはまる。

第十に、軍人となったことについては、ガンディーの「卑怯か暴力かのどちらかを選ぶ以外に道がないならば、わたしは暴力をすすめるだろうと信じている」を改めて挙げる。

第十一に、確かに反省は重要であるが、「反省過剰」[3]になってはいけない。「過ぎたるは猶及ばざるが如し」（『論語』先進篇）ともいう。西田は「真の自覚は寧ろ意志活動の上にあって知的反省の上にない」と述べた（『善の研究』第四編第三章「神」）。

「過剰」にならない反省について、五十嵐は簡明に「私自身はあの時、あの私自身が今の私自身になりました」と初田に述べている。五十嵐は反省を過剰にせず実践できたのである。それ故、「おさまり」がつけられなかっただけでなく、つけずに「問に充ちた答」を追究し続けた側面もあったと捉えるのである。

そして、後進の課題は、反省すべき過去の意味をより深く探究し、そこから価値を導き出し、さらなる発展、飛躍に結実させることである。この点を考えるために、既に戦中、三木が提出していた論理展開を取りあげる。

第三節　意味の探究と価値の創出

第一項　世界史的意味賦与—「流されつつある血に対する我々の義務」—

大日本帝国の進路の転換点となった「支那事変」に際して、三木は次のように論じた[4]。

それがどのように起こったにせよ、現に起こってゐる出来事のうちに我々は「歴史の理性」を探ることに努めなければならぬ。歴史の理性は当事者の或る個人、或る集団、或る階級等の主観的意図から独立に自己を実現する。……テオドール・レッシングの言葉を転用すれば、歴史とは「無意味なものに意味を与えること」である。新たに意味賦与がなされることによって不可逆的な時間も可逆的になされる。支那事変に対して世界史的意味を賦与すること、それが流されつつある血に対する我々の義務であり、またそれが今も我々自身が生きてゆく道である。

文中ではレッシングが挙げられているだけだが、その根底にはヘーゲルの歴史哲学、マルクスの歴史の必然的発展、フッサールの内的時間、西田の過現未などが凝縮されており、これに立脚して「流血に対する我々の義務」、「生きてゆく道」が提起されている。既に起きてしまった出来事に対して、彼は無責任でも卑怯でもない。三木は「戦後の準備にすべての責任をかけて、戦争の意味転換をはかる」ことに努めた（久野「後記」『三木清全集』第一四巻、五八八頁）。続けて三木は、西洋帝国主義の「覇道」に対してアジアは「仁義道徳」の「王道」を進むべきだが、日本はいずれに向かうかと問うた孫文の「大アジア主義」講演（一九二四年一一月二八日、神戸）を論じ、結びではバートランド・ラッセルを引き「一方白人に対してアジアの保全の選手として振舞うと同時に、他方白人と同様の仕方で大陸へ進出するという二つの何か相容れない功名心を有してきたのである。今次の支那事変は日本に対してこの矛盾を解決すべき任務を課しているのである」と提起した(5)。文中の「任務」は先述の「義務」と呼応している。

当時の日本の思想的イデオロギー的状況を全体主義軍国主義としか捉えないのは皮相的一面的であり、それへの異見や抵抗が厳重な統制や残酷な弾圧をかいくぐり根強く続けられていたことも認識すべきである。組織的抵抗は壊滅していたが、個々人はそれぞれの立場や方法で「あがい」ていた。

国家的にも国民的にもクライシスが複雑に深刻化する動勢において、三木は人間が人間らしく生きるための「人間の条件」、それが保障されるための世界を目指し、「むしろ私は世界史的見方の必要を益々痛切に感じるのである」、「もし東洋の統一が真に世界史的な課題であるとするならば、それは今日極めて重要な課題を含んでいる。即ちそれは資本主義の問題の解決である。資本主義の諸矛盾を如何にして克服するかということは、今日の段階における世界史の最大の課題である」と論じた(6)。これは世界史的な資本主義批判と搾取支配体制の根本的（ラディカル）変革であり、帝国主義や革命という言葉はないが、実質的にはそうである。

とは言え、三木はマルクス・レーニン主義者ではなく、革命でも暴力革命ではない。彼は「人間の条件」を堅持して「歴史の理性」、ロゴスとパトス、さらに真理を追究した独立不羈のヒューマニストであった。彼は知行合一で現実と格闘し続け、「死して後」も「已」まず、日本の民主化のモメントになった。即ち、言論が封殺されても、獄中に存在すること自体が根強いメッセージとなり、獄死しても、その報道でＧＨＱが動き、政治犯思想犯が釈放され、治安維持法が廃止された。まことにこの史実は死者に生命があることの実証となっている（娘との相互主観性に即しては別の機会に検討)。

第二項　生ける死者との対話—「絶対的な生命」において—

三木の声なき声は今もなお響き続けている。「聴く耳のある者は聴く」ことができる(「ルカ福音書」八章八節の応用)。そのような者は〝流された血に対する我々の義務〟を聴きとることが求められる。これは非合理的であるというのであれば、三木が自覚した「流されつつある血に対する我々の義務」を受けとめ、過去に〝流された血に対する我々の義務〟を自覚し、熟考し、実践すると言い換えればよい。

この義務とは、かつて流された血に意味を賦与することである。それは美化ではなく、一人一人の生と死の意味を導き出すことである。それは観念論でも精神主義でもない。

また「新たに意味賦与がなされることによって不可逆的な時間も可逆的になされる」ことを「過現未」に即して言い換えれば、過去は変えられないが、未来は創ることができ、その未来が実現して現在に、そして過去になり、この過去がその前の過去に積み重なり、過去全体として新たな意味を創出することができる。これにより未来から過去へと時間を流れさせることができる。

このようにして我々は死者の「わだつみのこえ」を心に刻み、平和を守り発展させることで、戦没学徒兵の生と死に価値ある意味を賦与することが可能になる。我々が創出する未来が過去に新たな意味をもたらすことで、過去をも創出することができる。

さらに『人生論ノート』「死について」では、次のように論じられている。

傳統の問題は死者の生命の問題である。それは生きてゐる者の生長の問題ではない。通俗の傳統主義の誤謬――この誤謬はしかしシェリングやヘーゲルの如きドイツの最大の哲學者でさへもが共にしてゐる――は、すべてのものは過去から次第に生長してきたと考へることによつて傳統主義を考へようとするところにある。かやうな根本において自然哲學的な見方からは絶對的な眞理であらうとする傳統主義の意味は理解されることができぬ。傳統の意味が自分自身で自分自身の中から生成するもののうちに求められる限り、それは相對的なものに過ぎない。絶對的な傳統主義は、生けるものの生長の論理でなくて死せるものの生命の論理を基礎とするのである。過去は死に切つたものであり、それはすでに死であるといふ意味において、現在に生きてゐるものにとつて絶對的なものである。半ば生き半ば死んでゐるかのやうに普通に漠然と表象されてゐる過去は、生きてゐる現在にとつて絶對的なものであり得ない。過去は何よりもまづ死せるものとして絶對的なものである。この絶對的なものは、ただ絶對的な死であるか、それとも絶對的な生命であるか。死せるものは今生きてゐるもののやうに生長することもなければ老衰することもない。そこで死者の生命が信ぜられるならば、それは絶對的な生命でなければならぬ。この絶對的な生命は眞理にほかならない。従つて言ひ換へると、過去は眞理であるか、それとも無であるか。傳統主義はまさにこの二者擇一に對する我々の決意を要求してゐるのである。それは我々の中へ自然的に流れ込み、自然的に我々の生命の一部分になつてゐると考へられるやうな過去を問題にしてゐるのではない。

「絶対的な生命」の認識により「死者の生命」を信じることができる。そして絶対的である故に「絶対的生命」は「真理」となる。「決意」とは、曖昧にせず、過去とも現在とも正対せよという意味である。それには絶対矛盾、絶対否定の弁証法の実践が求められる。木村はこの認識に到達したからこそ「笑って死んで行け」た。木村の運命を我がことと捉えて「わだつみのこえ」に耳を澄ました五十嵐もその認識を獲得していた。

無論、生きている木村は絶対的ではなかった。それ故、五十嵐は木村の「刑死の意味づけ」について考察し、木村自身は「失敗」したと批判する。だが、その上で五十嵐は「意識にのぼることすらな」かった「体験」で得た「愛」という「人間的力量」により「平安の力」が得られたという「結論」を導き出した。[7] この木村批判は積極的で創造的な批判である。そして、五十嵐は「愛」をモメントにして木村の生と死の意味を転換させたと言える。

これもまた「問に充ちた答」の追究であった。五十嵐は最晩年の一九九五年七月に「愛の力を知れば、知ったで、どんなに別れがたい思いを木村は強めたことかと考えるのです。解決などありえないのです」と述べた。「解決などありえないのです」は消極的なニュアンスを伴う表現だが、この四カ月前の三月に五十嵐は「死によって自分が失うものを最後まで追求した彼を敬愛し、その彼を失ったことを悼むのであります」とも記していた。[8] 彼は「苦吟」し、「あがい」ていたのである。

このような五十嵐を私は「敬愛し」、彼が研究成果を十分に書き表さないうちに急逝したことをまことに「悼む」のである。そして、彼の取り組んだ生と死の意味の探究を引き継ぎ、そこから価値を創出することに努める。それがまた川上の目指した「飛躍」にも繋がる。

注

（1）河合栄治郎『学生に与う』社会思想社、一九七〇年、六二～六三頁。
（2）ピョートル・ウラジミロフ著、高橋正訳『延安日記』上下、サイマル出版会、一九七三年、下巻四六六頁（一九四五年八月一八日）、及び遠藤誉『毛沢東日本軍と共謀した男』新潮新書、二〇一五年、参照。
（3）セーレン・キルケゴール『現代の批判』（松波信三郎、飯島宗享訳『死にいたる病／現代の批判』白水社、一九九〇年、一九六頁)。ヴィクトル・E・フランクル著、宮本忠雄、小田晋訳『神経症・I・その理論と治療』(フランクル著作集四、みすず書房、一九六一年、一七一～一七二頁。この項の冒頭にはシェリングの「単なる反省はもっとも危険な精神病である」が引用。フランクル「自己実現と自己表現の超越」(高島博、長澤順治訳『現代人の病―心理療法と実存哲学―』丸善、一九七二年、五八～五九頁)も参照。

(4)「現代日本に於ける世界史の意義」『三木清全集』第十四巻、一九六七年、一四三～一四四頁。

(5)「日支文化関係史」『三木清全集』第十七巻、一九六八年、一八一～一八四頁

(6)前掲「現代日本に於ける世界史の意義」一四三頁、一四九頁。

(7)前掲『「わだつみのこえ」を聴く』八二～八五頁。

(8)同前『「わだつみのこえ」を聴く』一四七頁。

タ行

ナ行

ハ行

マ行

ヤ行

キーワード

ア行

カ行

サ行

付記：

哲学を嘲笑すること、それが真に哲学することだ

Se moquer de la philosophie c'est vraiment philosopher

（『パンセ』断章４）

あとがき

本書で取りあげたノートの他に資料はまだ数多く遺されている。さらなる研究が求められる。特に、宮本百合子に関するノートは文学や詩想の側面から五十嵐先生の理解を深められる。

引用には長文があるが、読者が一々文献に当たる煩わしさを避け、理解を容易にするためである。

五十嵐先生のノートのワープロ入力・清書は『戦中戦後　少年の日記　一九四四～四五年』に続いて工藤優子氏にしていただいた。ここに心から感謝する。

五十嵐先生のゼミ形式の授業に出たのは一九七五年で、以後、直接お目にかかったことはない。一九九六年、心に刻むアウシュヴィッツ秋田展の準備でボランティアのシスター・アンジェラから名古屋展について聞いたとき、五十嵐先生の面影が現象した（『平和教育の思想と実践』第六章第二、三節参照）。二〇年以上も経っていたが鮮明だった。それ以来、五十嵐先生から呼びかけられてきたように感じる。謂わばゼミで五十嵐先生から指導を受けて研究成果を発表するような心構えで執筆した。

川上蓉子さんから貴重な情報を得ることができた。川上徹さんを偲びつつ感謝する。

本書の出版を実現させてくださった高井隆氏にも感謝する。

だが、まだ「おさまり」はついていない。次は川上徹さんについて書かねばならないと思っている。

著者略歴

山田　正行（やまだ・まさゆき）

大阪教育大学教授。1953年群馬県桐生市生まれ。東京大学大学院修了、教育学博士、NPO法人アウシュヴィッツ平和博物館元理事長、ポーランド共和国功績勲爵十字勲章受章。著書に『アイデンティティと戦争』（グリーンピース出版会）、『希望への扉－心に刻み伝えるアウシュヴィッツ』、『平和教育の思想と実践』、『アイデンティティと時代』（以上、同時代社）など。

「わだつみのこえ」に耳を澄ます —五十嵐顕の思想・詩想と実践—

2018年8月15日　初版第1刷発行

著　者　山田　正行
発行者　川上　隆
発行所　㈱同時代社
〒101-0065　東京都千代田区西神田2-7-6川合ビル
電話 03-3261-3149　FAX 03-3261-3237
装　幀　クリエイティブ・コンセプト
印刷・製本　株式会社ミツワ

ISBN978-4-88683-844-5